大时代博弈

"蓝钻故事"创始人

哲空空 ◎ 著

上海财经大学出版社
SHANGHAI UNIVERSITY OF FINANCE & ECONOMICS PRESS

图书在版编目(CIP)数据

大时代博弈/哲空空著. —上海:上海财经大学出版社,2023.11
ISBN 978-7-5642-4237-4/F·4237

Ⅰ.①大… Ⅱ.①哲… Ⅲ.①经济学-文集 Ⅳ.①F0-53

中国国家版本馆 CIP 数据核字(2023)第 163596 号

□ 责任编辑　邱　仿
□ 封面设计　贺加贝

大时代博弈

哲空空　著

上海财经大学出版社出版发行
(上海市中山北一路369号　邮编200083)
网　　址:http://www.sufep.com
电子邮箱:webmaster@sufep.com
全国新华书店经销
上海颛辉印刷厂有限公司印刷装订
2023年11月第1版　2023年11月第1次印刷

787mm×1092mm　1/16　16印张(插页:2)　235千字
印数:0 001—6 000　定价:68.00元

序一

我和"蓝钻"的故事

1

我是哲空空,在兰州某部队大院长大。

兰州是个盆地,四面环山,黄河穿城而过,城市灯火深陷其中。每天熙来攘往的人们没空去想,在几亿年前这里曾是深海。士兵打完靶后,我们一帮孩子去部队后山捡子弹壳,常有意外收获,拾到带着咸腥味的贝壳化石。

记忆中,我爸的形象呆板,一身笔挺的军装,肩膀两杠两星,说起话来不苟言笑,训起人来头头是道。我从小跟他不对付。

有一次,我爸在部队电影院前点兵,士兵排成方队,横平竖直,大气不敢出。我跟几个小伙伴躲在不远处看着,我恶作剧地吹了声口哨。

我爸表情严肃,站在队列前训话:"刚才我转过去时,哪个吹的哨子?"无人应答。我爸表情难看,继续训话,"不管谁吹的哨子,下次给我夹住,不然有你好看。"

这页算是揭过。我爸咳嗽一声,气冲丹田,喊口号整队。我趁着喧哗,又吹了声口哨,这次没人听见。

我家世代务农,以修理地球为业,直到1978年恢复高考,我爸不知哪根筋开了窍,考中一所军校,由农村来到城市,从此告别农耕,并让自己的名字在族谱中有了一亩三分地。

我妈和我爸识于微时,隔村相望,两小无猜。每逢我考试挂红灯,我妈就会讲关于我爸的励志故事,都是些陈词滥调,说他名次没下过前三,有回数学考了89分,伤心得哇哇哭。

我打小顽皮,经常被父母责骂。我妈责骂我时,我就哭唤我爸;我爸责骂我时,我就哭唤我妈。这种方法收效甚佳,不管谁责骂我,我都能从内部瓦解他们的联盟,争取到多数,建立统一战线。长大后读历史,创办"蓝钻故事"公众号(起初叫"血钻故事"),看李鸿章搞外交,和洋人打"痞子腔",以夷制夷,也不外乎如此。

我爸隶属空军,却不会开飞机,他所在的那个部队,主要负责北面方向的情报业务。和平年代,用武之地不多,他这一身专业技能无处施展,只好施展在我身上。

那时,我经常沿部队驻地的后山向北行,翻山越岭去市里打街机游戏,之所以走山路,是为掩人耳目,走大路要经过部队大门口,车来车往,人多眼杂。有一回,我玩完游戏,从大路回来,刚跨进部队大门,就看见不远处父亲抱着胳膊,守株待兔般站在树下,一脸阴沉。

这种跟踪、盯梢的谍战技能,父亲屡试不爽,我本应无忧无虑的童年就这样被蒙上一层阴霾。

也许是逆反心理作祟,我因为父亲的关系,从小就讨厌好学生,喜欢跟一些臭味相投的浮浪子弟满大街游荡,音像店、游戏室、录像厅、漫画馆对我的吸引力很大。后来,我考入一所三流大学,整日整月地不上课,每天睡到日上三竿,我曾在日记里描述过那时的状态:吃着板面、穿着板鞋、留着板寸,过着死板的日子。

我爸转业后,被分配到老家的广播电视局。我从大学出来,我妈想让我进父亲单位,找找关系,托托门路,顺理成章地子承父业。我死活不愿意,拖着一箱行李,来到北京。

现在想来,当时的心情,其实就是不服。你不就是数学考了89分哇哇哭嘛,我数学考了46分还哈哈笑呢,你靠自己能闯出来,我也可以。

这些年,读了几本书,有了些人生和社会的经验,虽无甚可夸,心态倒是平和。金宇澄在《繁花》中说：人的命运，往往是跟着血缘走的。

父亲恰逢恢复高考，时代洗牌，通过一番努力，略微改变了生存环境，算是对得起自己和家人了。如今，时移势易，年代和观念都不一样，我辈只需在此基础上，尽力去做，只问耕耘，不问收获。

来到北京，闯荡多年，对我个人来说，创办"蓝钻故事"公众号是一个意义非凡的里程碑。

之所以将这段部队岁月、父子尬缘不厌其详地讲给大家，是因为这些经历与现在的"蓝钻故事"冥冥中有着千丝万缕的联系。

现在的我，也颇有我爸当年的劲头，在运营"蓝钻故事"的日子里，已记不起有多少个日日夜夜，在埋头苦读和奋笔疾书中度过。

"蓝钻"的内容，主要是历史和财经故事，有时遇到关于军事上的专业问题，我都会不惧上问，我爸也一如既往地不吝赐教。

尴尬父子，一笑泯恩仇。

2

在"蓝钻故事"公众号后台，读者问得最多的一个问题，就是："蓝钻故事"这个名字是怎么来的？

事实上，"蓝钻"这个名字，来自我童年时的一个经历，可以说是非常个人化了，为了回馈读者的厚爱，现将这段儿时记忆，分享给大家。

在部队家属院，有个游戏叫"跳山"，深受孩子们喜爱。

在部队的卫生所后面有座山，南坡寸草不生，大雨过后，土质湿润松软，赤脚踩在上面，像踩席梦思床垫。

跳山的过程简单，我们先爬到坡顶，然后往下跳，比谁最快到山下，跳的时候，起起落落，像电影里的侠客，别提有多畅意。

有一次周末，下毛毛雨，我约了一个朋友跳山。

二人脱了鞋，拎在手里，光脚踩在上面，顿觉心胸舒畅。雨后土质松软，一踩一个坑。我们攀上高处,并排坐下,微风拂来,周边景色尽收眼底,雨后初晴,世界格外澄明。

同伴长吸一口气,站起来说,那么,我们开始跳吧,看谁先到山下。话音未落,他已在三四米开外,脚下像安了弹簧,略一着地,就弹起来,酷似飞檐走壁的侠客。

我紧紧跟上,向下轻跳,起起落落,跳跳停停,脸上隐隐有"侠气",这"侠气"带着七分懵懂,三分认真,略显做作,看不出是来自《天龙八部》还是《雪山飞狐》。

从山顶跳到山下,我的脚差点抽筋,突然觉得晃眼,光芒来自右脚边的一个土块,我拾起来细看,土块里镶满了闪光的石子,每一颗都凹凸有致,晶莹剔透,似乎未受到雨水冲击,依旧保持着干燥。

哇,这是钻石啊!同伴走上前,拍了拍我肩膀,我正出神,肩膀突然挨了一记,手一抖,土块掉落在地,待到两人低头探寻,已不见踪影。

我们穿上鞋,往更高处行,那里土质干燥,有点硌脚。须臾来到一个所在,四周散落巨大土块,我与同伴手拉手,坐在一个大土块后面,四只脚一起用力,往下蹬。大土块滚下山去,像一块滚石,边滚边瓦解,粉碎的部分化作土气,氤氲而上,待它跌得粉碎,一朵黄云升腾在半空,似身处蓬莱。随后,我们二人合力,将周遭的大土块都踢下山去,刹那间雾涌云蒸,眼前混沌一片,似天地初开时候。

我们将这个游戏,叫作制造仙境。

二十年后,当我为公众号起名时,脑中闪现的第一个意象,就是镶满钻石的土块,一落地就消失。

钻石是自然界中已知最硬的物质,符合"硬派商业历史故事"的硬核定位,再者,"钻石恒久远,一颗永流传",曾被评为20世纪最经典的广告创意之一,"蓝钻故事"的初心,就是想在流量为王的当下,不随波逐流,创作价值恒久远的内容。

我希望可以用"蓝钻故事",再现童年时的"仙境",同时也让更多人感受到那种置身仙境的美妙滋味。

3

有读者说,"蓝钻故事"的风格有一点侠气。

确实。

作为一个 80 后,难免受到武侠文化影响。儿时读的武侠小说,不是金庸,就是古龙。更有 1993 年新加坡武侠剧《莲花争霸》,取二者之长,将金庸古龙的武侠小说融会贯通,风靡一时。

其主题曲《江湖路》由罗文演唱,豪气干云,气吞山河,给我留下深刻印象。记得当时,我常常自己编织剧情,脱了鞋踩在席梦思上演绎续集,一人分饰多角。

三等人物使木制龙泉宝剑,剑柄系一条红缨,以浅蓝薄毛毯作披风;二等人物使八孔竖笛,黑质白章,眼神凌厉,一曲断人肠;一等人物,两手空空,拈花摘叶皆可伤人,待人接物彬彬有礼,深藏不露。

一个人的时候,我沉浸在这些剧情里,乐此不疲,一玩就是一下午,太投入太逼真,尽管龙泉宝剑是路边玩具摊上花五元钱买的,八孔竖笛是学校发的。

在席梦思的方寸之地,我演完了《莲花争霸》续集、《神雕侠侣》续集、《七龙珠》续集、《幽游白书》续集、《三个火枪手》续集……这一幕幕独角戏,大多是在周日下午进行,房子里只我一人,窗帘拉紧,上演刀光剑影,悲欢离合,外面晴天有时,雨天有时。

每周六晚上,部队电影院放电影,放的大多是香港武侠片和动作片,《六指琴魔》《笑傲江湖》《倚天屠龙记之魔教教主》《黄飞鸿》《精武英雄》《醉拳》《红番区》《A 计划》《古惑仔》……大饱眼福的同时,我们这些孩子有样学样,举手投足之间,带一股江湖气。有个叫田川的小胖子,每次见到我,都拱一拱手:幸会幸会,知道今天放啥电影吗?

由于童年浸淫在武侠的世界,让我在相当长的时间里,读任何小说和故事都不自觉地启用一种武侠视角。

后来看杨德昌导演的电影《牯岭街少年杀人事件》,林鸿铭饰演的 Honey 一

角也是个受武侠文化浸淫的少年,他在电影中的那段独白,让我记忆犹新:

> 我在台南,无聊得要命,每天可以看几十本武侠小说。后来,我叫他们帮我去租最厚的小说来看。其实以前的人,跟我们现在出来混的人,真的很像。有一个老包,大家都以为他吃错药,我记得,好像全城的人都翘头了,而且到处都被放火,他一个人要去堵拿破仑。后来,还是被条子削到。《战争与和平》,其他的武侠书名都不记得了,只记得这一本。

随着阅历的增加,忘了是什么时候我开始明白,眼前这个真实世界太过浩瀚,根本不是几本武侠小说所能涵盖的。

来到北京后,我在某出版社做过5年编辑工作,策划出版了一系列思想性强的历史时政类图书,如《论美国的民主》《菊与刀》《美国文明的兴起》等,利用这个机会,我读了许多思想类图书,大大拓宽了视野。

与此同时,我开始在一些文学期刊发表小说,渐渐集腋成裘。

读者留言说,"蓝钻故事"里许多篇目,如《经济寡头盛衰录》《韩国政商纪事》,既读着过瘾,具有文学性,又不似地摊小说那般肤浅廉价,而是蕴含思想。读者的这番观感,大概跟我的上述经历有关。

其实,武侠固然不足以解释世界,那些"深奥"的各种理论学说,同样也做不到。

财经风云、大国博弈背后,都是永恒的人性。

经常有读者在后台问我,如何写文章?这个问题太复杂。但是,多读书、读好书肯定是必不可少的。这里为大家推荐一本对我个人影响巨大的传统经典——《古文观止》。

余读《古文观止》,略有心得。

先秦文章古朴简约,白描叙事,其中《战国策》行文纵横捭阖,文采最佳;两汉文章首推史迁,雄浑孤愤,非汉赋花活可望其项背;独尊儒术后,行文多板滞,华章求诸野,竹林狂狷,桃源安然,两晋风流,六朝烟雨,以陶渊明为翘楚;唐宋天才辈出,星河灿烂,强中取强,当推韩愈、苏轼、欧阳修;唐宋之后,盛极而衰,至明文,除归有光《沧浪亭记》,其余皆不足观。

总体来说,《古文观止》文章二百余篇,千挑万选,但非篇篇经典,值得反复读的不超过五十篇。话说回来,熟读这五十篇,便可登堂入室,领悟汉语玄妙。一技傍身,拿笔胡抡,混碗饭吃不在话下。

4

1997年2月19日,邓小平逝世,当时还是小学生的我,懵然无知,天依旧是蓝的。

上午两节课后,眼保健操音乐未如期响起,响起的是一段不知名的旋律,庄严肃穆。班主任走进教室,通报伟人逝世消息,全体同学起立,默哀三分钟。

离别时刻,默哀无泪有点说不过去,我使劲想电影里生离死别桥段,想到脑仁发疼,终于酝酿出一滴眼泪。在我右前方位置,一个同学猛抽自己右脸颊,边抽边说,哭啊,为什么不哭。

中午回家,我看见父亲呆坐在电视机前,无声哭泣,眼泪滚滚而下。我脑中闪过刚学的诗:无边落木萧萧下,不尽长江滚滚来。

在我记忆中,这是第一次看到父亲哭。之前只是传闻,说父亲读书勤奋,是村里最用功的学生,有回数学考了89分回到家不吃饭,蒙着被子呜呜哭,终于在恢复高考后的那一年,考上了军校。

长大后,我逐渐明白邓小平对中国来说意味着什么,以及为何我那个钢铁直男的老爹,会在邓小平逝世那天哭得如此伤心。

回忆这件往事,其实是想跟大家表明"蓝钻故事"的价值观和立场。

我写财经风云,写浩瀚历史,秉持客观理性的态度,同时也坚持自然而然的中国人立场。我生长在这片土地上,热爱这片土地上的人们,希望中国在未来更加富强,这是我创作的基石,也是顺理成章的事情,毕竟,每个人都有自己的情感,百分之百的理中客是不存在的。

应上海财经大学出版社编辑之邀,在我的作品《大时代博弈》即将付梓之际,写下如上文字,是为序。

在序言结尾,我想感谢我的父母,我的妻儿,我的前老板陈新焱先生,我现在的合伙人张磊先生,以及最重要的——所有支持、喜爱"蓝钻故事"的读者朋友,没有你们,也就没有这本书。

哲空空

2023 年 10 月

序二

哲空空

1

我认识哲空空的时候,他还没结婚,他的女朋友姓谭,乖巧伶俐的样子,每天跟着他混迹在五道口附近。

初次见哲空空的时候,他的身体有点发福,接近一颗橄榄的椭圆形状,这本该是人到中年的样子。其实,他那时才25岁。

我从他家的相册中发现,哲空空更年轻时,脸庞瘦削,身材匀称,眼神不羁,有点谢霆锋的意思。性格上,哲空空稳重,幽默,有爽快的一面,也有心思缜密的一面。但这种"投机"不是伤天害理,就像现在流行的一个说法:社交吹牛症,喜欢高谈阔论,却是人畜无害。

哲空空喜欢读书。最喜欢搜肠刮肚炮制一些王尔德式的妙语,然后假装毫不费力地甩出来,让听众惊艳叫好一番。

那时候,我经常跟哲空空混在一起,还有另外几个朋友,在一起的时候,无非就是一件事,把自己喝醉,然后聊理想,聊文学。一言不合就通宵辩论,躲在一个便宜的24小时营业的叫避风塘的店里。为什么不找个能通宵喝酒的地方呢?KTV太贵,灯红酒绿的街头,其实没有太多归宿。或者说我们的学生时代刚过,纯真年代的优良传统还没有丢掉。

通宵聊了几次以后，我感觉有点顶不住，每当一帮人坐下，准备对某个话题大动干戈的时候，而我往柔软的沙发上一躺，点一杯饮料，酒就醒了一半，谈论话题的兴趣也和酒精一样慢慢变淡了，然后我会进入如何对待这漫漫长夜的焦虑中。

避风塘没有酒供应，不知道避风塘现在是否还活着，如果倒闭了，可能与此有关。

哲空空和他的女朋友谭女士则情绪高昂，开始另寻各种话题，为了让我们的聚会不至于失去意义。某种程度上，谭女士兴致更高，此举也可以这么认为，这是他们在尽地主之谊，因为这里离他住的地方近，虽然是租住的地方。

那时候大家都没有买房安家，但有地盘。

哲空空住的那个地方叫唐家岭，是首都北五环外著名的城中村。在我的认知中，唐家岭就是哲空空的地盘，因为在著名的唐家岭，我只认识他一个人。从唐家岭又辐射到五环内，我也只认识哲空空，所以，在京城北边都是哲空空的地盘。在他的地盘，我去找他，他酒肉备好，还不能忘记把账给结了。

当时，哲空空在一家二手书店上班，每天看点艺术书籍消磨时光，我没事去找他，还打算一起收些二手书在网上卖，我俩和那家二手书店达成合作，我拿了一个相机，把店里的书都拍了拍，还没拍完就基本泄气了，书太多了，怎么可能拍完，拍完还要处理，再传到网上，在我看来这几乎是不可能的事。

后来唐家岭拆了。他搬到798附近，我们又把阵地移到798。

这里没避风塘，无数次喝多了，一群人只能坐在马路边上，用一个又一个话题当凉菜下酒。酒醒的第二天早上，又赶去参加某个文学活动。晚上聚会又聊一堆如何拯救中国文坛、进入文学史的废话。

那时候的酒桌上，哲空空永远属于第一个喝多的人，每当走出饭店，他总是用最后的清醒找到一棵大树，然后抱着树狂吐，颇有一种庶子成名而英雄末路的悲壮之相。

再后来，他连着换了好几份工作，甚至去推销炒股软件、卖电视广告、去咖啡馆打工，最后兜兜转转，去了一家出版社，回到自己热爱的文学事业。

这期间,哲空空和谭女士结婚了,在京郊买房安家。他住的地方叫普罗旺斯,让我想起凡·高,但这里没有葡萄酒和薰衣草,远方有两个巨大的烟囱,我从来没有见过这么巨大的烟囱,像要把天空戳个洞,当我看见这两个烟囱就知道,我快到那个叫普罗旺斯的小区了。

普罗旺斯楼下,有一家著名的兰州牛肉拉面店和一家新疆烤肉店,于是这里成了我们又一个聚众聊天的场所。和唐家岭不同的是,他的这个地盘,给人感觉有了那么一点正规性。

哲空空搬到这个地方不久就离职了,因为他居住的地方离他的单位太远了。哲空空开始创业,创业地点设在自己家的客厅,做点撰稿的相关业务。

他在客厅摆了几张桌子,桌子与桌子之间,竖着那种半透明的玻璃围栏,作为一个上过班的人,当我看见这种摆设,总是不自觉地感觉紧张和反胃。虽然员工就他一个人,但他以为会有人自投罗网的。

总之,我和哲空空前后大概有六七年的时间,总会找理由聚在一起,随着他的变动,我们也在一个又一个话题中,一次又一次的争辩中转场。

我感觉到哲空空的激情万丈正起着某种变化,或许是他的才华被前些年的酒局透支了太多,又或许是在时光流逝中渐渐褪去了年少的锋芒毕露,以至于偶尔会变得难得糊涂。

2

我现在忘了"一个亿"的事情究竟是在哪次聚会的时候聊起来的,但肯定比某企业家提出的小目标这件事要早。而且肯定不是因为喝多了,相反那是一次异常真诚而坚定的异想天开式的聊天。

在哲空空创业期间,身份、家庭都不同了,哲空空也算有了事业。

在我看来,事情再小,只要不是上班,就算是有了事业。而上班,即使你挣再多钱,那也只能算打工。哲空空现在虽然买卖小,但肯定算是一门事业,有了事业,就有了愿景和目标。

在后来的聚会中,哲空空对自己目前所做的文学生意,感到信心满满。虽然从他创业到失败,历时短暂,失败得有点仓促。但还是经历了一个过程,像一篇文章的起承转合。

刚开始,他请客吃饭时说,中国的文学市场足够大,市场上那些书太烂了,我得为这潭死水添点波澜,我这辈子就靠文学吃饭了。又说,现在这个时代,一个亿不算多,大家别老觉得难,要做好随时挣一个亿的准备。

过了一段时间,他又说,我接到一个大活儿,给某某公司策划,我准备把他们的活儿都接过来,这是挣一个亿的万里长征的第一步。此时的他,意气风发。最后,他发现,他这点付出连一点浪花都激不起来,不仅激不起来,还得把自己那点积蓄往那潭死水里扔,这哪有个够啊。后来几乎到了如果现在不散伙,下个月大家一起喝西北风的境地。

那时候,他居然真的有了两个文艺青年的追随者,他们一起搞策划、写剧本。终于有一天,他觉得这是个无底洞,这得挣到什么时候,然后在家将公司解散了。前后大概不到一年时间吧,这门关于文学的生意到此为止。

这段时间的酒桌上,一个亿的话题必不可少,每次大家都嘲笑一番。但我偶尔也会想想,甚至有了某种不服气,凭什么我们不能拥有一个亿,我们差在哪儿了?

哲空空凭着多年读书写作经验,找了个新媒体主编的活儿,生活日趋稳定。

前段时间,哲空空和朋友大凯他们去了贵州的一个寨子度假。在他们去贵州之前,我们一起找了一个可以喝酒的院子,因为是周末,我们中午就到了那个地方。纵然音乐、美酒、朋友都在,却有种物是人非的感觉。

女士们的话题就是孩子、教育、上学,这些话题现在是必不可少的了,而且很难反转,无论你说什么。

哲空空说今天天气真好,谭女士说,你从来不会带孩子出去玩玩。哲空空说最近一本书好看,谭女士说,我给你买了那么多教育孩子的书,你一本都没看。哲空空说好久没这么聚一次了,谭女士说,今天你带孩子,我好不容易出来一趟。

我想,那天可能的确开始得有点早,大概下午四点多开始,大家零零散散开喝,天刚刚黑下去,一帮人全喝倒了,好像一起碰杯也就两圈。和之前喝酒的感觉不同,这一次醉倒得如此迅雷不及掩耳。喝醉的时候,我以为已经深夜十二点以后了。

那天晚上,我记得哲空空喝了几口后觉得不舒服,说不好喝,这酒喝下去难受。曾几何时,在年轻的酒桌上,他是最先醉的一个,后来慢慢地他成为最能喝的那个,我成为先醉的那个,再后来,他有点不爱喝了,我倒没觉得有什么不对。因为那天,有两个喜欢他文章的粉丝读者,他难受,也还是多碰了几杯。

第二天,谭女士说,从来没见过你们这么怂,本来想到了晚上大家还要好好聊聊天,没想到晚上八点不到,你们都醉成那个样子了。谭女士说得好像这帮人曾在青春的战场里金戈铁马过一样。

几天后他们去了贵州,从贵州回来后又过了几天,我突然听说哲空空病了。

我听到这个消息的时候,诧异了一下,什么?我害怕听到这种消息,特别是坏消息,而坏消息里最坏的无疑是生病的消息,我宁愿不听或不知道。谭女士说,很庆幸,事情发生在从贵州回来以后。哲空空说不舒服,谭女士带他去医院检查,检查完,医生让他别走,立刻住院了。

医生经过详细检查,发现了病因:一是因为肥胖导致的高血压;二是因为喝饮料太多,导致急性肾炎。

我听到这个消息,忍不住想笑,又一想这不应该。我忍住了,但笑意仍然在内心盘旋了一小会儿。一两天后,又得知他差不多恢复健康了,住一阵儿就好。

我想要不要去看看他,我想象在医院走廊里,看见他身穿条纹病服,他一脸看破红尘的样子,然后说,死怕什么,海德格尔说过,"向死而生"。

3

有时候我想,在我们当年没日没夜热火朝天的谈论中,有没有谈论过生老病死?我印象中没有。那时候,谁会想老了以后的事儿呢,年轻还来不及呢。

两周以后,哲空空出院了。他在家又休息了一周,我想,得去看看他吧,其实一直没行动。又过了一周,哲空空主动约大家吃饭,在一家街边的火锅店。这得去。

虽然是周末,一直到晚上八点,人还没来齐。有的说孩子参加比赛的作业还没做完,要稍等一会儿。有的说岳父要来,而自己的爸妈刚走,相遇了个寂寞,媳妇为此很生气,早早上床睡觉,需要安慰。曾经的饭局,一个比一个来得早,现在一个比一个来得晚。

晚上九点半,人终于凑齐了。

我最后才到,作为上面提到的参加比赛的孩子父亲。我一眼看出来,哲空空瘦了,几乎瘦成原来的一半,从接下来的聊天中,我得知他按照医生的建议,通过调整饮食和作息,加上适量运动,身形从XXL瘦到了M,瘦了30多斤。

因我之前曾说过他长得有点像黎明,他一见我进门,就戏谑地唱起了歌:今夜你会不会来。我想起卡尔维诺写的那个故事,分成两半的子爵,他究竟瘦掉的是哪一半?

坐下客气几句,关于他是否在医院哭了,我没开口问,我小心翼翼,毕竟是一场有惊无险的历程。他说,酒和饮料都戒了。桌子上摆着一瓶矿泉水。我似乎看见他身体里的血管变得清澈起来。

他说火锅里的肉好吃,却怎么都不动筷子。他再也回不到那个胡吃海塞的哲空空了。但当他一开口,一切又回到那个熟悉的他。那张嘴,仍然还和从前一样刻薄,多言,甚至更加健谈,如果说哲空空从前是满嘴跑火车,现在已然提速成为高铁。充满低调的炫耀。语言和呼吸同频率,火锅沸腾着,随着他的呼吸冒着热气。

哲空空说,在医院的两周,他思考了命运和生死,而当结果出来,他又活过来了。他说,住院太舒服了,护士陪着,那么温柔,打针也不疼。还遇见几个病友,跟他们聊天,特别开心。住院期间,自己的心特别安静,作息规律了,饮食习惯也调整好了。他说,每个人没事都应该抽空去医院待一待,对身体和心情都好。

其实这个聚会,我还有一个小小的私心,我想知道,一个人得了一场病之后,他是如何感受生死的,我想听听哲空空会有什么样的感悟。毕竟他不是一个上个世纪的老人,他正鲜活地与这个世界同步着。曾经知识和文学给了我们安慰,现在,唯一剩下的就是生死,虽然我们其实还不能算老,可是一谈到生死,身子骨总有一种丧失了底气的感觉。

我这样想着,情不自禁地看看火锅边上坐着的几位,似乎我们已经双鬓白发,围炉火畔,有一句诗涌上心头:我爱你衰老了的倍受摧残的容颜。

当我提出这个问题,哲空空郑重其事地说:我还真的想过。我一听有戏,我得好好听听。他拧开瓶盖,喝了一口矿泉水,而不是啤酒,我感觉有点异样。他说:我悟到最重要的就是,人生在世要开心地度过每一天,要少生气,要宽容,要海阔天空,日行一善,在余生为国家为社会多做点贡献,别什么事都放在心上,也别把钱看得太重,房子、车子说穿了都是身外之物。

什么?亲爱的哲空空,热爱文学半生,终究得出一个我爸都明白的答案?

这个回答,出乎我意料,如果这话是从我嘴里说出来,我还可以原谅。而哲空空知识渊博,上知天文,下知地理,中外哲学、文学、历史、国际政治,无所不通,被他所在的行业同仁,认为是自媒体界的天花板。

我想起去年过年我回老家,刚进家门,我看到客厅门口的墙上挂着一幅字,像一幅书贴,上下各是卷轴,中间用工整的楷体书写,这幅字叫《莫生气》。我对这幅字非常熟悉,因为之前在很多地方看见过,别人家里或者商店里,但没有认真读过。可我从来没想过有一天会挂在自己家里。我想问是谁把这个挂家里来了,但没说出口,因为我一想,这还会是谁呢,当然是我爸,这个家是他的,说明他需要这个。

虽然有点不适,但我不好说什么,这倒让我有机会好好读一读。我站在那幅字前,心情很平静,毫无分别之心。

莫生气

人生就像一场戏,因为有缘才相聚。

相扶到老不容易,是否更该去珍惜。

为了小事发脾气,回头想想又何必。

> 别人生气我不气,气出病来无人替。
> 我若气死谁如意,况且伤神又费力。
> 邻居亲朋不要比,儿孙琐事由他去。
> 吃苦享乐在一起,神仙羡慕好伴侣。

读完一遍,我又读了一遍。其实下意识地想要反驳一下,无论从哪个角度,我就那么站了一小会儿,确实没找到反驳的理由。这些话,自言自语,立场简单得像是一加一等于二,也没人跟你较劲。

最后我心里想,嗯,虽然说得不好,但有一定道理。我忽然觉得,道理就是道理。你纵然学富五车,最后都会回到这几行字上。这就是为什么有人说,你念了一辈子书,终了不过一句人人皆知的老话。

从记忆中神游回来,我说,哲空空,你应该在家里挂一副字——《莫生气》。哲空空没接我的茬,他要接着教育大家。他说:如何才能做到开心地度过每一天?那就是干自己爱干的事,我现在就是干自己喜欢的事,只有做自己喜欢的事,才能开心。开心,就是养心,养心即养生。

我对这个回答非常失望,但刚说完这些,仙风道骨的哲空空突然话锋一转,又聊起组团进文学史的大计划,张口闭口诺贝尔文学奖,仿佛这个奖项就像他们家一元钱一卷的卫生纸。

两个多小时,哲空空没聊出更多东西来,都是车轱辘话翻来覆去。或者说,他已经说出了真正的"道",而我们陷入渴望一种新鲜表达的误区里。我无法总结这种感觉,一种飘浮不定没有着落的无力感。

直到有一天我读到毛姆,在他生命的最后,人生盖棺论定的时候,他说了一句话:我不愿意跟乏味搭上关系。就是这句话,它没让我理解毛姆,但理解了我们现在的问题——我们没有问题,无非正跟乏味打个火热。

晚上,吃完火锅大家散伙了。我打包了一些剩余的羊排,走在通向小区的幽暗的小路上,我总感觉袋子里的骨头们正在窃窃私语,我差点把打包袋扔了。我定了定神,脚步并没有停下。神奇的是,当天晚上我做了梦,梦见院子里躺着一个死人。这个死人太重了,他要把床板压塌了。

在梦里,我想把这个人抱起来,可是怎么也抱不动,后来我放弃了,那一刻我很失望,难道人死后,不应该是轻飘飘的吗?不应该飞起来吗?我想把这个死人抱到别处去,可是怎么都抱不动。那一刻,我对死产生了怀疑。

醒来后,我清晰地记得这个梦,我也清晰地记得我的失望。我想,可能死亡不过也如此乏味吧。

第二天早上,在小区清晨的阳光中,我碰到了晨练的哲空空,他对我点头,微笑致意,就像《红楼梦》里说的那样,仿佛一个从滚滚红尘翻过来的人,已然大彻大悟。

哲空空对我说,他今年36岁,正好是本命年,他昨晚做了个梦,梦见自己牙齿掉光了,按照《周易》的说法,这是贞吉之兆,预示着他要发一笔小财什么的。

几个月后,哲空空辞掉工作,再度创业,跟一个叫张磊的神秘人士合伙,创业项目就是哲空空创立的微信公众号——蓝钻故事。

哲空空找到我,让我给"蓝钻故事"的第一本书《大时代博弈》写点东西作为序言,我便在脑海中搜集过往经历,写下了上述文字,算是一个"大时代里的小故事"吧。

消除

2023 年 10 月

(消除,民谣诗人,音乐代表作:《梦想家的爱情》《猜火车》《海的女儿》。)

目 录

上篇：世界经济篇

美国经济真相　/ 3

美国大萧条前夜　/ 17

美国大萧条　/ 25

带美国走出大萧条的美国总统　/ 33

美国的逃债鼻祖　/ 45

美日贸易战　/ 60

日本的迷失　/ 67

经济寡头盛衰录(上)　/ 76

经济寡头盛衰录(下)　/ 91

韩国政商纪事　/ 102

下篇：商业风云篇

俞敏洪翻过山丘 / 117

宗庆后不落人后 / 129

联想大佬柳传志 / 141

有种的曹德旺 / 159

囤积物资纪事 / 170

韩货败退中国真相 / 175

恐惧生财——丰田方法 / 185

贝佐斯的算盘打得响 / 197

莫斯科的陌生人——马斯克 / 203

芯片战争：华为崛起 / 211

上篇 世界经济篇

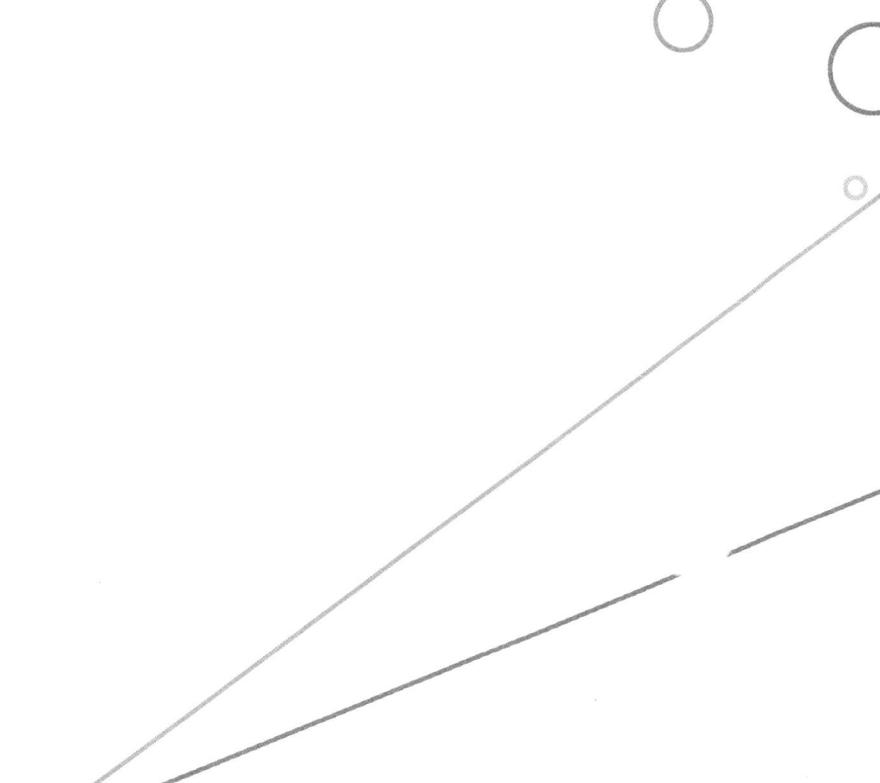

美国经济真相

1

今时今日,中国和美国这两个国家常被人"捆绑"在一起说事儿,全世界的行业精英和清谈之士全都津津乐道于此。原因无他,只因中国自2010年起成为世界第二大经济体,沿着复兴之路纵马扬鞭,令世界为之瞩目。

美国总统拜登声称将与中国展开最激烈的竞争,这是美国的一厢情愿。中国眼里没有什么"最激烈的竞争",更不想跟美国进行所谓的"争霸",中国人历经五千年历史长河,潮起潮落见得多了,我们曾不止一次站在浪潮之巅,我们也穿越过如炼狱般的屈辱岁月。今天的中国人,追求的是浩然之气,追求的是海阔天空。

当只有两百多年历史的美国像"护食之犬"那样守着个象征王霸之业的生锈王冠,生怕他人染指时,中国人只是云淡风轻地念一首诗偈——我有明珠一颗,久被尘劳关锁,今朝尘尽光生,照破山河万朵。

可惜,美国人听不懂。

美国智库的秀才们上天入地搜集各种关于中国人的资料,不胜其烦地分析中国政治家和中国企业家的只言片语甚至脸上的微表情,但这些全都是徒劳。他们不懂中国人,正如他们不懂《道德经》,不懂《史记》,不懂唐诗宋词,不懂《红楼梦》,中国文化和中国人心灵世界的广度和深度,那些美国汉学家们皓首穷经几十年,可能连边儿都没摸到。

但对于美国这两百多年来的盛衰,我们却看在眼里,历历在目。

泰勒·考恩提出"大停滞"概念,称美国的生产力增长已经完全停止。美国人这种自我贬低的说法,一半是基于现实,一半是"自谦之词",我们切不可当真,更不可麻痹大意。

今天,我为大家奉上一篇干货满满的文章,将美国两百多年的兴衰历程娓娓道来,以作镜鉴。因时间跨度较大,所以无法面面俱到,我会重点讲那些对今日美国今日世界有重大影响、同时又相对不为人所知的核心内容,而对于那些不那么重要以及老生常谈的内容则略去不谈或者一笔带过。

"请大家上车,系好安全带,各就各位。"我们的故事开始了。

2

美联储前主席格林斯潘讲过这么一个故事。

1620年,全球各经济体代表齐聚在阿尔卑斯山脚下,开了个类似如今的"世界经济论坛"那样的会议,会议主要讨论一个爆炸性主题——谁将成为未来几个世纪世界的主宰者?

当时被看好的几个种子选手挨个发言。

中国人的论点最具说服力,当时北京人口已超100万,而同时期欧洲的伦敦、巴黎等城市人口都不足30万,当时的中国学者编撰了一部体量达11 095册的百科全书——《永乐大典》,当时中国的海员造出了全球最大的船只。

土耳其人以奥斯曼帝国为豪。作为伊斯兰国家社会发展的巅峰代表,奥斯曼帝国的版图覆盖了土耳其、阿拉伯地区以及撒哈拉沙漠以北的亚洲和非洲的广大区域,而且这个帝国还在不断扩张,很快就可以将欧洲也纳入势力范围。

印度人站起来说,作为东方神秘大国的代表,我推选我们的莫卧儿帝国,我们擅长将不同种族与不同信仰的人整合在一起。

西班牙人霸气外露地说,西班牙能够战胜所有阻挡自己发展的敌人,在正统教会的祝福下,西班牙将包揽欧洲,并将管辖范围扩张至拉丁美洲。

英国人颇有绅士风度地笑了笑,说别看我们国家小,我们有一个实权的议会,一支强大的海军,以及一种全新的社会组织,这种新的组织能在全球范围开展贸易。

……

这届"经济论坛"充斥着各种观点，许多国家摩拳擦掌，跃跃欲试，但有一个荒蛮地区完全没有进入人们的视野，这是一片坐落在北美洲的荒野，荒野上居住着野蛮的原住民，以及一小撮刚从欧洲移民过去的清教徒，就经济产出而言，整个北美大陆创造的价值还不如一个小型日耳曼公国。

几个世纪后，这片蛮荒之地成为世界上最强大、最霸道的国家。

美国独立之初的最大成就，是搭建了一个有效的宪法框架(1787年制订)，通过禁止各州之间互征关税建立起庞大的单一市场，为日后的繁荣打下根基。

1790年颁布的《专利法》，将美国整合为一个单一智力商品市场，发明者对自己的产品享有14年的专利权。

这一时期，90%以上的美国人生活在乡村，只有费城、波士顿和纽约三个城市的人口超过1.6万，伦敦此时人口为75万，北京为300万。

如若出了啥大事，从美国内陆一个区域传播到另一区域需要好几周，美国独立战争获胜几周后，消息滞后的部分美国士兵还在和英国人玩命，这种现象被当时的学者称作战争的迷雾。拿破仑同意出售路易斯安那州时，詹姆斯·门罗将这条消息传给华盛顿的托马斯·杰斐逊，找了个类似"神行太保"戴宗的哥们跑快递，花了将近一个月时间。

美国人建国后，开始搞"国内大市场"，从马萨诸塞州、弗吉尼亚州等零星几个据点向北美大陆深处扩张，以收购、诱骗、征服、强占等手段从印第安人手中获得大片土地，同时从法国、西班牙和墨西哥嘴里抢走大量流着奶与蜜的肥沃殖民地。

1803年，美国花1 500万美元从拿破仑手中购得密西西比河以西的整个河谷地带，史称"路易斯安那购地案"。1821年，美国从西班牙手中收购佛罗里达州，1845年吞并得克萨斯州，1850年合并加利福尼亚州，1867年美国兼并阿拉斯加州，数十年间，美国国土面积膨胀了4倍。

我在《日本的迷失》一文中，提过一个观点，仰人鼻息的小国寡民模式终究没戏。美国早年蚕食鲸吞、扩张领土为后来的称霸打下了基础。

初代世界霸主荷兰和英国，都是弹丸之地，靠强盗资本和武力护航的双驱动模式掳得大片殖民地，但这种模式天生具有致命短板，蒙昧年代里或可璀璨一时，一旦殖民地民族意识觉醒，其殖民统治便土崩瓦解。再者，以英国本土之狭小，人口之寥寥，军力之有限，硬是用填鸭式胡吃海塞搞成一个什么"日不落帝国"，俗话说贪心不足蛇吞象，你能吞得下，但你能消化的了吗？消化不了，那就是"帝力于我何有哉"，最后的结果只能是胀破肚子。

美国则不然，通过"坑蒙拐骗抢"获得庞大国土，再由一代又一代的移民源源不断地补充人力资源，最关键的，早年移民来的那拨清教徒热衷于所谓"山巅之城"的意识形态，将天南海北的移民融入美利坚"大熔炉"，这个"大熔炉"不仅具有同化作用，还具有文化上的扩张侵略性，即向全世界宣扬美国的意识形态和生活方式，乃至强迫别人变得与自己一样，虽然这套具有扩张侵略性的文化早期为了韬光养晦，被"孤立主义"遮蔽，但在度过韬光养晦阶段后，便显示出它强势和狰狞的面目。

当然，在美国日益分裂的今天，我们发现美国的"熔炉说"其实是一个名不副实的神话。随着神话的破灭，美国进入不可逆的下沉通道，但这都是后话了，就霸权国家的模式来说，无论是硬件还是软件，美国胜过英国太多太多。

1819年，棉花价格一天内下跌25%，美国首次陷入大规模经济衰退，直到1821年才稍有缓解。我们最熟悉的美国经济危机，一个是20世纪30年代大萧条，一个是2008年次贷危机，但真相是自美国诞生那日，经济危机便如影随形，差不多十年一次小的，二三十年一次大的，在1819年、1837年、1857年、1873年、1884年、1893年、1896年和1907年，美国都遭遇了不同程度的经济危机。

每次产生"繁荣—萧条周期"的原因虽不尽相同，但表象之下的危机呈现模式却如出一辙。

格林斯潘是这么总结的：经济活动扩张不断提速，直到触碰到信贷供应量的天花板，经济活动回撤。经济活动的扩张会让经营者产生不切实际的幻想，从而进行过度扩张，而过度扩张导致银行利率上涨，进而诱发股市调整，政坛动荡。

3

美国成立之初，有点像薛定谔的猫那样前途未卜，出现了两条迥然不同的发展道路——这两条路线的斗争导致了美国内战的爆发。

第一条路线是走以北方为代表的工业化道路,代表人物为亚历山大·汉密尔顿,此人为美国第一任财政部长;第二条路线是走奴隶制的南方种植园模式,代表人物是托马斯·杰斐逊,此人是美国第一任国务卿、第三任总统。

关于杰斐逊,此处先不赘述。

至于汉密尔顿,有必要写他一笔,因为此人对日后美国霸权影响甚大。

汉密尔顿"创造性"地提出了"暗示性权力"的概念,也就是说,如果美国宪法授予联邦政府权力以开展某项行动,那么执行这项行动所需的其他行为也是符合宪法规定的。今天美国热衷"长臂管辖",肢解法国巨头阿尔斯通,借加拿大之黑手扣押我国公民孟晚舟……总之,开创今日美国种种蛮横手段的源头就是汉密尔顿。

后来,美国的工业经济在18世纪和19世纪之交逐步成型,杰斐逊转而认同汉密尔顿,于1801年3月发表演说,整出了一个著名的和稀泥金句——每一次我们产生观点上的分歧并不代表我们在原则上存在分歧,我们都是美国人,都是联邦主义者。

杰斐逊想通后,立即付诸实际,开始鼓励商业发展,并从拿破仑那里以1 500万美元买到了路易斯安那州(一本万利的买卖)。

将美国的工业化推进到一个新高度的是安德鲁·杰克逊总统,他来自田纳西州,诞生于一处蛮荒垦殖区的一户苏格兰—爱尔兰裔移民人家。

这位总统是个酒鬼,喝醉了就打架,喜欢把牛皮吹上天,对印第安人进行铁腕打击。

安德鲁·杰克逊在任期间,非常罕见地将大众民粹思潮和财政保守主义思潮结合在一起,他在任期间,大力提倡强健的货币政策和金本位制,连续三年实现联邦政府财政赤字为0。

如果从现当代美国总统中,找出能跟安德鲁·杰克逊对标的人物,可以这么说,安德鲁·杰克逊相当于特朗普和克林顿的结合体。

我们接着往下说。

虽然奴隶主总统杰斐逊转而认同汉密尔顿的商业路线,但不代表所有的南方奴隶主都能跟他一起转向。恰恰相反,绝大多数南方种植园奴隶主不惜一战,也要维持他们罄竹难书的生产方式和生活方式。

打仗打的是钱。

内战之前,北方各州的财产占全美总财产的70%,北方各州的银行资产占全美银行资产的80%。南方各州严重依赖各种农作物尤其是棉花带来的收入,这些作物都要通过出口才能创造收益,也就是说,北方各州只需封锁边境,阻挠港口运输,整个南方经济就会陷入困顿。

美国内战的结果我们都知道了,林肯谈笑之间站上了解放黑奴的道德制高点,加之北方经济家底够厚,打得南方军队丢盔弃甲。

内战之前,美国每1 000人拥有749头牛,到1870年降至每1 000人仅有509头牛,因为南方各州大量屠宰了这些牲口。美国内战消耗了66亿美元,相当于战争爆发前全美GDP的150%,这些钱足够为全美所有奴隶赎身。

1866年,也就是内战结束后的第一年,密西西比州20%的财政收入用于为伤残军人安装义肢。

讽刺的是,内战之后,为北方统一事业流血的黑奴们境况并未怎么改变。

从前的奴隶主旧瓶装新酒,他们和已经获得"自由"的黑人们按年签署合同,规定他们用劳动来换取"和以前一样的食物和衣物"。在南卡罗来纳州,奴隶主威廉强迫以前的奴隶跟自己签署终身合同,其中有4个奴隶拒绝签署,他们被驱逐出种植园,随后被追捕和杀害。

美国内战后最残酷的一幕,就是将罪犯当作劳力,罪犯中90%是黑人,被强迫在铁路、矿山、工厂以及种植园从事劳动。

格林斯潘在《繁荣与衰退》一书中提到,当时佐治亚州州政府特批创立了三家私营公司,名字分别是监狱公司一号、监狱公司二号和监狱公司三号,这些公司的主营业务就是出租劳动力。这些"罪犯劳力"必须无条件地服从雇主的命令;不服从的代价,要么是遭到鞭打,要么是被剁去四肢,有时甚至会被处决。

今天美国动辄污蔑他国"强迫劳动",其实它自己才是搞这套玩意的行家里手。

美国南方各州的经济在内战后由于"强迫劳动"等骚操作一直溃败,直到经历了20世纪30年代的罗斯福新政和20世纪80年代的阳光地带经济繁荣,南方各州才重新成为美国经济增长的主要动力之一。

4

1914年,美国人开始大规模"嗑"可口可乐。

此外,美国人的摩登生活还包括开福特汽车,乘地铁到摩天大楼上下班,用吉列剃须刀刮胡子,使用电灯和电力取暖设备。在第一次世界大战(以下简称"一战")前的某个时间点上,美国取代英国,成为世界第一大经济体。

这时期美国上映了一部具有象征意味的电影。电影里,身材壮硕的山姆大叔将体型矮小的约翰牛(John Bull)打翻在地。

1860—1890年,美国专利局签发了50万份新发明专利,相当于过去70年签发数量的10倍,同时远远超过其他国家的专利总数。

爱迪生于1876年在新泽西州建设了美国第一个工业化实验室,雇了拥有高级技术的工人和绝对疯狂的德国博士来开展实验。爱迪生制定了恐怖的KPI[①],希望每10天弄出点小发明,每6个月搞出点大动静。

1882年,爱迪生站在他的出资人J.P.摩根的办公室,当他按动开关时,整个下曼哈顿区的电力被点亮。通用电气公司不得不在公共区域张贴告示,告诫人们不要用火柴去点灯泡。

辛辛那提的屠宰厂对传统杀猪方式进行改造,将业已宰杀的猪悬挂于滚动链条上,然后沿着一条移动的流水线向后作业,依次经过掏内脏的人、分割切块的人、剥皮的人以及锯骨头的人。亨利·福特在参观完这种"既可怕又壮观"的屠宰厂流水线作业后得到了灵感,产生了以流水作业的方式生产汽车的方法,使福特汽车实现了大规模量产。

为了满足大工业生产,美国不断吸收移民,仅19世纪80年代的10年间就有530万人移民美国,而1880年整个美国只有5 000万人口,相当于10年里新增了10.5%的人口。南达科他州甚至凭空捏造出一个不存在的城市,将其取名为俾斯麦市,用来吸引来自德国的移民。

内战以后,美国走上了"北方路线"——大商业大工业模式,加之专利发明、

---

① KPI是Key Performance Indicator的简称,意为关键绩效指标。

领土扩张、移民剧增等因素辅助，到20世纪初美国的商业寡头数量蔚为大观。

洛克菲勒家族控制着全球90%的炼油产能；仅卡内基一家的钢铁产量就超过了整个大英帝国；摩根以一人之力充当着美国的中央银行，两次将美国从破产边缘拉回；第一次世界大战前夜，亨利·福特像神经病一样搭船前往欧洲游说，自命为救世主，以为这样就能阻止第一次世界大战爆发。

其实，美国在诞生之初就种下了重商主义基因，最早在北美大陆开发定居点的就是马萨诸塞海湾公司和弗吉尼亚公司这样的特许经营公司。

早期定居者大多持有公司股份。从某种程度上说，美国国民政府是1630年马萨诸塞海湾公司转型时成立的。当时，这家公司从一个有限责任公司转型为一个合众国政府，把公司的股东变成了政府的议会代表。

在重商主义和国家权力的"旋转门"中，特朗普这样的商业精英担任美国总统就像在自己的企业担任董事长，只不过换了个更大的"盘子"。

5

1896年7月，36岁的国会议员布赖恩在芝加哥民主党大会发表了"黄金十字架"演说。

这个演说之所以重要是因为，他造就了现今美国民主党与共和党驴象对峙的格局。在这篇演说中，布赖恩假装站在大众角度向垄断集团宣战，其中有这么一句：如果哪个大老板还想实行金本位制，我们的答复只有一个——你无权将这个荆棘编织的桂冠强加在劳动者头颅上，你无权以"黄金十字架"为名牺牲劳苦大众的利益。

布赖恩话音未落，全场即响起雷鸣般的掌声，民主党大会立刻采纳了银本位制思想，并于次日提名布赖恩为民主党总统候选人。

这次大会之前，民主党一贯支持垄断企业，布赖恩这次选择站在大众一边，对自由放任的市场原教旨主义提出质疑，算是开了先河。这为民主党日后出现跟共和党针锋相对的、诸如罗斯福新政、奥巴马医改等"大政府"实践做了铺垫。

当然，美国依旧是一个以"强盗资本"为基础的国家，民主党和共和党所谓的大政府、小政府之争不过是红脸和黑脸轮流唱的权宜之计罢了。

20世纪初,美国总统西奥多·罗斯福(大罗斯福)在一次演讲中说,我相信企业的力量,但我也相信企业必须受到监控和管理。大罗斯福提出了一系列社会改革方案,包括打击托拉斯,对持有巨额财富的人追查其犯罪行径等。

西奥多·罗斯福之后的威廉·霍华德·塔夫脱基本上推翻了前任的理念,提出政府应该放手让商业活动创造财富。

到了托马斯·伍德罗·威尔逊这届,于1913年12月23日出台了《联邦储备法》,全美范围内新建了12家联邦储备银行,这些银行很快将美国的信贷供应量提升到了新的量级,为美国20年代的大狂欢和30年代的大萧条埋下了伏笔。

6

截至大萧条发生前,美国整个20年代的GDP增速达到了5%,这是当时发达国家有史以来的最佳表现。

时任总统约翰·卡尔文·柯立芝致力于"无为而治",将政府维持在最小规模。

柯立芝在任期内将很多大富豪塞进了政府,其中最知名的是财政部部长安德鲁·梅隆,他是排在洛克菲勒和福特之后的美国第三巨富。在梅隆的努力下,美国超额利润税率降低,房地产利率减半。

与此同时,这一时期美国的通货膨胀率为0,企业盈利水平提升了一倍,在交易所上市的公司数量增至原来的4倍,股票总值从150亿美元增至300亿美元。

美国人尚不知晓,繁荣之中孕育着大萧条的祸根。

20世纪20年代,美国社会上出现了大量依赖借贷消费的行业,大公司不受控制地狂发"消费贷款",用僵化的公式来衡量一个人的信贷额度,却从不亲身了解人们的真实信贷资质。

汽车公司首先开了个头,让尽可能多的人贷款买车,上百个不同行业不同类型的企业随后跟进,为人们购买钢琴、收音机、留声机、吸尘器甚至珠宝和名牌服饰创设"便捷贷款"。

由此,美国家庭的负债一路攀升,从1919年的4 200美元增至1929年的21

600美元。

在大萧条前夜,美国民粹主义思潮涌起,迫使政府颁布了一系列限制移民的法案,令美国无法像历史上那样吸收劳动力。1909—1913年外国移民占美国本地人口的比例为1%,1925—1929年这一比例下降至0.26%。

1928年,无为而治的柯立芝在美国走到经济危机边缘时幸运地退休了,继任的胡佛曾是柯立芝的商务部长,此人精力极为旺盛,是一个习惯疯狂"加钟"的工作狂,什么事都要插一腿,为此胡佛被白宫同僚称作"商务部长兼其他所有部门的副部长"。

可惜,到胡佛上任时,美国即将走到大萧条这一步是板上钉钉的事儿了,绝非个人之力可挽回,于是,酷爱"加钟"的胡佛做得越多,错得越多,终于成为30年代美国大萧条的背锅侠。

1929年7月,约瑟夫·肯尼迪(美国第35任总统约翰·肯尼迪的父亲)走进证券交易所前,在一个擦鞋匠那里擦皮鞋,擦鞋匠一边给他擦鞋,一边向他炫耀,说自己手中掌握着股市内幕信息。

约瑟夫·肯尼迪感到不可思议,竟然连擦鞋匠都开始炫耀他知道股市内幕了,于是肯尼迪抛售了自己手里持有的所有股票。

三个多月后的10月29日,纽约股市崩盘,持续十年之久的美国大萧条开始了。

7

1930年4月,道琼斯股指回光返照,回到了1929年年初的水平。短暂反弹后,股市继续断崖式下跌,直到1932年到达谷底,此时的股价仅相当于高位时的11%。

华尔街成为一座鬼城,2 000多家投资公司关门歇业,证券公司给员工放"苹果假"。所谓苹果假,就是每个月都有几天不给员工付工资,让那些无事可干的经纪人到街边卖水果,以弥补他们的收入。

随之而来的,是一个行业接一个行业的萎缩。1929—1933年,汽车行业生产减少了三分之二,导致钢铁需求同步下降,进而造成铁矿石和煤炭需求下降。

以屠宰生猪闻名的城市芝加哥,每当有垃圾车倾倒垃圾,就会有数百人扑到垃圾堆上,用树枝和双手挖取食物。

我们现在回过头看美国在20世纪20年代的繁荣,会发现一个令人震惊的真相,与其说这种繁荣是柯立芝的"无为而治"促成的,不如说美国吃到了第一次世界大战的红利。

第一次世界大战加速了世界权力从欧洲向美国转移的过程,战前,英、德、法、比利时四个欧洲工业化国家合计生产总值远远超过美国;到20世纪20年代末,美国的生产总值已经比整个欧洲高出一半。

1919年美国向其他国家发放了64亿美元贷款,一战结束时协约国集团欠美国财政部连本带利120亿美元战争贷款。美国通过大规模汇集全球的黄金储备,确立了自己的优势地位。

有本畅销书名叫《金融之王》,把当时情况比作一场扑克牌赌局,美国赢走了绝大多数筹码,导致游戏无法进行下去。

直到今天,一些美国人还不肯承认,是战争尤其是两次世界大战让美国获得了繁荣的黄金年代,同样也是战争将美国从经济大衰退的泥泞中拖了出来。

美国人刻意掩盖战争带来的红利,同时想尽办法突出美国政治家或政客的能动性,比如罗斯福新政。

富兰克林·德拉诺·罗斯福任期满100天时,《国家工业复兴法》在美国国会获得通过。

6月16日,当罗斯福签署完所有法案,满面春风地从国会山走出时,激动地说道,我们今天所采取的行动将载入史册,今天值得载入史册的事件比我们国家有史以来任何一天都多。

罗斯福新政靠国家发起大基建干涉经济,起初确实有效,但新政造成了巨大的赤字开支,就在罗斯福新政即将走入死胡同时,第二次世界大战(以下简称"二战")爆发了,美国的好运气又来了。

美国自建国以来,有四分之一时间在打仗。

美国引入收入税,征得的税款主要就是给战争提供资金支持,二战爆发前美国的军费支出占GDP的1.5%,1945年战争支出已增至830亿美元,占GDP的136%。

大萧条时最让美国困扰的是居高不下的失业率,战争爆发后这一问题迅速被解决,二战让美国人重新投入各种工作,美国获得了有史以来最快的经济增长,1939—1944年美国的GDP几乎翻番。

二战期间,美国政府成了最完美的消费者,政府购买坦克和飞机,签的都是成本保利合同,企业利润像打了激素一般增长。

亨利·福特在底特律西南建立起造飞机的工厂,不到一年时间就生产出B-24轰炸机。随着战争推进,这家工厂的生产效率不断提高,1944年8月的一个月就生产了432架飞机。

1941年打造一艘轮船需要355天,6个月后打造同样船只的时间缩减至原来的三分之一。1942年11月,在一次试验场景中,造船厂工人用4天零15个小时26分钟组装了一艘轮船。

就在全世界陷入战火、许多国家经济遭到毁灭性打击时,美国的消费者在电影娱乐、化妆品、丝袜、博彩、赛马等方面进行疯狂的炫富式消费,1944年美国人在赛马上投入的赌资是1940年的2.5倍。

二战结束后,美国成了侏儒群里的巨人,这个国家用全球7%的人口生产了全球42%的工业制品、43%的电力、57%的钢铁、62%的原油和80%的汽车。

鼎之轻重,似可问焉。

在美国倡导下,成立了联合国,搭建了全球政治管理的基础架构。1948—1952年,美国通过马歇尔计划向欧洲各国提供了总计130亿美元的重建援助资金。

1944年7月1日,布雷顿森林会议确立了以黄金为中心、与美元挂钩的国际货币体系。参与这次会议的美国经济领域风云人物凯恩斯意识到,美国想取代英国成为全球霸主,为此,他感慨道:

"美国人想把大英帝国的眼珠子都抠出来。"

8

行文至此,相信大家可以看出美国这个国家有两个特点:第一个特点是经济危机循环往复,无法根除;第二个特点是战争是美国式畸形繁荣的催化剂。

美国建国200多年来，其对外战争无往不利、几无失手，但在20世纪中叶它碰到了最硬的一颗钉子——中国人民志愿军。

朝鲜战争打破了美国200多年的不败神话，其影响之巨大怎么说都不过分。它不仅为当时建立不久的新中国赢得了一个相对安稳的大环境，也令习惯靠战争而富贵的美国破了功。

《时代》周刊引用美国参联会主席奥马尔的话说，朝鲜战争是在错误的地点、错误的时间，同错误的敌人进行的一场错误的战争。

基辛格在《论中国》里说得更直截了当，美国这个超级大国被力量薄弱的中国打得一蹶不振，无力再向前推进。

20世纪70年代，美国从黄金时代掉入黑铁时代，连续三任总统都以耻辱或失望结束任期，理查德·尼克松被弹劾，杰拉尔德·福特和吉米·卡特都只干了一届就被赶下台。美国自朝鲜战争破功后，又在越南战争中被搞得灰头土脸。这一时期，美国谋杀率攀至历史最高点，每1万人中就有10人死于谋杀。

麻省理工学院一群自称为"罗马俱乐部"的学者在《增长的极限》一书中提出骇人听闻的观点——世界不仅将耗尽食物，而且将耗尽从石油到水的一切基本生活资料。

我们现在当然知道，《增长的极限》提出的观点是危言耸听，但美国人产生这种悲观心理的原因值得探究。说穿了，美国一直在进行着一个危险的游戏，这个危险的游戏是美国发展史上的一个"路径依赖"，简单来说就是大炮加黄油。

历史上，每发动或参与一场战争，美国的国力和财力都能达到一个质的飞跃：独立战争和美国内战让美国得以建立一个规模宏大的国内市场并走上工业发展之路，美墨战争、美西战争等让美国的领土得以不断扩张，两次世界大战更是让美国取代英国成为新一代世界霸主。

除了战争带来的巨大收益，美国循环往复的经济危机也有赖战争将其拖出泥潭。这就是美国热衷于充当"世界警察"，隔三岔五就要打仗的根本原因。

只是美国不败的神话被中国参与的朝鲜战争破功后，美国这个靠战争发家致富和转移矛盾的"路径依赖"越来越不灵了。

在二战后美国挑起的那些战争里，除了1990—1991年的海湾战争外，其他诸如朝鲜战争、越南战争、伊拉克战争、阿富汗战争都不再是美国国力高增长的

"灵药"。恰恰相反,这些战争加剧了当下的一个事实——美国的下沉和衰落。

战争不再管用,但美国循环往复的经济危机却一再上演,眼下拜登治下的美国债务爆表,通货膨胀山雨欲来,美国只能继续乘坐只有向下按钮的电梯。

我在开篇中表达了这么一个观点,美国人看懂中国人太难,中国人看穿美国人太容易,这是中美两国之间历史体量差距太大的结果,就像我这篇短短的万字文,就已将美国自娘胎起到现在最值得我们注意的发展节点囊括殆尽。

当然,你也可以说,某神秘东方大国印度同样历史悠久,但这个依然受"种姓制度"影响的国家包袱太重,而中国则在文化根源里就具备不弱于美国的"革新式活力"——周虽旧邦,其命维新。

中国人看美国,不过是历史长河中一朵善于扑腾的浪花罢了。两千多年前,老子在富有人类终极智慧的《道德经》中就已预言了美国这种霸权主义国家的命运——强梁者,不得其死。

参考书目:

[美]艾伦·格林斯潘、阿德里安·伍尔德里奇著:《繁荣与衰退》,束宇译,中信出版社 2019 年版。

美国大萧条前夜

1

1914年之前,法国空军排名世界第一,拥有30多架飞机,比全世界其他国家的飞机加起来还要多,德国、英国、意大利、俄罗斯、日本和奥地利空军的飞机都不超过4架,美国只有2架。

那时候的空战近乎儿戏,飞行员拿着装满汽油的红酒瓶子或雷管咣咣咣往下砸,偶尔投掷个手榴弹那就算了不得了。世界大战改变了空战形态,到1918年,单只是德国,就如雨点般抛下100万枚炸弹,总重量27 000吨。

在四年大战期间,法国建立了完整的航空产业,雇用近20万人,制造出7万架飞机。英国制造了55 000架飞机,德国制造了48 000架飞机,意大利制造了2 000架飞机。

法、英、德、意四国在第一次世界大战中为造飞机花了10亿美元,这些钱基本上都是从美国借的。

2

一战之后,欧洲跌倒,美国吃饱。

1927年的美国富得吓人。

全世界42%的商品是美国生产的,美国拍摄了全世界80%的电影,制造了全世界85％的汽车,美国的黄金储备占全世界供给量的一半,差不多相当于世界其他地区的总和。

全美2 650万户家庭,1 000万户拥有留声机,1 000万户拥有汽车,1 750万户拥有电话。

在那个年代,欧洲人最恨美国人,因美国人坚持要求欧洲全额带息偿还战争期间借贷的100亿美元,在欧洲人看来,从美国借来的钱几乎全部用来购买美国商品了,美国等于从同一笔贷款中赚了两次钱。

战后欧洲经济近乎瘫痪,美国这边却红红火火,这还不够,美国提高了关税壁垒,让欧洲各行各业无法通过贸易重新繁荣。

美国往死里逼欧洲,欧洲就只能往死里内卷,一战中获胜的由英、法带头的协约国集团胁迫德国签订《凡尔赛和约》,夺走了德国约八分之一的领土,令其缴纳1 320亿马克的战争赔款。按照和约,这笔巨款到2010年才最终还完,足足还了90多年。

当美国人沉浸在纸醉金迷的爵士乐时代中无法自拔时,德国的通货膨胀率达到了恐怖的29 000％。

20世纪20年代的美国疯狂大兴土木。1927年美国有5 000栋高层建筑,占全世界绝大部分,仅得克萨斯州6～10层的高楼数量就超过了巴黎、伦敦、柏林或其他欧洲城市。当时全世界最高的商场是美国底特律的哈德森百货大楼,有20多层高。

大楼越来越高,涌入城市的人口也越来越多。

1927年,波士顿每天有825 000人进入市中心,比全城总人口还多,匹兹堡每天吸纳355 000人,洛杉矶每天涌入50万人,芝加哥和费城每天进入的人数则超过了75万人,最疯狂的是纽约,每天流入300万人。

竖立在洛杉矶山顶的"好莱坞"招牌,原本叫作"好莱坞庄园",是1923年一家地产开发商搞的,跟电影毫无关系。直到几年后,好莱坞才成为电影圣地的标志。

1927年,好莱坞每年拍摄800部左右剧情长片,外加20 000部左右短片,占全世界总量的80％。

当时电影是美国第四大产业,从业人员比福特与通用汽车公司的员工加起来还多,为美国经济贡献约7.5亿美元,是体育业和赌博业加起来的4倍多。每个星期,美国的2万家电影院能卖出近1亿张电影票,意味着任何一天,都有约六分之一的美国人在看电影。

为了吸引更多观众入场,影院老板痴迷于修建更高大更豪华的电影院,当时有名的罗克西剧院可容纳6 200名观众,配有118人的交响乐团,能为每一部电影提供音效伴奏,剧院地下室陈列有巨大的冷气机,冷气源源不断地循环着,饮水机提供着冰水。

当时的《纽约客》刊登了一幅漫画,一个孩子站在罗克西剧院瞠目结舌地望着四周,充满敬畏地问他母亲——妈妈,上帝是住在这儿的吗?

3

酒能乱性,也能乱美国。

20世纪20年代的禁酒令被认为是美国历史上最离谱的社会实验,它一下子斩杀了美国第五大产业,将每年近20亿美元的收益从合法商人手里夺走,转而交给杀气腾腾的黑帮。

美国政府颁布禁酒令时,忽略了一件事:除了饮用,酒精还有其他用途,是油漆稀释剂、防冻剂、洗涤剂、防腐液的关键组成部分,为了让这些东西继续得到使用,政府必须允许酒精继续生产,结果就是每年有2.3亿升酒精进入私酒交易。

为了让工业酒精无法饮用,达到禁酒目的,美国政府想了一损招——往工业酒精中添加马钱子碱和汞,让饮用者致盲、致残甚至致死。

《美国饮食报告》称,仅1927年就有11 700人因喝私酒被毒死。

美国禁酒部门雇了1 520名特工,令其监督全美1亿公民禁酒情况,相当于每1名特工负责盯守65 000多人。

可想而知,在如此大而无当的监督之下,美国私酒泛滥,仅曼哈顿的一个街区就有32个提供饮酒服务的地下酒吧,饮酒场所的数量比禁酒令生效前翻了一倍,达到32 000家。

何苦来哉?

长达十年的美国禁酒闹剧背后,是一个獐头鼠目的小个子男人作祟,此人名叫韦恩·惠勒。

韦恩生于1869年，在俄亥俄州东部一座农场长大，有一天，有个喝醉酒的工人不小心用草叉刺伤了他的腿，自此以后，韦恩发誓要将酒精从美国人的生活中赶出去。

长大以后，韦恩当了律师，并迅速表现出玩弄政治的才华，他用尽浑身解数，将所有不肯支持禁酒令的政治人物赶下台，为此，他雇用私人侦探，专门刺探这些政客们见不得光的丑事，然后进行勒索。

韦恩的政见只有一条：喝酒是一切罪恶之源。

俄亥俄州的成熟政客迈伦因反对韦恩的禁酒号召，被后者曝光丑闻，在选举州长时无可挽回地失败了，而另一位平庸政客沃伦·哈丁，却因支持禁酒号召获得超高人气，夺得州长之位，后来这个叫哈丁的政客一路扶摇直上，成为美国第29任总统。

美国各地的政客们纷纷望风站队，竖起禁酒大旗。

在韦恩的"禁酒主义"号召下，到1917年，美国实现了27个州完全禁酒。

这是如何办到的呢？难道仅仅只是通过挖政客的丑闻逼其就范？当然不是，韦恩得以将禁酒令推向全美，拜第一次世界大战所赐。

一战期间，德国U型潜艇发射鱼雷，击中了停泊在爱尔兰海岸的客轮卢西塔尼亚号，造成1 200人丧生，其中有128名死者是美国人。

美国上下义愤填膺，燃起针对德国人的怒火。

路易斯安那州一名德裔男子因说了美国的坏话，遭到十几名壮汉袭击，他们用美国国旗将德裔男子捆绑起来，拖着游街，然后将其吊死。事后，陪审团判加害者无罪，理由是此乃"爱国谋杀"。

在美国的德国企业遭到抵制，很多人朝办公楼窗户上扔砖头，许多德裔美国人为安全起见，都改了名字。那些供应德国食物的餐厅，连夜给菜单上的菜品改名，比如，将德国腌菜改为"自由白菜"。

美国酿酒厂几乎都是德裔美国人开的，韦恩等禁酒人士抓住这一点大肆宣传，将喝酒等同于叛国，韦恩高呼：我们要跟3个敌人对抗——德、奥，还有酒。

反德情绪的高涨为美国禁酒运动加足马力，一个州又一个州争先恐后般批准了宪法第十八修正案——禁止酒精的生产和消费。

1919年10月28日，美国国会颁布了终极禁酒令——《沃尔斯泰德法案》。

按照这个法案，酒精含量超过0.5%的饮料都被定为"醉人液体"，许多以前支持禁酒令的人以为啤酒和清淡的葡萄酒不在被禁之列，到了此刻才后悔莫及。

禁酒令推出后，嗜好杯中物的美国人开始向医生行贿，让医生为自己开出威士忌的处方，到20年代末，医生们靠这项服务挣到了4 000万美元。

某个历史事件背后往往存在着一个至为关键的人物，美国禁酒令的关键人物是韦恩，那么从美国繁荣昌盛的20年代到山崩地裂的大萧条之间最关键的人物是谁呢？

答案是赫伯特·克拉克·胡佛。

4

胡佛6岁丧父，9岁丧母，他自己活到了90岁。

大学毕业后，胡佛四处投简历无果，最后去了加利福尼亚州内华达市一家矿厂做苦力，每天的工作就是装填矿石，一周干7天，每天干10小时，时薪20美分，按照当时标准，算妥妥的底层。

在干苦力期间，胡佛突然开窍，玩命自学，加之其亲临矿厂的第一手经验，1897年成为英国莫林矿业公司的工程师。

在之后的十年，根据公司的指派，胡佛的脚步踏遍缅甸、中国、印度、澳大利亚、埃及等地。胡佛经历了中国的义和团运动，穿过婆罗洲的丛林，骑着骆驼横跨西澳大利亚的空寂沙漠，还在埃及金字塔脚下露营。

在一线干了十年，胡佛回到伦敦，成为公司的合伙人，娶妻生子，积攒财富，在40岁生日时，挣下400万美元家资。

一战爆发后，胡佛受邀前去疏散滞留欧洲的12万美国人，他极为高效地完成了任务，官方便请他前往比利时救济委员会负责救灾活动。

当时，比利时在战争中崩溃，农田尽毁，工厂倒闭，德国人抢走了他们的粮食，800万比利时人濒临饿死。

胡佛到比利时后，在长达两年半的时间里，每周都设法调拨价值180万美元的粮食，分给断炊的比利时人救命。

这在当时被认为是全球有史以来最大规模的救灾工作,胡佛令自己的名字蜚声国际,甚至有媒体称他为自耶稣基督以来最伟大的人道主义者。

一战结束后,胡佛以美国救济署负责人的身份重返欧洲,在30多个国家监督救济工作,再次拯救了数百万人,使其免于饥饿。

1919年,胡佛结束了欧洲的工作,回到美国后,因名气太大,两大政党都对他大献殷勤,将胡佛当作潜在的总统候选人。

1921年3月,胡佛加入哈丁内阁,担任商务部部长,1923年哈丁突然去世,胡佛又在柯立芝手下担任同一职务。

柯立芝是当时著名的"4小时总统",意思是每天只工作4小时,绝不延长。胡佛正好相反,天生工作狂,加班狂,柯立芝的无为而治让胡佛得以将自己的触角伸到各个领域。

胡佛精力过剩,事事插手,亲力亲为,他插手的业务包括劳资纠纷、监管无线电、规定航空航线、监督国外贷款、缓解交通拥堵、橡胶定价、落实儿童卫生法规等。

柯立芝乐得清闲,将胡佛称作"神奇小子"。

胡佛所谋者大。1927年夏天,密西西比河发洪水,淹毁良田无数,胡佛喜上眉梢,赶去救灾。毕竟这是他的老本行,胡佛夸口道,自俺老胡接手后,死于洪水的人不会超过3个。多年后,真实数据曝出,死于这次洪水的至少有150人。

密西西比河洪水暴发巩固了胡佛大善人的名声,许多人将他视作共和党的下一任总统候选人,胡佛也自信心爆棚,对朋友说,(总统大位)铁定跑不了。

5

1923年8月2日,凭支持禁酒青云直上的美国总统沃伦·哈丁在旧金山逝世,死因成谜。有说是心脏衰竭,有说是突发脑出血,还有一个说法——中毒。

哈丁总统不拘小节。《纽约时报》记者理查德曾跟朋友吐露,有一回,他亲眼看见哈丁在谈话时突然站起,旁若无人地往白宫壁炉里撒了一泡尿。

除了不拘小节,哈丁也"不拘大节"。他跟一个叫福布斯的人去夏威夷旅游,他对此人印象不错,便指派他为退伍军人管理局负责人。谁料,这个福布斯是个大骗子,两年内在这个岗位上窃取了2亿美元。哈丁任命的其他部门的人,也是不靠谱的居多,包括司法部、内务部、海军部等。

哈丁政府只存在了29个月,却因种种无能和渎职造成了20亿美元损失,这简直匪夷所思。

从逃过丑闻的角度看,哈丁死得其时,一直有传言说,哈丁的妻子为了保全他的名声而毒死了他。哈丁死后,其妻子立刻着手销毁他所有的文件,还坚决不准尸检。

1923年8月,美国人一觉醒来,发现自己的总统却没醒过来,不加班的柯立芝成了总统。柯立芝最大的特点是无为,真的无为,每天工作4小时,下午睡2个小时,晚上睡11个小时。

在柯立芝的无为而治之下,华尔街的股票市值增长了2.5倍。1927年,《纽约时报》的记者写道,柯立芝激发了全美上下的坚定信心,只要有他在白宫,这个国家就会一切顺利。

6

20世纪20年代,借贷不仅为狂飙的股市提供了资金,同时也成为美国人生活中的支柱。换言之,在这个所谓的"黄金十年",多数美国人靠借贷度日。

路易斯·海曼在《负债国度》一书中指出,美国的债务系统十分丝滑,人人都开心,先买后付款成了潮流,顾客通过金融公司购买真空吸尘器,只需在5个月里每月支付1.05美元的利息。与此类似,房子、汽车、家具、电器等商品都可以分期付款,分期付款让美国人的屋子里充满各种闪闪发光的东西。

一些银行察觉到了危险,芝加哥、旧金山、明尼阿波利斯和费城4家储备银行拒绝发放贷款,认为市场价值本就这么高,继续鼓励贷款是疯狂的不理智行为。可所有参与其中的美国人正在兴头上,美联储强迫抗命不从的银行跟进。

整个美国都疯狂了。

超前消费和金融减息带来了灾难性后果,用经济学家利亚未特的话说就是,如同点燃森林火灾的火花。

股市从本就非理性的高度又翻了一倍,受股市会永远上涨的信念蛊惑,股票经纪人发放给投资者的贷款从10多亿美元涨到了颤颤悠悠的45亿美元。

大厦将倾。

1927年8月2日,柯立芝传唤30多名记者到拉皮德城高中,说有特别公告发布。记者们被带进一间教室,发现柯立芝坐在一张办公桌后,这一天是他继任总统的第4年。

记者听命排成一列,逐一走到桌前,柯立芝向他们出示了一张小纸条,上面写着:我选择不参加1928年的总统竞选。

柯立芝问,所有人都看到了吗?

记者们说,看到了。接着询问柯立芝是否对这个公告做进一步的解释。

柯立芝回答,不。

柯立芝放弃竞选总统的消息传到胡佛耳朵里时,胡佛正在加利福尼亚的红木林度假,胡佛心脏狂跳,仰脖将一杯威士忌灌进胃里。

胡佛与柯立芝见面时,他问柯立芝自己是否应该角逐总统,柯立芝说,为什么不呢?

胡佛咧嘴一笑,真诚而热烈,却不知骂名即将滚滚而来。

多年后,柯立芝女儿格蕾丝的私下谈话被狗仔记者曝光。格蕾丝说,爸爸辞职那年,曾对一位熟人透露,大萧条就要来了。

参考书目:

1. [美] 斯特兹·特克尔著:《艰难时代:亲历美国大萧条》,王小娥译,中信出版社2016年版。

2. [美] 艾伦·格林斯潘、阿德里安·伍尔德里奇著:《繁荣与衰退》,束宇译,中信出版社2019年版。

3. [英] 比尔·布莱森著:《大萧条前夜的繁荣与疯狂》,闾佳译,江苏凤凰文艺出版社2021年版。

美国大萧条

1

1932年的一天，美国华盛顿。

密密麻麻的美国退伍军人拖家带口来到帝国首都，他们用硬纸板和其他废料搭建成称作"胡佛村"的住所，两顿饥一顿饱，于冷风中伫立在宾夕法尼亚大道街边，就像一群孤魂野鬼。

这些退伍老兵大多参加过第一次世界大战，立过战功，有些还在炮火中成了残疾人，他们为了生存来向胡佛总统请愿，乞求将补偿金发放给他们。

胡佛不同意，说如果退伍老兵拿到了补偿金，国家就会破产。

老兵们为了向胡佛这个"老赖"讨要血汗钱，在华盛顿赖着不走，日夜轮班，绕着白宫游行。

离开的命令从美国制造的大喇叭里一遍又一遍地传出来，但老兵们拒绝执行。胡佛先是联系华盛顿的警察局长，令其驱赶老兵，结果被拒绝，胡佛又联系海军司令出动海军，同样被拒绝。

这很好理解，但凡是个人，都不会如此对待为国家流过血的退役军人。

不过美国毕竟是美国，江山代有才人出，一个喜欢戴墨镜耍酷的家伙接受了胡佛的命令，全副武装兴冲冲跑来干脏活，这个家伙就是日后在朝鲜战争中吃尽中国志愿军苦头的麦克阿瑟。

麦克阿瑟骑在一匹挺拔的白马上搔首弄姿，沿着宾夕法尼亚大道翩翩而来，白马屁股后面跟了一串坦克和正规军。

美国老兵不敢相信自己的眼睛,翩翩一骑来是谁?这不是首长老麦克嘛。

麦克阿瑟带领军队出现在宾夕法尼亚大道那一刻,窝棚里的退伍老兵敲起锅盆,大叫道:自己人来啦!

麦克阿瑟麾下的士兵用步枪的枪托砸老兵的脑袋,再不行就用刺刀戳,直至将其逼走。

一个大块头黑人老兵,手里挥舞着一面巨大的美国国旗,一群年轻士兵推开他,其中一个士兵冲他大吼:快滚开!

黑人老兵平淡而有力地说,不要推我,我曾为了这面国旗去打仗,我为了它在法国作战,今天,我也会为了它在宾夕法尼亚大道战斗。

到了晚上,士兵们开始放火焚烧退伍军人的窝棚,试图用烟将他们熏出,一时间,火焰滔天,士兵们趁着火势,冲退伍军人狂扔催泪瓦斯和催吐瓦斯,仿佛儿子在攻击爸爸。

火焰攻势后,现场一片焦土,退伍老兵的窝棚被拆得七零八落,士兵们将其团团包围,杀戮骤起,有人被刺刀戳伤,有人的胳膊被军刀砍掉,有人的耳朵被割下,一些老兵气不过,向士兵扔砖头,士兵开枪还击,死伤者甚多。

……

2

美国流行歌词作者哈伯格类似当时美国的方文山,曾为《彩虹仙子》《绿野仙踪》《卡罗尔伯爵的浮华世界》等大热影视作品创作主题曲。

20 世纪 20 年代,哈伯格下海经商,干了几年后,积攒下一笔不菲的财富,准备再干几票就退休,谁料,1929 年美国股市大崩盘,哈伯格血本无归,只剩下一支铅笔。

朋友对他说,至少你还有笔,开工吧。

为了还债和生存,哈伯格到处写歌词,一次赚个十美元。哈伯格庆幸自己有这一技之长,甚至觉得身无分文后,才找到了真正的自己。而当时的许多人都不会这么看问题,他们选择从摩天大楼的窗户跳出去。

20 世纪 30 年代,哈伯格习惯沿着纽约街道散步,常常会看到那些贫穷的人为了领救济食物排着蜿蜒曲折的长队,这些队伍足有几个街区那么长。

有一次,一个脸上布满沟壑的老工人在等待救济时跟哈伯格聊了两句:我修过铁路,我建了那座高塔,我数十年如一日劳作,为什么我现在站在这里等待救济?我曾经创造的财富都去哪儿了?

哈伯格听罢,不胜唏嘘,决定为这些在大萧条中食不果腹却又没有任何话语权的穷人写一首歌。当时美国流行一种打招呼的方式:你经过某个街区时,总会有人凑上来说,能给我一毛钱吗?

作为水平高超的流行歌词创作者,哈伯格没有采用俗套直白的方式,写成"我妻子病了,我有 6 个孩子,股灾令我失去所有,请给我一毛钱吧"这样的歌词,而是用怜悯和诗意的笔调,用哀而不伤的方式,将歌词写的隽永动人,并将这首歌起名为《兄弟,能给我一毛钱吗?》

部分歌词如下:

我们曾穿着卡其军装
嗨,看上去真棒
扬基歌歌声嘹亮
50 万只靴子踏着沉重的步子
我就是那年轻的鼓手
喂,你还记得我吗?他们叫我阿尔
一直都叫我阿尔
喂,你还记得吗?我是你的兄弟
兄弟,能给我一毛钱吗?

这首歌在 20 世纪 30 年代的美国流传极广,几乎每个人都会唱,饭店的乐队演奏它,唱片公司还为它录了唱片。

罗斯福竞选总统时,其竞选团队将这首歌当作洪水猛兽,一度禁止电台播放,但没有用,这首歌已经深入人心。

3

1929年10月29日,股票交易显示牌一直在转,股票经纪人没有亏钱,他们的客户破产了。

因为破产,有的投机客从大楼窗口纵身一跃。

大财团洛克菲勒家族的第二代掌门人小约翰·戴维森·洛克菲勒站在摩根公司的台阶上,向慌了的美国人宣布,他的家族正在大举买进股票救市。

洛克菲勒发表救市宣言后,跳楼的频次有所下降。但事实证明,洛克菲勒救不了市,美国帝国大厦的楼顶天台再次成了"跳楼症候群患者"告别尘世前留下最后一眼的热门打卡地。

股市崩盘并非一朝一夕的事。之前出现过多次警告,可惜无人注意,整个美国都疯了,每个人都在买股票,擦鞋匠、服务员、厨子、出租车司机、公司白领、工人、妓女……当然,还有资本家。

据《艰难时代:亲历美国大萧条》一书记载,辛辛那提有个中产小业主,已婚,有8个孩子,他在破产前,为自己购买了十万美元的人身保险,股市崩盘后,他选择了自杀,好让妻子和孩子们靠那笔保金活下去。

美国大萧条期间,很多人为了保金而自杀。

在20世纪30年代,美国少数有钱人不受经济危机影响,可以得到很好的医疗服务,穷人选择去救济性为主的免费药房,最尴尬的是中产阶级,他们没钱去高级医院,又放不下面子去免费药房,最后任何医疗都得不到,这个阶层在30年代死亡率大增。

也有没那么死要面子的。据那时的资料记载,有位女士常光顾免费药房,她穿着体面,有辆凯迪拉克,但没有钱,每次来免费药房,她都会把凯迪拉克停在三个街区以外的地方,否则被社工看见就会禁止她进入。

以屠宰生猪闻名的城市芝加哥,每当有垃圾车倾倒垃圾,就会有数百人扑到垃圾堆上,用树枝和双手挖取食物,这些觅食者将已经腐败的肉制品挖出来,用小刀切掉最烂的部分,或者用碱水给整块肉消毒。一个寡妇清洁工在拿起这些腐肉前,都要摘掉自己的眼镜,为的是不让自己看到肉里爬动的蛆。

1932年，美国天降伟男罗斯福坐着轮椅迤逦而来，他在一次公共演讲中，指着密苏里河对身旁的劳工说，这是你们州最伟大的母亲河，应该好好开发。

罗斯福新政来了。

随着公共事业振兴署的建立，罗斯福在美国成了神一样的存在，失业的人有了工作，有了工作就能领到薪水，领到薪水也就有了尊严，歌词创作者又有了新题材，其中一首歌这样写道：

我支持你，总统先生
我自始至终支持你
你可以撤销一切
但不要撤销公共事业振兴署

罗斯福新政靠国家发起大基建干涉经济，起初确有力挽狂澜之效，但随着事态的演变，新政造成了巨大的赤字，新政实施十年，美国依然有一千万人失业，新政高开低走，美国社会躁动不安。

1940年大选，罗斯福做了一个承诺，不会将美国人的儿子送到世界大战的战场。就在大部分美国人欢呼雀跃时，一个共济会成员指出，美国必将加入世界大战。

当时的美国预算局首席财政分析师米恩斯称，当罗斯福新政走到强弩之末的地步时，是希特勒将他拉出了泥潭。

换言之，将美国从经济大崩溃中拯救出来的，不是罗斯福新政，而是第二次世界大战。

4

如果我们要探索20世纪30年代美国大崩溃何以会发生，就要将目光着眼于胡佛之前的那位佛系美国总统——柯立芝（1923年8月—1929年3月在任）。

柯立芝自诩每天工作少于4个小时，每晚睡觉超过11个小时，并深以为豪。

他曾对人说,最理想的一天,就是什么事都没有发生的一天。

柯立芝致力于将联邦政府维持在小规模水平,他与国会中支持减税的人一起努力降低最高税率,柯立芝任命的官员中许多都是大富豪,比如时任美国财政部部长安德鲁·梅隆,此人是当时美国第三大富豪,排在洛克菲勒和福特之后。

在这些人的操纵下,美国超额利润率降低,房地产税率减半,柯立芝不断督促预算局在政府各层级部门推行节俭。评论家门肯称,"柯立芝给这个国家提供的政府机构是一个被脱得'一丝不挂'的政府"。

柯立芝宣称,一个人建起一座工厂就等于建起一座寺庙,在这里工作的人就在这里膜拜神灵。

柯立芝的风格颇有中国"无为而治"的哲学。他表示,作为一个国家的总统,并不需要亲力亲为做很多事情,总统最大的职责是为商人提供一个稳定的社会基础,让他们发挥自己的能力去创造财富。

1921—1929年,美国GDP以每年5%的增长率持续增长,这是世界上的发达国家有史以来的最佳表现。

与此同时,这一时期美国的通货膨胀率为0,企业盈利水平提升了一倍,在交易所上市的公司数量增至原来的4倍,股票总值从150亿美元增至300亿美元。

1925年创刊的《纽约客》吹捧新生的城市精致生活,号称《纽约客》不是为住在乡下和小城镇的老妇人出版的。《了不起的盖茨比》的作者菲茨杰拉德用轻蔑的口气写道,城市之外都是让人摸不着头脑的地方。

到20世纪20年代中期,全球80%的汽车都在美国,美国平均5.3人拥有一辆汽车,相比之下,英国和法国平均每44人才拥有一辆汽车。美国车辆之多,以至于贩运私酒的小贩用"逃亡车"来躲避警察,美国站街女找到了做生意的新场所,据1929年出版的《米德尔敦》记载,1924年,当地青少年法院判定的30起卖淫案中,有19起是在汽车里抓获的。

既然美国20世纪20年代如此繁荣,那么为何会进入30年代大崩溃的地狱开局模式呢?

破坏因子就藏在柯立芝的"政府做甩手掌柜,把一切交给市场和大财阀"的理念之中。

20世纪20年代，美国社会上出现了大量依赖消费者借贷消费的行业，大公司不受控制地狂发"消费贷款"，用僵化的公式来衡量一个人的信贷额度，却从不亲身了解人们的真实信贷资质。

汽车公司首先开了个头，让尽可能多的人贷款买车，上百个不同行业不同类型的企业随后跟进，为人们购买钢琴、收音机、留声机、吸尘器甚至珠宝和名牌服饰创设"便捷贷款"。

由此，美国家庭的负债一路攀升，从1919年的4 200美元增至1929年的21 600美元。

共和党特工休伯特在一份秘密报告中捅破真相——我们的人民面临比失去收入和失去工作更剧烈的风险，他们在个人住房、收音机、汽车、洗衣机和其他奢侈消费品方面都欠下了债务，他们盲目相信富裕将会长期持续下去，并据此对自己的生活下了偿还不起的赌注。与此同时，那些巨型企业将利润中越来越多的部分用于股票投机而非生产投资。

在种种债台高筑的领域中，以房贷为尤。

20世纪20年代，美国人获取住房抵押贷款越来越容易，首付款比例不断降低，获取第二次甚至第三次抵押贷款的可能性也越来越大。

未结清的住房抵押贷款余额从1919年的120亿美元攀升至1930年的430亿美元，许多家庭都充分利用了第二次和第三次抵押贷款的机会。

行文至此，相信有心的读者已经看出来，这些关于造成美国20世纪30年代大崩溃的文字有点似曾相识。没错，历史总是一而再再而三地不断上演，让美国卷进下行通道的2008年次贷危机在某种程度上，其实就是美国30年代大崩溃的重演。

美国不受控制的资本将全球作为韭菜疯狂收割，使得财富高度集中，信用又极度膨胀，市场交易和证券交易等金融操作超常规活跃，交易所里反映的经济状况已经和实体经济严重脱节甚至扭曲，这种"虚胖"令美国经济十年一个小危机，二三十年一个大危机，循环往复，无法可解。

如上文所述，真正将美国从30年代的大崩溃中解救出来的不是罗斯福新政，而是第二次世界大战。

这样一来，我们就理解了为什么二战之后，美国要充当世界警察，不遗余力地发动朝鲜战争、越南战争、伊拉克战争、科索沃战争、利比亚战争、阿富汗战争等一连串烽火连天的战事——因为美国式畸形繁荣需要搭配火药方可持久。

参考书目：

1. [美] 斯特兹·特克尔著：《艰难时代：亲历美国大萧条》，王小娥译，中信出版社 2016 年版。
2. [美] 艾伦·格林斯潘、阿德里安·伍尔德里奇著：《繁荣与衰退》，束宇译，中信出版社 2019 年版。

带美国走出大萧条的美国总统

1

1887年,荷兰裔暴发户詹姆斯·罗斯福带着5岁的儿子小罗斯福来到白宫,晋见格罗弗·克利夫兰总统。

此前,詹姆斯斥重金赞助克利夫兰竞选,大搞金元政治,助其上位,克利夫兰一朝获选,自然投桃报李,将其邀至白宫,答谢金主爸爸。

克利夫兰对詹姆斯说,詹姆老友,为感谢你的大力支持,我给你安排了个好去处,担任美国驻荷兰公使。荷兰是你的祖籍,荣归故里,风光旖旎,这个安排不赖吧?

詹姆斯优雅地鞠了一躬,感谢总统先生美意,不过恕我不能接受这个指派,我胸无大志,太爱我的妻子儿女,当个富家翁足矣。这份美差还是留给别人吧。

克利夫兰眼珠一转,投了那么多钱,却不要回报,世间哪有这么便宜的事儿?他的目光落在西装革履的小罗斯福身上,突然恍然大悟:父母之爱子,则为之计深远。这家伙是为儿子而来!

沉思了一会儿,克利夫兰说,那这样吧,以后有什么需要帮忙,无论是你,还是你的子女,都可以来找我。

说罢,克利夫兰大步走来,弯腰抱起小罗斯福,半真半假地说道:我的小宝贝,我得告诉你,在这个世界上你什么都可以干,但千万不要当总统。

时隔几年之后,克利夫兰再次当选美国总统。

早熟的小罗斯福想起当日之话,忍不住露出狡黠的微笑,克利夫兰劝别人别当总统,他自己却乐此不疲。看来总统这个活计,必然是爽歪歪。

2

命运总是青睐有准备的人。

这句老掉牙的格言,其实有更深层的含义:一个人取得极大成功,背后往往是整个家族前仆后继的努力。

罗斯福之父詹姆斯做生意发财后,便对罗斯福悉心培养,送到以培养政治家而名声在外的哥罗顿中学就读。罗斯福也颇为争气,在哥罗顿的最后一年,就提前学习了哈佛必修的 15 门课程,等来到哈佛时,大长腿一蹦跶,直接跳到三年级。

进入哈佛后,罗斯福负责编辑《红色哈佛报》,恰逢他的堂叔西奥多·罗斯福竞选总统。西奥多给侄子站台,来哈佛演讲,并接受了罗斯福的采访。

一时间,侄凭叔贵,罗斯福很快被校刊编辑部吸纳,成为当时哈佛的风云人物。罗斯福忍不住有点飘,产生了替叔叔拉票的想法,他向主编提出,要采访哈佛校长,就大选发表看法,其真实目的则是将哈佛校长支持西奥多的政治倾向公之于众,带动更多人支持叔叔。

哈佛校长本不愿暴露自己的政治倾向,罗斯福激将道,如果你的投票代表你的信仰,你就应该乐意把你的影响扩散出去。哈佛校长咂摸了一通,觉得有道理,便听从了罗斯福的建议。

罗斯福采访哈佛校长这篇特稿,成了全美多家报纸的头条新闻。

1901 年 9 月,威廉·麦金利总统被刺身亡,42 岁的副总统西奥多·罗斯福继任总统,成为美国历史上最年轻的总统。罗斯福瞅着叔叔登上权力之巅,也不由得心魂荡漾。

在哈佛毕业典礼上,时任总统的西奥多·罗斯福向这些天之骄子训话,说你们已然得到太多实惠,必须为国家作出更大贡献。

叔叔的训导,罗斯福字字句句记在心里,他跃跃欲试,坚信自己能走得更远,因为他已向总统叔叔的侄女埃莉诺求婚。

3

1912年,托马斯·伍德罗·威尔逊竞选总统,罗斯福鞍前马后,一通忙活,设立威尔逊俱乐部,组织演说和示威游行,还鼓动成千上万的老乡,以电报信件的形式提名威尔逊。

威尔逊拿下总统大位后,罗斯福作为"从龙之士",自然也得论功行赏。1913年,威尔逊任命罗斯福为海军部长。

上任伊始,罗斯福接连发表演说,要将美国势力扩大到整个西半球,建立一支强大的海军,捍卫美国的利益。在职期间,罗斯福手伸得很长,不仅督促落实建造战舰的重点项目,还负责调查海军所在地的卖淫赌博问题。

一战结束后不久,威尔逊左半边身子瘫痪,左眼失明,丧失工作能力。流言满天飞,说威尔逊得了三级梅毒,如今被威尔逊夫人囚禁在一个带栅栏的房间里。而只上过两年学的威尔逊夫人,在法案上伪造威尔逊的签名,任意解雇和任命部长。这个荒诞不经的说法被人信以为真,参议员福尔甚至公然抱怨,美国是由一个女人来统治的,威尔逊夫人才是总统!

当美国大选再度来临时,罗斯福本着"亮个相"的目的,成为副总统候选人。

罗斯福连续做了800多次演说,虽未竞选成功,却混了个脸熟,结识了许多大人物,最关键的是,他深入群众,了解到了选民的需求,为此,他总结出竞选的关键就在于争取民心,而眼下民心所最关注的就是经济问题。

1920年大选后,罗斯福辞去政府工作,去了家信托公司当高管,许多人都认为罗斯福是"下海"赚钱,但其实他是来研究经济的,为日后卷土重来做准备。

1921年8月10日,罗斯福一家乘着私家帆船,从海滨别墅出发,一路浪游。回程时发现,一个小岛上着火了,有越烧越烈之势。罗斯福动员全家,手持扫帚、铁锹、水桶等工具,赶上前去灭火。经过一番战斗,火终于被扑灭了,罗斯福汗流浃背,热得要命,立即脱个精光,跳进海里冲凉。

谁料,海湾的海水冰凉刺骨,冷水一激,寒气直入肺腑,过了半响,罗斯福只觉两腿酸痛,浑身发抖,牙齿咯咯作响,赶紧上岸回家,当天夜里,发起高烧。

医生看过后,认为是重感冒,可吃了几服药,不见好转,反而加剧。剧痛扩散到背部、肩部甚至手指,很快,罗斯福胸部以下的肌肉都无法动弹了。

费城名医威廉·基恩诊断,罗斯福所患的是脊髓灰质炎,轻则瘫痪,重则丧命。

罗斯福自出生起,就是妥妥的人生赢家,顺风顺水,上最好的学校,受最好的教育,所结交者,非富即贵,从未受过一丁点委屈,此次罹患恶疾,无异于晴天霹雳。

在病痛期间,罗斯福浑身疼痛,膀胱失控,一天需导尿数次,每一次都痛苦万分。他仿佛被剥去皮肉,暴露在外的神经只要轻轻一碰,便痛入骨髓。

这个时候,罗斯福的表现倒也稀奇。甭管有多痛,只要家人或朋友在身边,他都装作若无其事,诙谐幽默,开玩笑,讲段子,仿佛置身事外。

这一天,《纽约先驱论坛报》记者路易斯·豪来探望罗斯福,此人是罗的忠实拥护者,深信罗斯福绝非池中之物,曾在罗的副总统选举中,包揽大小事务,表现突出。

罗斯福躺在病床上,看着眼前的豪,苦笑一声,说道,豪,我的朋友,我成了这副德性,看来你得寻找另一个"真命天子"了。

豪打量了罗斯福一番,意味深长地说,恰恰相反,您的好日子就要来了。

4

在豪的周密安排下,罗斯福乘火车回到纽约,斜躺在临床的卧铺上拗造型,吸引来无数记者和民众。罗斯福微微笑,口叼香烟,颇为优雅,吸了很多粉。

自此后,豪辞掉一切应酬和项目,一心扑在罗斯福身上,誓要将他推上权力巅峰。

许多人不解,私底下询问,美国英杰众多,何必把精力花在一个残疾人身上。每到这时,豪总是笑而不答。

我们不妨揣摩一下豪的心思。

竞选美国总统,其实就是一场秀,最大的秘诀就是如何把这场秀做好,吸引民众眼球。美利坚英杰虽多,出类拔萃,给人留下极深印象的却凤毛麟角。罗斯福的"残疾",恰恰是他吸引选民的特色,试问,在美国历史上,哪有残疾者抛头露面出来竞选大位的呢？

人往往对亦正亦邪的"异端"怀有好感，甚至会有一种朝圣的感情。比如印度的甘地，若其以西装革履之律师装扮示人，如何能成为"圣雄"，掀起此起彼伏的不合作运动。恰恰是因他身穿土布，袒胸露背，饿得皮包骨头，言行之间方显"圣者风范"，民众才买账，汹涌而来。

罗斯福亦如是，其人高马大、英俊潇洒不足夸，这类平平无奇的帅哥一抓一大把，但若其乘着轮椅，拄着拐杖，那就不同了，配合坚毅的眼神，庄重的风度，幽默的谈吐，简直就是自带"圣者"光圈。一朝踏上选举秀台，自然无往而不利，回望历史，罗斯福碾压对手的选举记录，至今无人能破。

说穿了，这都是人性。

几句题外话，下面继续我们的故事。

经过豪的一番包装，罗斯福成为政坛黑马，拄着双拐大杀四方。1928年9月，纽约州的民主党大会在曼彻斯特举行，在一片欢呼雀跃中，罗斯福被提名为纽约州州长候选人。

此次选举，罗斯福以微弱优势获胜。1929年元旦，罗斯福在议会大厅，手按荷兰版《圣经》，宣誓就职纽约州州长。

次年，纽约证券所发生股灾，数以百计的股票垂直下跌，绝望的人们疯狂抛售，血本无归的赌徒纷纷走上阳台。

在这大厦坍塌之际，胡佛政府仍只会动动嘴皮子，安抚业已破产的民众。与此相对，纽约州州长罗斯福立即行动起来，成立紧急救济失业委员会，千方百计提高就业率，还率先将强制性失业保险作为一种实用的救济方式。

一时间，罗斯福人气飙升，当他进入州政府时，成千上万名群众冒雨欢迎，向他高喊：我们的下一任总统！

1932年，罗斯福成为民主党的总统候选人，与共和党的胡佛角逐大位。彼时，全美哀鸿一片，经济下滑，亟需拯救。时代的风口，让罗斯福这位残障人士飞了起来，他在竞选演讲中，字字铿锵地说，美利坚的老少爷们，我向你们起誓，我保证为美国人民实行新政。

罗斯福如打了鸡血般，每天演讲十几场，乘坐竞选列车穿越美国，几个"纵贯线"下来，他已经家喻户晓。即使当列车短暂停驻在某个小站，他也要架着双拐，走到月台上,与民众寒暄,为民众打气,引发共鸣。

而胡佛这边厢,依然坚持老路子,政府不干涉经济,任由大资本家鱼肉百姓。他主要的竞选策略,就是走下三路,拿罗斯福的残疾做文章。

共和党人散布恶毒谣言,说罗斯福的小儿麻痹症影响到了大脑,现在他已经发疯,并会在6个月内死去。

大选结果没有任何悬念。罗斯福赢得42个州,共472张选举人票,胡佛只得到6个州的59张选举人票。如此悬殊的结果,在美国历史上,仅有林肯那届选举能与其媲美。

终于,罗斯福成为美国第32任总统,入主白宫。

5

罗斯福甫一上任,如猛虎出山,一鼓作气拟定了15项重要法律,包括紧急银行立法、国家救济体系、国家农业政策、证券监管法规、大规模公共工程计划、强制提高工资等。

平心而论,罗斯福的"新政",是动了资本家的奶酪来补贴平民。而美国真正的权力则掌握在大资本家手中,他们无需抛头露面,只需动动手中的牵线木偶,让那些议员为自己鼓与呼即可。

罗斯福新政刚出,共和党议员贝克就跳了出来,说政府越界了,就拿《农业调整法》来说吧,简直就是赤裸裸的违宪,宪法中写得很清楚,联邦政府无权管理农业。贝克指出,等到总统可以自由解释宪法那天,宪法也就死翘翘了。

贝克登高一呼,很多资本家的爪牙走狗纷纷响应,叫嚣罗斯福违宪,罪大恶极。

罗斯福对此早有预料,呵呵一声,论吵架辩论,老罗我还没怕过谁,但群鸦鼓噪,人数太多,不好一一反驳。

于是,罗斯福于1934年4月14日这晚,在华盛顿的威拉德酒店搞了个大"轰趴"(home party),将达官要人齐聚一堂,准备用他的三寸不烂之舌,说服群氓之心。

在"轰趴"上,议员里德抢先发难,发表自己对新政的看法,他指桑骂槐地说:

华盛顿是座遍布纪念建筑的城市，在规划城市蓝图的时候，就预先划出了公共场所来放置伟人的雕像。但是，这样的场地实在太多，美国的伟人有点不够用了。因此，我建议，可以在次要位置，放置那些不那么伟大甚至声名狼藉者的雕像，比如，那个公然违宪、提出《全国工业复兴法》的"聪明人"。

听了里德的讥讽，罗斯福微微一笑，反驳道：

如里德同学所说，华盛顿确实是一个遍布伟人雕像的地方。比如，林肯纪念堂，林肯不仅解放了黑奴，阻止了国家分裂，而且公然"违宪"，将美元贬值。再比如华盛顿纪念碑，华盛顿这位开国总统，也是个违宪的家伙，不理会大陆会议的命令，按照自己的方式领导军队，赢取了最后的胜利。还有白宫对面竖立着的那个雕像——安德鲁·杰克逊，他全然不顾那些宪政主义者的瞎叨叨，坚持将美利坚银行解散。

听了罗斯福的雄辩，里德无话可对，脸上一阵红一阵白。

罗斯福乘胜追击，继续说道：

在我们早期的航海史中，我们建造了一艘大船，将其命名为"宪法"号，我们使用了最好的木材，并按那个时代最好的技术来制造它。但时过境迁，这艘船已经无法胜任现在的航行。美国宪法也是如此，我们敬仰宪法，但随着时代改变，宪法也必须改变。

罗斯福循循善诱的演讲，让在场的听众印象深刻，有人点头称是，有人暗自摇头。

尽管罗斯福颇得民心，但共和党还有个撒手锏——最高法院。最高法院当时的九名大法官中七名是共和党人，人多好办事，美国有啥疑难杂症，共和党就往最高法院里捅。

1935年5月27日，美国最高法院人头攒动，拥挤不堪，就连法庭外的走廊里也是人潮汹涌。时间一到，九名大法官鱼贯而入，一一就座，甚是威严。

大法官们以9比0的惊人投票结果，废除了罗斯福实施新政的核心机构——全国复兴总署,同时取消了包括最低工资、最高工作时间以及工人权利在内的一整套措施。

这一天,被美国人称作"黑色星期一"。

当时的美国最高法院,大法官平均年龄为 71 岁,且都是终身制,思想僵化死板,人赠外号:长胡须的冰山。其中,以麦克雷诺兹大法官最为难搞,他曾放话:只要罗斯福在白宫一天,我就不会退休。

九名大法官推翻了整个新政计划,罗斯福一众小弟非常不忿,纷纷摩拳擦掌,要求对最高法院进行"填充",将大法官扩至十五人,打破一边倒的现状。

罗斯福推推鼻梁上的眼镜,眼神冷酷,沉默数秒,开口道:不着急,先让人民的怒火烧一会儿。

九名大法官狙击新政,无异于与美国平民为敌,在大法官的住宅外,愤怒的人们用粉笔在人行道上写下一个颇为不敬的单词:混蛋。

白宫接到电报无数,十个电报有九个是敦促重新展开新政。

工人们涌上大街,高呼不受最高法院摆布,他们一边游行示威,一边唱着讽刺最高法院的流行歌,歌名叫《九只瞎耗子》:

九个老头,九个老头
听听他们在叨叨什么
宪法不允许,宪法不允许
我们都快饿死了
能拿宪法充饥吗
这九只瞎耗子

眼看民意沸腾,九名大法官的祖宗八辈都被美利坚人民"问候"了一遍,罗斯福开始动手了。

他谋划了一项法律,规定若联邦大法官在 70 岁时拒绝退休,总统有权再额外任命一位法官。如果没有大法官退休,按照目前情况,罗斯福可以立即任命六名大法官。这样一来,自由派的大法官就能成为多数派。

罗斯福这一手着实厉害,九个老头儿吓傻了,忙不迭行动起来,把之前的裁定——推翻,先是推翻了最低工资的裁决,之后又承认了最低工资条例以及社会保险法合法。

他们纷纷表示,自己虽年老,却都能恪尽职守,同时丢卒保车,让一名岁数最大的法官退休,以示让步。

就这样,罗斯福新政得以顺利实施,并将美国拽出经济危机的泥潭,也让"大政府"还是"小政府"的争辩更加公开化。

2008年次贷危机时,有个总统想要模仿罗斯福新政,将竞选口号定为"改变",结果却弄巧成拙,闹得鸡飞狗跳,开启了美国的下沉之路,这个人就是奥巴马。

6

美国崛起为世界霸主,罗斯福起了关键作用。

进入20世纪,前世界霸主英国疲态尽显,当初代表实力与荣耀的殖民地,已逐渐成为日不落的沉重负担,以及一颗颗随时可能爆发的定时炸弹。

美国为独立,虽跟英国干过架,但究其根本,北美文明的兴起,其实是盎格鲁-撒克逊文明的延续。

所谓肥水不流外人田,当英国气数已尽,那个接过其衣钵的,则是同属盎格鲁-撒克逊文明的美国。这种传承关系,在两次世界大战中完成了交接。

美国得天独厚的地理环境,让它可以好整以暇,在世界天翻地覆时,渔翁得利。由此,美国人有一个鸡贼的战略——孤立主义。其核心内涵由杰斐逊最先提出,即拒绝加入任何纠缠不清的同盟,在国际风暴里独善其身,闷声发大财。

第一次世界大战后,美国总统威尔逊提出建立国际联盟,结果这个主张被国会拒绝。实际缘由,大抵是美国人觉得时候未到,羽翼未丰,而到了第二次世界大战,罗斯福政府治理下的美国,已然不是吴下阿蒙,其一举手一投足,都决定着战争的成败,以及世界的走向。

对于这一点,罗斯福看在眼里,美国已然走到了历史最关键的十字路口。退后一步,是黄昏,往前一步,是霸主。

在这个节骨眼上,以谦逊幽默著称的罗斯福,在两届总统任期期满后,当仁不让,冒着宪政之大不韪,第三次当选美国总统。

在这个关卡,美国人的实用主义也发挥到了极致,相当之配合。在民主党代表大会上,安装在大厅四周的扩音器里,传出一个雷鸣般的声音:我们需要罗斯福!

各地的民众也疯狂了,纷纷涌上街头,游行的口号如出一辙:"纽约需要罗斯福!""芝加哥需要罗斯福!""加利福尼亚需要罗斯福!"……

看着民众对罗斯福的需求比对 1 美元一大包的卫生纸还要强烈,美国的国家机器、各路精英衡量利弊后,也乐得顺水推舟,睁一只眼闭一只眼,打破了美国总统不得连任三届的不成文法。

1941 年 12 月 7 日清晨,日本偷袭珍珠港,美国损失 265 架飞机,死亡 2 403 人。次日上午,罗斯福身披蓝色海军斗篷,在儿子的搀扶下,走向众议院讲台,请求国会宣战。

台下雷鸣般的掌声响起,参议院以 82 票对 0 票,通过了罗斯福的要求,美国正式加入第二次世界大战。

随着美国加入二战,局势逐渐明朗。1943 年 11 月 28 日,苏联、美国、英国三国首脑在伊朗首都德黑兰举行会议,商讨开辟西欧第二战场,东西方配合对德作战。美国总统罗斯福、英国首相丘吉尔、苏联领导人斯大林,被称作此次会议的"三巨头"。

丘吉尔这个人,是大英帝国最后一抹日落余晖,当他得知美国参战的消息,可谓亦喜亦忧。喜的是有了美国盟友的加入,英国有救了,忧的是此战过后,英国昔日唯我独尊的地位将一去不复返。

把世界霸主的位置,拱手相让给同为盎格鲁-撒克逊民族的美国还比较能接受,但苏联就不同了,这个新兴的社会主义国家,与欧美意识形态天差地别,难以和睦相处。

在德黑兰会议上,三巨头的关系颇为微妙。丘吉尔与罗斯福私人关系很好,对斯大林则不以为然,但为了共同对付德国,也只能虚与委蛇,有时候甚至还管不住自己,与斯大林争执起来。

罗斯福为大局着想,急需与斯大林建立起亲密关系,当丘吉尔与斯大林发生争执时,罗斯福就会充当和事佬,从中斡旋。

在会议开始之前,丘吉尔搞了个赠剑仪式,特意从伦敦带了一把镶嵌着宝石的大宝剑,丘吉尔虚情假意地做了一番演讲,称斯大林的英雄气概举世无双,宝剑酬知己,千万莫推辞。

斯大林接过宝剑,俯首吻了吻剑柄,随即交给手下,束之高阁。

会议开始,斯大林开门见山,要求美英军队在法国北部登陆,开辟第二战场。丘吉尔闪烁其词,说不能对此进行保证,斯大林愤然而起,对副官下令,我们走吧,前线的红军战士正在牺牲,没功夫在这里扯淡。

罗斯福见状,赶忙上前调解,会议才得以正常进行。

此后,斯大林总是对丘吉尔语带讥讽,斯大林取笑丘吉尔,说他对德国人怀有某种神秘的喜爱,不肯对德国采取严厉措施。

罗斯福在会上,对战后国际秩序进行了设计,流露出美国的狼子野心。他在一张纸上画了三个圈,中间的那个圈写上"执委会",右边的圈标注为"四个警察",左边那个圈则写着"四十个联合国家"。这一构思,即后来的联合国安全理事会,四个常任理事国,以及联合国大会。

前线激战正酣,岁月轮转,到了1944大选之年,这一次,罗斯福确实累了,但关键时刻,即使重伤,也不能下火线。首轮投票就通过了对罗斯福的提名,副总统的位置则由密苏里州的参议员杜鲁门担任。

1945年4月12日,罗斯福衣冠楚楚,坐在轮椅上,与一帮女眷谈天说地。13:00,罗斯福系着哈佛的红领带,摆好姿势,让画家为他画像,还不时拿过一份文件来阅览。谁料,几分钟后,他举手想捏一捏太阳穴,忽然痛苦地说,我头痛得厉害。话刚说完,手臂就垂了下来,陷入昏迷。

15:35,罗斯福抢救无效,停止了呼吸。

在美国历史上,将美国引向世界霸主地位的罗斯福的地位很高,与国父华盛顿、解放奴隶的林肯齐名,被美国历史学家一致认为,是美国最伟大的三位总统之一。

后来的奥巴马,同样遭遇经济危机,便很自然地模仿起罗斯福,实行新政,可惜段位不够,反倒开启了美国的下沉之门。

特朗普在竞选连任时,煽动其拥护者高喊:Four more years!(再来四年),特朗普激动之余,竟然回应道,四年之后,再来四年!让现场的闹剧气氛达到高潮。在那一刻,"懂王"对罗斯福连任四届总统的艳羡之情表露无遗,可惜,创业未半,"中道崩殂",为天下笑,而称王称霸的美国也进入了不可逆转的下滑通道。

参考书目:

1.〔美〕杰夫·谢索著:《至高权力:罗斯福总统与最高法院的较量》,陈平译,文汇出版社2019年版。

2.〔美〕简·爱德华·史密斯著:《罗斯福传》,李文婕译,长江文艺出版社2013年版。

3.〔美〕埃里克·劳赫威著:《大萧条与罗斯福新政》,陶郁、黄观宇译,译林出版社2018年版。

美国的逃债鼻祖

债务问题是让美国最头痛的问题之一。

过去十年,美国联邦政府债务翻了一番,截至2023年6月16日,其债务余额已超过32.4万亿美元,占美国GDP的比例达到122.6%。

美国国会预算办公室发布报告预计,美国2032年将再增加15万亿美元的赤字,2049年美国债务将超过整个美国经济规模的2.3倍。

如此庞大的债务增加了美国最终无法偿还的风险,可能有一天,美元会突然出现崩溃。

说起美国债务现状,让我想起一个人——华盛顿。

可能很多人不知道,华盛顿之所以带头闹独立的一个重要原因,就是为了"赖掉"他背负的巨债。

18世纪下半叶,像华盛顿这样的北美种植园庄主,几乎完全受制于伦敦的经纪人。

这些经纪人相当于交易员与代理人的结合,北美庄园主将烟草等货物运到经纪人那里,经纪人把烟草卖掉,然后安排购买种植园主所需的英国奢侈品,包括红酒、瓷器、高端家具、衣服等,遇上烟草价格不足以支付这些消费品时,经纪人就会拿种植园主未来的收成做抵押。

这样一来,长年累月,华盛顿等种植园主就欠下了巨债。

据《美国四百年:冒险、创新与财富塑造的历史》一书记载,华盛顿在写给他的经纪人罗伯特·卡里的信中,不断抱怨对方给他的烟草开价过低,而帮他购买的那些奢侈品又价格过高,两者叠加导致了巨大的债务。

经济因素让华盛顿成了一点就着的"革命者",一旦北美脱离英国独立,自己欠下的巨额债务也就一笔勾销了。

1

提起美国国父,指的不是一个人,而是一群人,就像电影《唐人街探案》系列中的"皮蛋"。

像"自由之父"杰斐逊、"宪法之父"麦迪逊、"革命之父"亚当斯、"独立之父"潘恩、"金融之父"汉密尔顿等。

在北美那个风起云涌的年代,猛人藏不住,一不小心就得个"国父"的头衔,尊容被印在美元上让人怀念。

但若要较真,让美国人在众多国父中选出唯一的那一个"天子",相信大部分人都会选华盛顿。

美国首都叫啥?华盛顿。

华盛顿之于美国其重要性不言而喻。他不仅打跑了英国人,赢得独立,不贪权位,卸甲归田,还在关键时刻力挽狂澜,将十三块各怀鬼胎的殖民地团成一个美利坚合众国。

大家都知道,当今这个世界,是中华民族实现伟大复兴的时代,也是美国为维持霸主地位、一厢情愿地"与中国激烈竞争"(拜登语)的时代。而使得北美十三块殖民地成为今日之美国的最初缔造者,就是华盛顿。

要知道,刚刚赢得独立战争的美国,并不是一个联邦政府,而是"邦联"。

啥叫邦联呢?就好比现在的欧盟,是由各自独立的个体(国家)组成的松散联合体,因利而聚,利尽则散(比如脱欧的英国)。

作为邦联的成员,一旦谈不拢,随时"bye-bye",各过各的。十三个北美殖民地就可能变成十三个国家,整个北美大陆就成了第二个欧洲,也就没有了后来在全世界作威作福的美利坚合众国。

在那个关键时刻,美国之所以没有分裂,正是因为华盛顿用他那高出众人的威望,将眼看就要分崩离析的各殖民地政府撺掇到了一起。

因此,说起美国国父,看似名额众多不怎么值钱,但优中选优,真正当之无愧的，唯华盛顿一人而已。

两百多年过去，华盛顿的徒子徒孙，为感恩戴德，也为现实需要，对这位国父不断神化。

接下来，读者贤达所看到的，是从神还原为人的华盛顿故事，以及美国人不愿面对的黑暗真相。比如，华盛顿"起兵造反"的一大因素之一，就是当时的他，就像现在的美国，背负了巨大的债务。

2

1776 年 6 月 27 日上午，一个北美托德岛的瞭望兵发现了一面英国船帆。

短短七八分钟，大西洋上遮天蔽日，整个海湾都是战舰。它们追逐着浪花，接踵而来，于桑迪胡克下锚。几天后，风向转南，集结在此的英舰，扬起风帆，驶向纽约湾海峡。

截至 8 月中旬，英国总计 400 多艘战舰，装载着 5 万名虎狼一般的士兵，陆续踏上北美大陆。在当时，这是大英帝国有史以来集结的最庞大的舰队，直到第一次世界大战时，这个纪录才被打破。

在主舰上，英国海军统帅理查德·豪迎着海风，望着眼前的这片土地，五味杂陈，感慨万千。他与弟弟威廉·豪奉英王乔治三世之命，不远万里来平叛，却有点提不起精神。

理查德和威廉的兄长乔治·豪在法国印第安人战争中，因对抗法国和印第安人的联盟，一命呜呼，血染北美大地。1759 年，马萨诸塞州人民为乔治修建了一座纪念碑，这份敬意让豪氏家族感怀在心。

因此，掌握兵权的豪氏兄弟，压根儿就不愿与北美的父老乡亲为敌，早在 1774 年，理查德就曾与"北美圣人"富兰克林展开谈判，讨论和平的可能性。

此次大兵压境，理查德仍心存一线希望，从英王那里争取到了和平谈判的权力。

谁料，就在英国舰队登陆的前后脚，北美一干猛人签署了《独立宣言》。

如此一来，性质就变了，当理查德找到老友，这位后来被印在 100 元美钞上的富兰克林耸耸肩膀，用他那一贯怠懒而幽默的语调说，大英帝国那"名贵的陶瓷花瓶"已经碎了一地。

理查德不甘心，又几次联络北美猛人中的猛人华盛顿，用尽一切办法想将他拉回谈判桌。

这一次，理查德彻底失算了。

如果说富兰克林面对理查德的态度算是良好，买卖不成仁义在，那么华盛顿就是一个铁面活阎王，理查德与其沟通，只能是无休止的碰壁。

早在签署《独立宣言》之前，华盛顿的近卫队中有个叫托马斯·希基的中士密谋叛变，计划在英国舰队到来时反水，临阵倒戈。

希基的阴谋被揭穿后，华盛顿气炸了却无法对其定罪，因为当时的北美大陆名义上还是英国的属地。按照法律，希基效忠于英王，不仅无罪，还有功，主权源于大不列颠的纽约地方法院根本无法审讯这个人，这可咋整？

华盛顿眼珠一转，计上心来，将希基扭送到军事法庭，罪名是叛乱，处以绞刑，行刑地点是纽约广场。行刑时分，2万多人观看了这次处决。

英国战舰汹涌而至之际，华盛顿兴冲冲找到画家皮尔，让其为自己绘制画像。

只见身高约1.9米的中年大帅哥华盛顿，身穿一袭深蓝色皮革军衣，披着浅蓝色肩带，左手插进马甲，嘴角上扬。

这张画于华盛顿44岁时的画像，不同于其他沉稳干练的"标准总统像"，更像是一名雄心勃勃的战士。

这些微妙的异象，来自他早年的经历。

3

乔治·华盛顿是弗吉尼亚殖民者的第四代，其先祖约翰·华盛顿于1657年从英国来到北美。

华盛顿这个老祖也不是省油的灯，一来到北美大陆，就把印第安人祸害得够呛，以至于印第安小孩调皮捣蛋时，其父母就会吓唬他，你再闹，华盛顿就来抓你啦！

为此，印第安人给约翰·华盛顿取了个印第安名字，叫克诺托卡里乌斯，意思就是"攻城略地的人"。

只不过，约翰·华盛顿不是真的攻城略地，而是善于忽悠，玩弄法律条文，把印第安人骗出了他们的领地。

可能是因为对印第安人亏心事做得太多，华盛顿家族的男性大多寿命不长，不到50岁就身故了。

1743年4月，奥古斯丁·华盛顿辞世，遗产被分成7份，分给7个孩子。乔治·华盛顿只得到其中一份，难免银根吃紧，只接受了小学程度的教育，与那些"学霸国父"相比，自然相形见绌，这件事，华盛顿一直耿耿于怀。

但越是这样，越能显出华盛顿的骨骼清奇，不走寻常路。

熊孩子华盛顿不知从哪儿搞到一本奇书，书名叫《交往和交谈中保持礼貌得体的守则》，观其大略，其实就是"北美上流社会装腔指南"。华盛顿将书里的110条规则背得滚瓜烂熟，并应用于实践。

于是，华盛顿虽只有小学程度，但风度翩翩，举止优雅，完全符合上流社会的标准，自命为"弗农山庄少庄主"，很快通过各种弯弯绕的关系，与那些真正的贵族子弟打得火热。

有个叫劳伦斯的风一样的男子，是华盛顿同母异父的哥哥，此人魅力非凡，娶了费尔法克斯家族的千金。这个费尔法克斯家族大有来头，拥有20 000多平方千米的土地，还是王室的赞助人，北美大陆数一数二的豪门。

在未来的日子，熊孩子华盛顿将走上无比宽阔的人生舞台，干的是领导革命、摧毁贵族体系的行当，但他最初的崛起恰恰得益于特权阶层的庇护与帮扶。

1754年，弗吉尼亚下议院投票决定，众筹一支300人的军队，以保护俄亥俄领地的北美移民不受法国武力威胁，华盛顿被任命为副指挥，并被授予中校军衔。

在当时环境下，北美人民挑选带兵打仗的将领，是来不及仔细考核的，就仿佛咱们初高中时，老师任命体育委员，大多是看谁个子高，身体壮，就任命谁。

群众的眼睛是雪亮的，身高约1.9米的华盛顿，很快入了他们的眼帘，成了北美殖民地的军事长官，代表大英帝国与法国人争夺地盘。

华盛顿当上指挥官后，收到印第安同盟话事人塔纳·查理森的一封信，查理森在信中说，他发现了一支法国巡逻队，想与华盛顿联合，一起干掉这帮法国佬，华盛顿欣然同意。

该法国巡逻队由朱蒙维尔领导,在一片密林中扎寨。被美印联军包围后,朱蒙维尔辩解道,他们是受路易十五之命来宣扬和平的。

印第安人查理森冷笑一声,二话不说,上去就是一斧头,将朱蒙维尔的脑袋劈成两半,取出脑浆。查理森的手下见状,也纷纷上前,砍死所有法国士兵,并割下他们的头皮。

印第安人这一套操作,看得华盛顿目瞪口呆。

华盛顿意识到,他的生死成败全赖于印第安人的支持。

1754年6月18日,"割头皮狂魔"查理森组织了一次印第安人大会,在大会上,查理森质问华盛顿,英国军队进入俄亥俄领地,究竟有何企图?

华盛顿大言不惭地说,英国军队的唯一目的就是捍卫印第安人的权利,要回那些法国人从印第安人手中夺走的土地。

1755年8月,年仅23岁的华盛顿,凭借印第安人的支持,在对抗法国人的战斗中立下战功,获得极高威望,成为弗吉尼亚民兵团总司令。

吃水不忘打井人,华盛顿继续花言巧语,忽悠印第安人,并要求自己的士兵,在印第安战士面前,说话一定要小声,不要冒犯他们。

他向英军统帅丁威迪建议,有必要跟印第安人建立更广泛的联盟,因为只有印第安人才能应付印第安人。

虽然年纪轻轻就成为弗吉尼亚民兵团总司令,但让华盛顿耿耿于怀的是,英国人一直不重视他。他曾写信给丁威迪,大意是,如果有人认为,弗吉尼亚民兵团不是正规部队,我一定坚决反对。我渴望英王陛下能一视同仁,像对待北美大陆的正规军那样对待我们。

1756年,华盛顿这位好汉不顾千里迢迢赶到波士顿,请求得到公平的待遇,以及相当于英国军官的军衔。当时的北美代理司令官威廉·雪利笑眯眯地倾听了华盛顿的诉求,却一笑而过,丝毫没搭理。

自此,华盛顿被激起逆反心理,一气之下娶了弗吉尼亚最富有的寡妇玛莎,回到弗农庄园过他自己的小日子。

为装饰宅邸,华盛顿订购了四尊英雄像,分别是亚历山大大帝、恺撒大帝、瑞典国王卡尔十二世以及腓特烈大帝。

在接下来的 16 年,成为地方乡绅的浪荡子华盛顿花钱如流水,三天一小宴,五天一大宴,仅仅在 18 世纪 60 年代的前 5 年,就砸进去数百万美元,将原本富得流油的寡妇嫁妆挥霍一空,欠下巨额债务。

也是合该有事。

1765 年,英国政府计划在弗吉尼亚推行《印花税法》,引发众怒,引起北美殖民地广泛抗议,陷入债务深渊的华盛顿异常兴奋,浑水摸鱼,将个人命运与整个北美大陆的命运捆绑在一起,号召北美殖民地人民抵制英货,甚至不惜使用武力,做最后一搏。

华盛顿放话,假如英政府决意将事态逼至绝境,北美史上最惨烈的流血事件将会爆发。

到了 1774 年,整个弗吉尼亚布满民兵,自称独立团,华盛顿则被任命为北美民兵团总司令。亚当斯说,无论出于什么目的,人们深思熟虑后总会选择华盛顿,因为他一直是屋子里个头最高的那一位。

在当时,北美大陆起义军所面对的,是世界上最强大的陆军和海军,几乎没人相信他们能赢。

华盛顿心里明白,他这是在豪赌:赢了,名垂千古;输了,小命不保。但他已然欠下巨债,前途黯淡,此时不赌,更待何时?

华盛顿从日益捉襟见肘的账户里提了笔钱,购买了一把印第安战斧、几个弹药匣、一个新的枪套,以及 5 本关于兵法的书,誓要跟英国人周旋到底。

4

正当华盛顿雄心勃勃,想要大展拳脚干趴大英帝国时,英军统帅豪氏兄弟却千方百计地寻找和平机会。在他们眼中,北美移民与英国人血脉相连,即便赢得这帮"乡下人",也无甚可夸。

在长岛之战中,豪将军一度围住北美民兵,却在关键时刻下令撤退,理由是不想扩大伤亡。一名目睹战斗过程的北美士兵说,这个豪将军要么是我们的朋友,故意手下留情,要么就是个窝囊废。

1776 年 9 月 11 日,理查德·豪在位于斯塔滕岛西南端的毕洛普庄园,迎来了亚当斯、富兰克林等北美话事人，进行最后一次和平谈判。

理查德老调重弹，又滔滔不绝地讲起自己对北美的热爱之情，絮叨起纯朴的马萨诸塞州人民如何为他的长兄塑造大理石雕像，最后泪眼婆娑地说，若北美在战火中沉沦，他将感到莫大的痛苦。

富兰克林听罢，轻浮而俏皮地说，我的勋爵，我们将竭尽所能让您免受这种痛苦。

和谈根本不在华盛顿的考虑范围之内，趁着富兰克林等人跟英军统帅和稀泥之际，华盛顿兵分三路，将他的散兵游勇部署在曼哈顿要塞，对抗英国正规军。

9月15日这天，华盛顿拍马赶到因科伦伯格前线，发现英国的几个连队试图穿越玉米地，而美军则乱成一团。

华盛顿冲进美军队列，狂叫道：守住玉米地！尽管英军人数很少，北美民兵们还是丢盔弃甲，纷纷逃窜。华盛顿气得举起佩剑，猛拍逃兵，将自己的军帽狠狠摔在地上，仰天长叹道：难道我就是在和这些懦夫并肩作战吗？

这一天，纽约被英军攻陷。

而在纽约以北360英里（579千米）的地方，庞大的英国海军正守株待兔，等着从水路入侵北美，收拾华盛顿的残兵败将。

关键时刻，一个名叫阿诺德的北美将领，率领从英国人那里抢来的军舰以及几艘破破烂烂的帆船和划艇（当时，阿诺德率领的这些船只被侮辱性地称作"蚊子舰队"），硬是拖住了英国庞大的舰队，为华盛顿的撤退赢得了宝贵的时间。

这个阿诺德，也绝非凡品。大眼睛，鹰钩鼻，野心勃勃，却命运多舛。独立战争爆发前，他混得比较惨，父亲是个破产酒鬼，家族声望down（跌）到谷底。

当独立战争的警报拉响时，阿诺德的兴奋程度不在华盛顿之下，这俩难兄难弟，都希望借助北美独立，打一场翻身仗，改变自己的命运。

1775年4月，列克星敦枪声响起，阿诺德像打了鸡血一般，迅速夺取纽黑文的火药仓库，并拉起一支队伍，作为志愿兵，北上作战。

在北上途中，阿诺德遇到各路好汉，加入了"绿山兄弟会"。在驾船驶向尚普兰湖时，阿诺德又夺取了好几艘英国军舰，成为扭转战局的关键人物，风头一时无两。

5

相比横空出世的阿诺德,华盛顿在战争之初吃了好几次败仗,处处碰壁。以至于他的副官里德,私下给北美大陆军副总司令查尔斯·李写信,说华盛顿优柔寡断,不适合做"扛把子"。

一时间谣言四起,华盛顿的统帅地位岌岌可危。

就在这时,华盛顿长期养成的一个习惯救了他自己。这个习惯就是:优待文化人。

以《常识》一书煽动北美人民独立的托马斯·潘恩,后来成了华盛顿军队里的一名志愿兵。潘恩为华盛顿的气度倾倒,为感知遇之恩,只要稍有闲暇,他就拿鼓面当书桌,奋笔疾书,记下华盛顿的潇洒时刻。

潘恩写道,这是考验人们灵魂的时刻,那些夏季的士兵和晴天的爱国者会在危难时分退出,不再报效国家,而那个依旧巍然挺立的人(指华盛顿),理当得到人们的爱戴。

后来,这些文字结集成书,名为《美国危机》,畅销北美大地,把华盛顿的正面形象充分展示在民众面前。

有了潘恩这样的文人加持,华盛顿有惊无险地度过了信任危机。但他深深知道,若自己无法真正扭转战局,徒有文人给自己做公关是无济于事的。

经过一番反省,华盛顿放弃了毕其功于一役的主动进攻模式,开启了"费边战略"。所谓费边战略,是指罗马将军费边,为遏止迦太基人的进攻,采取的迂回作战方式。这有点类似后来的游击战。

华盛顿不再执着于一城一地的得失,而是把首要目标定为消灭英国军队的有生力量。这招非常好使,当直来直去的华盛顿突然打起游击来,英国人彻底蒙了。

1777年,"游击队长"华盛顿见时机已成熟,派出自己最精锐的部队——神枪手旅,与阿诺德的部队会合,打赢了最关键的一仗,史称"萨拉托加大捷"。

萨拉托加大捷后,英国政府开始正式考虑停战。与此同时,这场大捷也彻底改变了阿诺德的人生轨迹,使其踏上叛变的不归路。

华盛顿虽是北美大陆军总司令,其实权力有限,真正的权柄攥在"大陆会议"这个机构手里。

由于华盛顿对文人优待有加,因此,在大陆会议中,替他说话的重磅文人不在少数。而阿诺德刚愎自用,自以为战功赫赫,根本不理那些文绉绉的夫子,以至于大陆会议在论功行赏、遴选将军时,竟然故意漏掉了阿诺德。

大陆会议的做法,不仅让阿诺德大失所望,就连华盛顿也无法理解。须知,当时的阿诺德,声望日隆,战功赫赫,被英军称作"魔鬼般的对手"。

谁料,这个迈着魔鬼步伐的强人,却被"文人集团"穿小鞋,摁在地板上摩擦。其中有个叫布朗的家伙,甚至给阿诺德列了13条莫须有罪状,称其为"罪行昭彰却一再逃脱的绞刑犯"。

阿诺德一怒之下,撂挑子不干了。

他定居费城,迷上了一个叫佩吉的少女,而佩吉的父亲是一名热爱英国的贵族。爱屋及乌,阿诺德逐渐变质,屁股挪向了革命的反面。

阿诺德每天坐着华丽的马车,与那些悬崖边上的贵族打成一片,还利用自己的人脉和威望给他们帮忙办事。在一次舞会上,阿诺德甚至穿着暗红色的英军装束,引起贵族小姐一阵阵尖叫,反叛之心昭然若揭。

与佩吉结婚后,为维持灯红酒绿的奢靡生活,阿诺德与英军将领安德烈勾搭上了。

安德烈提出,阿诺德可以通过偷取书信、透露美军弹药库方位等方式,来协助英军。他还设计了通信中所使用的密码,利用一本《通用英语词源词典》,将密信中的每一个单词,都标注在这本书里。另一个办法是使用隐形墨水,靠液体化合物显影。

这种"密码战"没持续多久,倒霉蛋安德烈就被北美士兵抓捕,在量刑上,安德烈请求华盛顿,用开枪射杀的方式了结自己,华盛顿却坚持使用更折磨人的绞刑。

安德烈被绞死的前后脚,阿诺德给华盛顿去了封信,历数从军这些年自己受到的不公平待遇,并警告华盛顿,若安德烈被处以绞刑,他将动用手中所有权力,联合英国军队,报复华盛顿等人。

而华盛顿的回应,是在费城搞了个针对叛徒的"行为艺术"。

1780年,在费城艺术家查尔斯编排下,人流涌上费城大街。两匹马拉着一辆货车,座位上安置着一尊与真人同等大小的阿诺德塑像。这个塑像有两张面孔,且可以转动,象征此人是个两面派。

阿诺德塑像的一只手里拿着一封魔鬼寄来的信,内容是告诉他现在可以自缢了,另一只手拿着一副黑色面具。

游行的民兵们,在火枪枪口插上蜡烛,高奏《放逐曲》,一路护送这辆马车穿街过巷。在游行的终点,人们将阿诺德的塑像付之一炬。

至此,北美大陆上的两个"赌徒"——华盛顿和阿诺德,终于分道扬镳。

一个成了国父,一个成了叛徒。

1781年10月,华盛顿在约克镇取得大捷,英军败局已定。

战争结束后,阿诺德与妻儿逃亡英国,背着叛徒的骂名,过着死水般的生活,直至死去,享年60岁。

6

北美虽大局已定,华盛顿却疑神疑鬼,总觉得英军会卷土重来,他有一个执念,若英国承认北美独立,那么,它的气数也就尽了。

而事实上,美国独立后,英国才刚刚进入全盛期。

当局者迷,北美统帅华盛顿,经过大小战役,一朝获胜,却不敢相信,一个劲儿敦促大陆会议,准许他继续发动攻势。

托马斯·潘恩坐不住了,循循善诱地开导华盛顿,说7是英国人最着迷的数字,他们的议会任期是7年,学徒合同期是7年,财产的租期也是7年。有理由相信,独立战争既然开始于1775年,就会终于1782年,符合这个"7"的定律。

华盛顿听了,不以为意,觉得潘恩是在搞封建迷信。他日思夜想,不得安宁,仿佛得了被迫害妄想症,告诉大陆会议,大陆军必须保留下来,以备不时之需。

当时,华盛顿威望极高,他这么一表态,大陆会议那头儿也吓得够呛。暗自琢磨着,他想干嘛呀?拒绝解散军队,难道想称帝?

华盛顿的几位得力下属也会错了老大的意,以为他想废掉大陆会议,黄袍加身。在一次宴会上,汉密尔顿借着酒劲,直抒胸臆:若华盛顿带领军队进入费城,下令解散大陆会议，新国家的前景将会更加光明。

汉密尔顿这么一嚷嚷，其他军队里的基层干部也躁动起来。一个叫尼古拉的年轻军官，收集了大批同袍的意见，放出狠话，除非俺们的大王华盛顿成为国王，否则刚刚建立的美国就得完蛋！

这帮猛人说干就干，军官集团与国会内部的阴谋家联合，准备发动一场北美大陆的"陈桥驿兵变"，由军方接管政府，给华盛顿来个黄袍加身，生米煮成熟饭。

关键时刻，华盛顿回过神儿来，你们这不是把我架在火上烤嘛！

他立即召集起这些"从龙之士"，开全体军官大会，打开天窗说亮话，说美国人独立建国的实验，是建立在过去一个世纪"启蒙运动"的基础之上，现在梦想成真，你们却要开历史倒车，这么搞是不行的！

经过老大一通训斥，所有军官如冰水浇头，为自己的躁动感到羞愧。

华盛顿这番表白心迹，也让大陆会议放了心，他们欢天喜地，于圣诞节前夕，为这位老大哥举办告别舞会。全城的名媛蜂拥而至，燕瘦环肥，排起长龙，只为跟华盛顿共舞一曲。

放马南山的华盛顿，回到弗农山庄，生活依旧精彩，访客盈门，络绎不绝。

有一次，西班牙国王送了一头威武雄壮的公驴给华盛顿，说是要改进美国骡子的品种，经过一番检验后，"农民"华盛顿给出了专业看法，这头西班牙公驴过于孱弱，因此不适合配种，就像业已日落西山的西班牙王国一样。

华盛顿还说服大陆会议，给他配了一个秘书组，专门抄写华盛顿在整个战争期间的信件。"吭哧吭哧"写了两年，终于将整整28卷的通信集编好。

在这些琐事之余，华盛顿还频繁接见几位顶级画家，给他们当模特，要为世人留下他的光辉形象。

1784年9月，华盛顿突发奇想，决定去属于自己的西部土地上巡游一番，却发现在这片土地上已经有一群农民耕种了多年。

华盛顿作为地主，雇了一位律师，向农民下最后通牒，若他们拒绝离开土地，或拒绝向华盛顿缴纳地租，他们将受到法律的驱逐。

这些老实巴交的农民，得知华盛顿要驱逐他们，忍不住一把鼻涕一把泪，显得十分可怜。华盛顿却痛斥他们是流氓无赖，惺惺作态。此事经媒体报道后，立即成为爆炸性新闻，法庭也煽风点火，将此案拖了两年，迟迟不判。

一时间,华盛顿迫害老农民的事儿街知巷闻,他高大上的形象一度降到谷底。直到一件载入美国史册的大事的发生,才重新扭转了局面。

7

新生的美国有个致命的缺陷。

随着最后一个邦马里兰州批准《邦联条例》,这份文件得以正式通过。所谓的邦联,就是为了共同防御、保障自由以及它们相互间的共同福祉所组成的联盟。

说白了,那时的北美邦联就仿佛现在的欧盟,没有一个全国性的政府,各邦类似主权国家,各行其是,一盘散沙。若再有强敌入侵,搞个离间计,肢解这种原本就极为松散的邦联,可谓易如反掌。

其实,在邦联成立之初,内部就矛盾重重,集中表现为南北方对奴隶制度的不同看法。

南方邦坚持认为,奴隶是私有财产,就像牛和羊一样,不该被统计为"居民"。听了这个说法,富兰克林讽刺道:上一次看到奴隶,我发现他们并不同牛羊一样,牛羊可从不会造反。

南方邦的代表,听了富兰克林的嘲讽,恼羞成怒,叫嚣道:若北方邦再胡搅蛮缠,南方邦就会集体退出邦联。

一时间,刚刚诞生的美国危如累卵。

建国精英们见状,又着急忙慌地一通讨论,达成共识,必须得有一个高出各邦的联合政府以及一个定乾坤的宪法,将邦联制变成联邦制,美国方可真正屹立于世界之林。

这个艰巨的任务落在了大秀才麦迪逊肩上。

1787年,杰斐逊送给麦迪逊几大箱子书,全是启蒙经典,包括伏尔泰、孟德斯鸠、大卫·休谟等先贤的作品。麦迪逊闭关苦读,昼夜不停,誓要给新成立的美国指条光明大道。

麦迪逊考察了希腊、意大利、荷兰、德国等欧洲邦联制国家的历史,惊恐地发现,全是血的教训。最后得出结论,邦联制只是一种暂时性的政治形态,由于缺乏高于本邦的全局性视野，注定要走向自我毁灭。大多数邦联，全都一再分裂，彼此为敌，沦为更小的政治单位，走向无休止的战争。

关于邦联的坏处，麦迪逊一一列举，行诸文字，长达13页之多。以至于任何一个读书识字的人，看到这些邦联之恶，都会毫不犹豫地选择联邦。

既然确立了从邦联到联邦的初步共识，接下来就是要搞个"样板标准间"，供全美其他地方"抄作业"。

华盛顿对麦迪逊等人全力支持，利用自己的人脉和威望，为制宪会议保驾护航。

1787年5月3日，麦迪逊一行人抵达费城，没过几天，华盛顿也颠颠地跑来，他们在印第安女王酒馆一边大吃大喝，一边商议国策，最后搞出来一个《弗吉尼亚方案》，决定创立一个三权分立的政府，包括一个行政机构、一个两院制的立法机构以及一个司法机构。

在推广这套"样板间"时，美国人的实用主义精神被发挥到了极致。他们回避了一些极为敏感的问题，比如奴隶制，南方邦称：若没有奴隶，南卡罗来纳州和佐治亚州就无法生产。为此，所有参加制宪会议的人，全都有了默契，对敏感的奴隶问题绝口不提。葫芦僧通过葫芦法案，两眼一闭，稀里糊涂，顺利通过。

华盛顿也是个妙人，为赢得南方邦好感，特意带了三个奴隶来费城，其中包括贴身男仆比利·李。整个会议期间，这名老黑奴都站在主任的座椅后面，随时听候差遣。

有个来自特拉华州的约翰·狄金森，良心上过意不去，在笔记中写道：我们标榜的自由，明目张胆地建立在奴隶制之上，这难道不是个笑话吗？

制宪会议的高潮，是81岁的富兰克林的出现。他坐在一顶精致的轿子里，由当地监狱的四名莽撞囚犯抬进会场，发表重要讲话。

讲话的内容，大意是我富兰克林已经活了这么久，大家都该听我的，我老人家同意这部宪法，也接受它所有的缺陷。

为了给这部泥沙俱下的宪法煽风点火，麦迪逊、汉密尔顿、杰伊三人以"普布利乌斯"为共同笔名，在极短时间内炮制了85篇文章，取名《联邦党人文集》。

1788年8月，汉密尔顿将两卷本的《联邦党人文集》呈给华盛顿，华盛顿审阅后，给予了充分肯定，你们这个三人组，搞的这部作品不错嘛，是迄今为止最好的,堪称经典!

既然美国摇身一变,从邦联变成联邦,那么这个美利坚合众国的首任总统也就至关重要,在现有的人里,数来数去,还是华盛顿威望最高。

于是乎,华盛顿只得再作冯妇,投身总统大选,获得69张选举人票,而位列第二的亚当斯只获得34张选举人票。

1799年12月14日晚10点多,在家人和医生的陪伴下,华盛顿与世长辞。他的最后一句话是:很好。最后一个动作则是摸着自己的脉搏,直到呼吸终止。

这个在少年时,能下狠心背诵"110条上流社会礼仪准则"的人,终其一生,保持了对自己近乎"变态"的控制。

华盛顿逝世后,关于他的神话才刚刚开始。但正如在1776年颁布的《独立宣言》中规定天赋人权的享有者不包括黑人和奴隶的真相,以及美国第七任总统安德鲁·杰克逊颁布的《印第安人驱逐法案》将捕杀印第安人的行为合法化的真相,都为这个自称天命所归的新生国家,埋下深深的、宿命的、不可避免的爆雷。

参考书目:

1.[美]华盛顿·欧文著:《从蓄奴者到美国之父:华盛顿》,李娜、张洁编译,中华工商联合出版社2014年版。

2.[美]纳撒尼尔·菲尔布里克著:《无畏的雄心》,王就译,社会科学文献出版社2019年版。

3.[美]罗恩·彻诺著:《汉密尔顿传》,张向铃、高翔、何皓瑜译,浙江大学出版社2018年版。

4.毕蓝著:《美国的故事》,九州出版社2018年版。

5.[美]布·斯里尼瓦桑著:《美国四百年:冒险、创新与财富塑造的历史》,扈喜林译,海南出版社2022年版。

美日贸易战

1

卡脖子其实是我们这代人小时候跟人打架的一种普遍方式。

两人不对付,话不投机,火药味弥漫,动手的时候,擅长把握先机者往往会伸出手臂,张开五指,卡住对方的脖颈要害,这既是张扬自己的声势,也是打压对方的气焰。怂一点的孩子,被卡住脖子后,往往忍不住求饶或自认倒霉,还没开打,便败下阵来。

两国商战对垒,一国利用自身优势,瞄准对手在资源、技术、金融等方面的显著弱点予以杯葛①打击,这是我们现今所熟悉的大国龙虎斗之名词——卡脖子。

回望过去500年,世界共诞生三个全球性霸权国家——荷兰、英国和美国。翻一翻写满仁义道德和弱肉强食的历史,这三个霸权国家对后进的挑战者都实行过"卡脖子"战术。

荷兰因工业和经济模式过度单一,它对挑战者英国虽实行了金融和贸易领域的"卡脖子"战术,但因没有强大的资源、过硬的工业以及一支足够能打的军队而被瓦解,荷兰"卡脖子不成"的代价就是其全球贸易霸主的地位被英国取而代之。

英国吸取荷兰教训,开启全球贸易和海外殖民地双轮驱动的发展模式,并成

---

① 英文 boycott 的音译,集体抵制之意。

功借助工业革命的东风,从英伦三岛弹丸之地华丽转身加冕为所谓"日不落帝国"。19世纪末,新兴帝国德国快速实现工业化,在各个领域赶超英国,英国见状,打出了军备竞赛、殖民地资源、外交结盟等多个维度的"卡脖子"的好牌和臭牌。而德国偏偏是个敏感、偏执又富有毁灭激情的国家,使得敌对升级,最终将世界拖入两次世界大战,同时拖垮了英国,让大洋彼岸的美国渔翁得利,从英国手中轻松地拿走了全球霸主的桂冠。

不同于荷兰和英国,美国以布雷顿森林体系为基础,建立了一套包括政治、经济、金融、贸易在内的"美国优先"的游戏规则,并通过操纵这套游戏规则对挑战者实行"卡脖子"战术。苏联解体后,日本成为美国经济领域的头号威胁,美国起初不以为意,随着日本接连进击,美国使出一招绝杀,令日本陷入"失去的三十年",由此解除威胁。

21世纪进入第二个十年,韬光养晦多年的中国藏不住了,大国复兴之路引发全球侧目,陷入下沉通道的美国如临大敌,再次使出"卡脖子"伎俩。来而不往非礼也,秉持"以天下之至柔驰骋天下之至坚"和"天行健男儿当自强"的中国人予以刚柔并济的回应,由此呈现当下所谓"中美激烈竞争"的世界大格局(激烈竞争是拜登的说辞)。

眼下美国对中国在半导体芯片等领域的"卡脖子",与20世纪80年代的美日经济冲突具有诸多相似之处。以史为鉴,我们今天就讲讲美国以《广场协定》绝杀日本前后的"卡脖子"细节。

2

二战刚结束时,日本是一个咎由自取的战败国,光景惨淡至极。

美国扔的两颗原子弹令其成为世界上唯一一个受到核打击的国家。

日本战败之初,美国严格限制日本经济发展,说是为了照顾被日本侵略诸国的广大受害者的感情,必须让日本人的生活水平低于他们。

孰料,二战结束不久,美苏两极格局大幕拉开,世界进入冷战。朝鲜战争爆发后,美国改变对日政策,将日本作为其军事采购的后勤基地。日本抓住机会,一笔笔肥的冒油的军事订单接踵而来,成为其经济崛起之滥觞。

在美国对日全面经济复兴政策支持下,战后日本经济快速增长,从1956年到1965年,日本GDP年均增长率超过8%,美国成为日本头号对外贸易市场,日本对美出口总额从1951年的1.9亿美元飙升至1965年的24.8亿美元。

1965年,日本对美贸易首次出现顺差,此后贸易顺差规模不断扩大。

对于日本的经济崛起,美国起初不以为意,毕竟日本在经济、政治、外交等领域无不严重依赖美国。

20世纪70年代后期至80年代,美国对日贸易逆差急剧增长,1985年达462亿美元,约为1975年的27倍。日本一跃成为仅次于美国的世界第二大经济体,且大有取而代之的架势,哈佛学者傅高义写了本《日本第一》的书,公开呼吁美国学习日本。

一时间,日本在众星拱月的气氛中有点晕菜,不像之前那般俯首帖耳,对美国大款的过分要求,也学会了噘嘴发脾气。

美国嘻嘻一笑。

1985年,在美国主导下,《广场协议》签署,日元显著升值,日本政府在美国淫威下采取宽松货币政策,导致其原本高涨的股市和房地产泡沫破裂,日本经济全线崩溃,最终踏进"失去的三十年"。

我们有必要了解的是,在美国绝杀日本经济之前,日本全盛时期的成色究竟如何?是什么逼得美国必须亮出杀招?

3

我们知道,中国一些望子成龙的家长们为了让自己的孩子不要输在起跑线上,从小就开始各种"鸡娃"[①],比如学钢琴,家长们青睐的诸多钢琴品牌中有一款叫雅马哈,产自日本。

在20世纪70年代,日本的雅马哈牌钢琴的销售额便已大大超越美国斯坦威等名牌钢琴,而这只是冰山一角,当时,日本制造号称统治全球,其统治领域从自行车、滑雪用具、钢琴、日用陶瓷、拉链到电子高科技,不断扩展,不断增长。

---

① 网络流行语,指父母给孩子"打鸡血"。

70年代后半期,日本新造船舶的价格,比欧洲低百分之二十至三十,迫使欧洲各国采取限制进口日本船舶数量的措施,尽管如此,日本的船舶产量比美国和西欧各国的总和还要多,约占世界造船总吨数的一半。

1977年,日本出口汽车450万辆,是同年美国出口汽车数量的好几倍,美国国内销售日本汽车200万辆,日本国内销售美国汽车仅为1.5万辆。

经济学家戴尔·乔根森提出,日本工厂的现代化程度在1973年就已超过美国。

1975年,一个日本工人生产价值1 000英镑的汽车只需9天,英国则需47天。1976年,欧洲任何汽车制造厂(雷诺、大众等),每个工人的年产量为24辆,而日本的尼桑为42辆,丰田为49辆。

一个日本研究所高层私下对傅高义狂傲地说,现在形势颠倒过来了,美国仿佛成了日本的殖民地,为日本提供农产品和原料,为日本先进的现代工业机器效劳。

1955年日本人的平均寿命比美国人少4岁,1976年日本人的平均寿命已超过美国,到了1977年又超过瑞典,成为世界第一。

日本神话般的经济发展背后,离不开一个极为重要的机构组织——智库。

日本政府向林林总总的民间研究所提供资金,从中取得专门而详细的信息,其中一个是亚洲经济研究所,拥有数百个研究员,研究亚洲各国问题。

研究所这样的智库在日本风行一时,很快又成立了智库联盟。日本人通过出国考察,将世界各国尤其是美国的研究所做了比较,发现了美国研究所的一大缺陷——美国的研究所与其后援单位分离,总是进行一些不相干的研究,现实真正所需要的信息反而不能及时提供。

以此为鉴,日本政府规定,研究所要同有关官厅挂钩,由官厅确保研究所的预算,负责监督信息搜集工作。

随着日本的崛起,美国越来越陷入尴尬的境地,日本当初傍上美国犹如嫁入豪门,而今各界鼓吹日本第一无异于大声宣布——我自己就是豪门,日本的貌美如花对于美国不再是有面子的事儿,反而凸显出美国的无能。

气氛烘托至此,美国终于要有所动作了。

回头看20世纪七八十年代的历史,你会发现,美国对日本经济的绝杀早就在酝酿之中,傅高义等人提出的"日本第一"无异于是一种"捧杀",或者说是一种前戏,而前戏过后,就要动真格了。

4

日本向更高处攀爬的关键一步,就是促成产业结构向高技术产业转型升级,在计算机、电气设备、通信工程、半导体等领域发起硬攻,恰恰是在这时,日本遭遇了美国的"卡脖子"狙击。

自1947年发明半导体晶体管以来,美国长期在世界半导体市场占据主导地位。然而,日本在1979年先于美国掌握了集成电路记忆芯片技术,1980年日本对美半导体贸易产生28亿日元顺差。

1985年,日本成为世界最大的半导体集成电路生产国,全球半导体企业销售额前五名,日本占了四席。美国政府感到恐慌,认为日本半导体技术对其产生的威胁远超苏联。

美国决定用它在多年前埋伏下的"秘密武器"对日本进行绝杀。

这个"秘密武器"即"301条款"。

日本最早占据美国市场的商品是纺织品,20世纪60年代,日本向美国出口的纺织品数量剧增,引起美国同行不满,美国企业家向政府施压,后者通过贸易谈判的方式,在1968年强逼日本达成了美日纺织品贸易协定。

1974年,在纺织品贸易战中尝到甜头的美国颁布了《1974年贸易法》,并在该法案的301条到310条中规定:当有任何利害关系人申诉外国的做法损害了美国在贸易协定下的利益时,美国贸易代表办公室(USTR)可进行调查,并采取制裁措施。

这些条款后来被统称为"301条款",并在1979年到1988年进行了3次修订,添加了"特别301条款"和"超级301条款",这些条款被认为是美国对其竞争对手在贸易领域进行打压和报复的依据。

1985年,也就是日本成为世界最大的半导体集成电路生产国的那一年,美国亮出杀招,引申"301条款",在纽约的广场饭店举行会谈,与日本等国签订了《广场协议》,诱导美元对主要货币有序贬值,以解决美国的贸易赤字等问题。

《广场协议》签订后,日本成为最大受害国,日元快速升值,促使日本从制造业为核心的实体经济驱动模式变成了以房地产和金融借贷为核心的经济发展模式,而日本苦心孤诣的半导体等产业结构转型升级规划也沦为泡影。

1996年,美国半导体产业总值超过日本,重居世界第一。

5

进入21世纪,中国加入WTO,在美国人制定的游戏规则下高速发展,而美国在经历"9·11"事件后的大规模反恐战争和2008年金融危机后,进入难以逆转的下沉通道,中美之间的实力对比迅速发生变化。

2018年,美国再次启用"301条款",对我国发动"卡脖子"的贸易战,并以"国家安全"为由限制向我国出口尖端半导体产品。

美国不惜违反自己制定的用于维持美国全球霸权统治的规则(用范志毅的话说,脸都不要了),也要遏制中国的复兴。可惜,这一次,它打错了算盘。

日本在与美国的贸易战拉锯中,之所以一退再退,疲于应付,终被瓦解,是因为日本的政治、经济、外交等领域皆由美国染指,想捏扁就捏扁,想搓圆就搓圆,而中国是一个真正独立自主的国家,宁可顶风傲霜,不为鱼鸟亲人。

再者,中国今日之体量与成就,胜过当年全盛期的日本太多,以文中提到的汽车销量为例,2022年,中国出口美国的汽车数量为201.5万辆,与1977年日本汽车在美国的销售量旗鼓相当。但如果按全球销量,中国2022年共销售2 686万辆汽车,美国生产的汽车销量为1 382万辆,欧洲生产的汽车销量为926万辆,日本生产的汽车销量为416万辆,也就是说,中国汽车的销量相当于美国加欧盟再加日本的销量总和。

再举个例子,日本一度制定制造大飞机的计划,美国向日本施压,要求日本购买美国飞机,日本匍匐听命,不得不搁浅生产大飞机的计划,今日,当中国自主生产的大飞机C919翱翔长空之际,日本仍只能为美国的波音飞机生产一些零部件。

美国文化在本质上是崇拜强者。日本的屈膝投降最多为它获得赦免,但无法得到尊重,今日美国总统拜登视中国为"激烈竞争"对手的同时,也奉上了美国人对中国的倾慕与敬畏。

参考书目：

1. [日]野口悠纪雄著：《失去的三十年：平成日本经济史》，郭超敏译，机械工业出版社2022年版。

2. 彭波、施诚著：《千年贸易战争史——贸易冲突与大国兴衰》，中国人民大学出版社2021年版。

3. [日]伊藤隆敏、星岳雄著：《繁荣与停滞：日本经济发展和转型》，郭金兴译，中信出版集团2022年版。

日本的迷失

1

美国生物学家范·瓦伦提出过一个"红皇后假说",该假说源自童话《爱丽丝梦游仙境》,爱丽丝穿过镜子进入奇幻世界,碰到红皇后,红皇后对爱丽丝说:在这个世界里,人必须不停奔跑才能停留在原地。

这听起来非常"卷"。

事实也确实如此,生物学家范·瓦伦用这个"红皇后假说"形容自然界激烈的生存法则——不前进就是倒退,停滞等于灭亡。

比如像我这样业已步入中年的80后,要维持每周末与家人驾车出游的那一点点乐趣,就得在工作日"不停奔跑",而且除了那些家里有矿的,或是气质出众擅长在成都太古里走一走的,相信许多人都有同感,最近两年来,人们拼命地奔跑,是为了捉襟见肘地维持现有生活水平,不至于跌落。

闲话少叙,今天我们从"红皇后假说"聊起,不是透视当下个人生活现状,而是要讲讲一个国家的跌落,这个国家就是日本。

关于日本衰落,坊间讨论甚繁,诸如"失去的三十年"那样的说法更是早已充斥各大媒体版面,我们今天尽量避免老生常谈,力求讲出点不一样的东西。

2

五十多年前,日本一跃成为世界第二大经济体。

日本人均 GDP 在 1981 年超过联邦德国(以下简称"西德"),1983 年超过英国,1987 年超过美国。当时,日本的股票市值是美国的 1.5 倍,占全球股票市值的 45%。日本电信公司 NTT 的股票市值比美国 IBM、埃克森、通用电气、通用汽车等几个公司加起来还要高,野村证券的股票市值比美国所有证券公司加起来还高。

1986 年日本第一不动产是以历史最高价买入的美国纽约蒂芙尼公司大楼,1989 年日本三菱集团旗下的"三菱地所"买下同样位于纽约市的洛克菲勒中心。日本资本大鳄们一到美国,一言不合就买买买,不求最好,但求最贵,其不可一世状可用一款经典的街机游戏形容——吞食天地。

20 世纪 80 年代后半期开始,日本的 OL(Office Lady,意为办公室女职员)丽人们开始流行一种新活法——工作一段时间后辞职,拿着离职金和失业补助出国旅游,世界这么大,"瓦大喜"(日语中的"我")想看看,玩腻了再回国重新找工作。

1990 年,麻省理工学院的几位教授出版《美国制造》一书,郑重其事地呼吁,美国企业必须像日本那样发展才有活路。

1991 年 1 月 17 日,以美国为首的多国部队向伊拉克首都巴格达发起大规模空袭,海湾战争正式爆发,日本因宪法制约无法出兵,日本政府大笔一挥,拨出 130 亿美元巨款的"毛毛雨"充作军饷。

第二年,老布什访日,当天晚宴,老布什不胜酒力,从椅子上摔下来,吐了日本首相宫泽喜一满身,宫泽喜一用强而有力的臂膀,居高临下的眼神,"征服"了一把年纪、穿着老人鞋的老布什。日本各界兴奋异常,将这一幕当作日美关系的象征——美国摔倒了,日本扶起了他。

一时间,关于"日本体制比美国制度更优越""日本才是未来世界经济的中心"的论调成为日本社会一大思潮。

之后,叱咤一时的日本迎来"失去的三十年"。

修昔底德讲过,现在虽然不会完全重复过去,但必定与过去相似,而未来也是如此,当务之急,我们应研究历史。

日本经济全盛时期的一个表现,就是它的流行文化极为发达,其影响跨越时代,斯皮尔伯格在电影《头号玩家》里,鼓捣了100多个彩蛋,将过去几十年来影响较大的影视、音乐、游戏和动漫IP形象做了个集中展示,除美国外,来自日本的数量最多,比如"阿基拉""高达""Hello Kitty""战神金刚""街头霸王""哥斯拉"等,而且在《头号玩家》原著中,奥特曼是贯穿始终的关键角色,由于斯皮尔伯格搞不到奥特曼版权,才最终选择了"钢铁巨人"。

有这样一个事实:中国几代人,在成长的年代几乎都多多少少受过日本流行文化的影响,这其中,包括数不清的动漫:《一休哥》《七龙珠》《机器猫》《柯南》《火影忍者》《海贼王》《足球小将》《幽游白书》《樱桃小丸子》《蜡笔小新》等。最近上映的《灌篮高手》大电影,豆瓣评分8.9,多少人看后热泪盈眶,大呼"爷青回"①。

还有几乎让从改革开放起至今的每一代中国男性儿童都莫名狂热的奥特曼,让中国人钟爱的那些翻唱自日本流行曲的粤语经典歌,令70后、80后难以忘怀的塞板儿(游戏币)的三国志等日本街机游戏,这些事物都成为时代风貌的一部分,也成为一种历史景观。

这所有的一切,其实都是数十年前日本经济登峰造极时形成的"溢出效应",到了今天,日本经济在规模体量和创新模式上,都已不复从前,但日本流行文化的影响却似乎能在人们的记忆中存在得更加久远一些。

经过失落的三十年,日本人回看当年烈火烹油时那些大言炎炎之词,方觉荒谬可笑。像野口悠纪雄那样的过来人,纷纷著书立说,痛定思痛,反省日本衰落之因果。

我在读了七八本关于日本经济衰退的著作后,总结出一个观点:

日本在政治上依附于美国,这既促进了它的经济腾飞,也限制了它的发展,仰人鼻息的小国寡民模式终究没戏。

---

① 网络流行语,形容与青春久别重逢的喜悦。

3

1990年,东京市中心的房价是人均年收入的20倍。

当时有个说法,卖掉东京可以买下美国。

用歌手邓紫棋的话讲,全都是泡沫。

我在查阅当年日本炒作房地产的具体操作细节时发现有点似曾相识,以当时被炒得最火的高尔夫球场项目为例。

开发商建造高尔夫球场,首先要销售高尔夫俱乐部会员资格,一般采用预付金形式,筹集会员资格面额90%的资金,作为开发高尔夫球场的启动资金。也就是说,即便手里没钱,也能搞开发。

银行一听到某公司要开发高尔夫球场,就会立马发放贷款,开发许可一下来,就可以卖会员了。随着开发高尔夫球场的热潮越来越高涨,许多开发商甚至在许可没审批下来时,就开始以高尔夫球场的名目融资。

1987年,日本政府颁布《综合保养地区整备法》,鼓励地方政府兴建提升国民福祉水平的度假设施,这一法案犹如火上浇油,助长了人们投机房地产的热情。

在日本的房产泡沫时期,地王EIE通过开发高尔夫球场获得巨额利润,日本长银成为给EIE供应资金的主要银行。

1991年末,EIE公司的资产超过6 000亿日元,整个EIE集团资产超过1万亿日元,这一数值与日本王牌不动产公司"三菱地所"不相伯仲。

但问题是,EIE的这1万亿日元资产中,有6 027亿日元都是借来的,光是每年的利息就要400亿日元。而EIE的销售额只有几十亿日元,整个一个巨型泡沫。

被称作"泡沫绅士"的EIE公司大老板高桥治则有句类似"大大大、好好好"的名言:日本央行只能印刷面值1万日元的纸币,而我能印刷面值1亿日元的纸币。

高桥治则无疑是个赌徒,他赌的是日本经济肥皂泡不会被刺破,这样他持有的资产就会不断升值。

泡沫经济崩溃后,这个当时的"宇宙第一房企"立即垮掉了,其在泡沫时期卖到3 000万日元的皇家草甸高尔夫俱乐部的会员费,在泡沫经济崩溃后,暴跌至数十万日元。

1993年,日本长银停止了对EIE的支持,高桥治则又将二信组作为资金来源,拼命融资自救。当然,大部分融资都成了坏账。

4

第二次世界大战之后,日本经济的转机来自朝鲜战争。

1950年6月,朝鲜战争爆发,美国为支持韩国,将日本作为补给基地,美国的军购特需令日本经济复苏。

1954年12月,日本进入"神武景气"时期。所谓神武景气,是指1955—1957年日本经济繁荣时期。此后,日本由美国罩着,这景气那景气纷至沓来,一路景气到世界第二。

20世纪80年代,日本的汽车、电视、纺织品等商品纷纷占领美国市场,美国大河南北,到处是日本货,对美国本土的制造业产生巨大冲击。

美国人怒了,一时间,印刷有"抵制日货""第二个珍珠港"等字样的T恤衫和车标风靡美国。

1982年,印第安纳州北部,美国乡下白人开着重型卡车碾压日本车,40多辆日本车被毁。

气氛烘托至此,美国政府终于出手了,这就是1985年美国、日本、西德等几个国家共同签订的《广场协议》。在美国强硬干预下,美元对日元的汇率有序下调,1985年年中日元对美元的汇率是250日元,1987年12月上升到120日元。

这被称作第一次日元升值冲击。受冲击后不久,日本泡沫经济开始崩溃。

1993年4月,美国总统克林顿与日本首相宫泽喜一会晤,一年前,上岁数的老布什与宫泽喜一晚宴时不慎失足滑落,吐了宫泽首相一身,被日本人当作日本胜过美国的象征,这次美国还以颜色,换了个精力旺盛的年轻总统过来。

克林顿与宫泽喜一推杯换盏。金杯共汝饮,白刃不相饶。酒过三巡,克林顿对宫泽喜一说,当下美日贸易不均衡,日元应该再升一升。

此后不久,日元再次升值,被称为第二次日元升值冲击。

日本经济的一般规律是:当日元贬值,企业利润就增加,股价跟着上涨;当日元升值,企业利润就减少,股价随之下跌。

但日本跌入失去的三十年,绝非全拜美国所赐。

5

2001年,业已经过"失去的十年",日本人痛定思痛,决定不能坐以待毙。

日本央行推出量化宽松政策,直接干预汇率,仅从2003年1月到3月,日元汇率干预金额便达到2.3万亿日元,之后逐月上升,到2004年4月,干预金额累计达到35.2万亿日元。

日本在干预汇率的同时,为了安慰美国,花大量资金购买美国国债,换取后者的默许。

伴随着日元的贬值,日本汽车、电器等出口企业的利润开始激增,日经股价上升,日本经济开始恢复并逐渐繁荣起来。

日本企业将这一时期的日元贬值称作"舒适的日元贬值",制造业开始回归国内,松下、夏普、茨木、尼崎等企业的大型工厂相继在日本国内开工。

而这种繁荣只是表象,野口悠纪雄将日元贬值比作毒品,政府和企业一味追求日元贬值,却忘了追究经济衰退的真正原因。

2008年,受美国雷曼事件影响,日本出口产业遭到重创,夏普、松下等企业出现严重赤字,一片哀鸿遍野。

在失去的第二个十年,日本自以为找到了医治经济的灵药——让日元贬值,在一片虚假繁荣中欣然自得,直到重锤落下,才发现错得离谱。

简言之,以"工匠精神"自我标榜的日本制造业错过了关键的转型期。世界制造业的发展趋势是采用水平分工的生产方式,日本企业则坚持垂直一体化的生产方式。这种生产方式的特点是,一项工程从开始到结束的所有工序都在一家企业里进行。日本以为这样可以防止技术外流,是最优质高效的生产方式。

即便在雷曼事件之后,日本企业仍坚持建立垂直一体化的大型工厂。松下社长大坪文雄写了一篇名为《我打倒三星的秘诀》的文章,把垂直一体式的生产模式吹上了天。直到 2011 年秋的中期结算,日本电子产业陷入"全线赤字",电子巨头夏普被富士康母公司鸿海集团收购,日本企业才意识到垂直一体化模式的失败。

与此相对的是水平分工的生产方式。所谓水平分工,就是一件品牌工程由多家企业分别负责不同的工序,这种生产方式的代表企业是苹果。

从 2004 年生产 iPod 开始,苹果开始采用水平分工的生产方式。苹果公司专注于产品开发和销售,以苹果公司的设计为基础,世界各地的企业来生产零部件,之后再由中国的富士康进行组装,这种模式让苹果得以成长为全球市值第一的企业。

日本政府的实操政策与日本企业落后的经营理念是一体两面。日本产业一直局限在旧的产业结构中,为了让这些标榜工匠精神的旧式产业生存下去,日本政府采取了让日元贬值的政策,但日本经济真正的症结在于产业结构落后。

也就是说,日本政府没有对症下药,而是实施了完全相反的经济政策。

野口悠纪雄在《日本的反省:依赖美国的罪与罚》一书中写道:

日本经济从 2008 年下半年开始急速衰退,很有可能出现负增长。

由此,在多种因素作用之下,日本步步踏错,从失去的十年,变成失去的二十年、失去的三十年。

6

日本经济起飞赖于在朝鲜战争中充当美国军需供应商,由此捡了大便宜。朝鲜战争之后,各种景气纷至沓来,日本又是主办奥运会,又是打磨工匠精神。在二战后同凉热的全球化大商战时代,东京尤其热,热到八九十年代,它自己也真的以为可以卖掉东京买下美国了。殊不知,日本是小国,它的繁荣是美国给的,当日本的繁荣威胁到美国,它同样可以将其收回,日本一点脾气都没有,这就是我在前面说的,仰人鼻息的小国寡民模式终究没戏(当然,日本人口不算太寡)。

2000年以后的平成年代，日本实行宽松货币政策，令日元贬值，经济一度回暖。随着日本经济假性复苏，美国各界出现了一种论调：日元贬值会对美国不利。

2004年3月2日，美国联邦储备委员会主席格林斯潘对日本政府颐指气使地表示，日本已无必要继续进行大规模的汇率干预来阻止日元升值了。

此话一出，日本政府诚惶诚恐，然后于2004年3月5日停止了之前以万亿日元为单位的干预措施，并于3月16日完全停止了对外汇市场的干预。

日本制造业之所以在依附美国的情况下没有随着美国次贷危机而彻底倒下，是因为在关键时刻抱上了中国的大腿。

中国的经济增长在2008年上半年是两位数。美国雷曼事件发生后，中国亦受其影响。狂风暴雨能掀翻小池塘，但掀不翻大海。2008年11月，中国政府推出四万亿刺激计划，公共设施建设、住宅建设、城市开发等都出现爆发性增长。

随着中国投资剧增，日本对华出口额激增。2009年12月日本对华出口额达到10 702亿日元，2010年10月又增加到11 671亿日元，超过了雷曼事件爆发前的水平，其中，机床和建设用机械的出口增长尤为显著。

因对华出口增多，日本制造业得以喘息。

今天我们观察自朝鲜战争后在世界大舞台上接连上演的群雄逐鹿大戏，在某个阶段，日本是极为幸运的（对它自己来说），日本并未偿还军国主义犯下的滔天罪行，便阴差阳错地在朝鲜战争中成为美国军需供应商，然后是劈头盖脸的一系列"景气"，将其推上世界第二经济体的座次。

20世纪90年代，世事变，风云改，日本还沉浸在自己那些经营神话中自嗨，日本人习惯于用"××之神"的噱头来形容某个行业的佼佼者，像什么经营之神、寿司之神、马桶之神……日本因顽固自嗨错过了产业结构转型的时代机遇，在一片群魔乱舞的泡沫中迎来了众神的黄昏，坠入所谓"失去的三十年"。

21世纪初，谷歌、脸书、推特、PayPal（马斯克创立）等信息时代的巨头在美国硅谷翻江倒海时，依附于美国的日本却交了白卷。而同时期，中国的百度、阿里巴巴、腾讯抓住时代机遇，趁势崛起，尽管这些中国互联网巨头存在着各自的短板，常被网友调侃。例如小马哥pony常被戏称为"copy之神"，但纵观世界大势，这些中国IT巨头已然独当一面。腾讯和阿里巴巴目前已跻身全球市值排名前十公司,百度则专注于人工智能,在 ChatGPT 如风暴般袭来时,敢于用"文心一言"亮剑,为未来世界风云的大棋局落下关键一子。除了 BAT 三巨头,中国始终秉持与时俱进的活力企业还有很多,比如被誉为国之重器的华为等。

1990 年,中国的 GDP 只有日本的 13% 左右,到了 2022 年,中国 GDP 已是日本的 4 倍,以往不少机构预测,中国经济总量将于 2025 年超越美国,最迟 2028 年可以超越,由于近期中国经济增长速度变缓,在超越美国的时间上可能会有所变动,但根据高盛的数据,无论如何,中国会在 2035 年前超越美国。

但作为中国人,我们不应只看到经济总量的狂飙,更应看到人均 GDP 的差距。

1990 年,中国人均 GDP 是日本的 1.2%,到了 2016 年,中国人均 GDP 是日本的 20%,2022 年,中国人均 GDP 达到 1.27 万美元,大约占日本人均 GDP 的 37.5%。

根据 IMF(国际货币基金组织)的预测,中国人均 GDP 将在 2050 年大约与日本持平,而那时中国的经济总量将是日本的 10 倍。

这些关于 GDP 和人均 GDP 的统计数据的演变背后,凝聚着中国几代人的血汗,正如我在开头提到的"红皇后假说",在当今这个世界里,每个人必须不停地奔跑才能停留在原地,而要实现超越,除了死磕,更需要智慧。

日本陷入失去的三十年,中国则用几十年时间走完了发达国家几百年走过的发展历程。我们这一代人当下遇到的困难比起父辈们的创业艰辛算不了什么,士不可以不弘毅,道阻且长,行则将至,中国人,继续往前行吧。

参考书目:

1. [日]野口悠纪雄著:《战后日本经济史》,张玲译,民主与建设出版社 2018 年版。
2. [日]小川一夫著:《失去的十年:解读日本经济长期停滞的谜团》,甄东梅译,中国科学技术出版社 2022 年版。
3. [美]傅高义著:《日本第一》,谷英、张柯、丹柳译,上海译文出版社 2016 年版。

经济寡头盛衰录(上)

1

1989年,柏林墙被推倒,民主德国(以下简称"东德")各地的游行示威此起彼伏。

一天夜里,抗议人群捣毁东德安全机关后,聚集到苏联大使馆前,准备发动围攻。就在这时,一个灰白头发的克格勃特工闪了出来,他手握冲锋枪,向人群发出警告:这是苏联领土,任何人过界,我都会开枪!

骚乱的人群被他的冷酷眼神所震慑,纷纷退散。这个当时名不见经传的克格勃特工,名字叫普京。而他所捍卫的苏联,正处在崩溃之中,摇摇欲坠,大厦将倾。

柏林墙被推倒后,普京停止了在德国的克格勃的工作。临走前,他焚毁了所有的资料。多年间谍生涯,烟消云散,恍若一梦。

普京从东德回到圣彼得堡,向克格勃打了辞职报告。残阳如血,帝国如殇,山河破碎,满目苍凉。这个铁一般的男子,别无他法,只好自谋生路。普京考虑当一名出租车司机,就用那辆他在东德做间谍时买下的俄产伏尔加轿车。

在苏联解体前的整个80年代中晚期,迷惘的不只是普京一个,几乎所有人都陷入深深的彷徨,不知道明天会发生什么。物资的极度短缺,让他们看见什么买什么,像过冬的松鼠那样,疯狂囤积食物和日用品。

伊琳娜是一个普通的苏联妇女。有一天,她牵着女儿逛街,在车站的转角,她看见有人抱着个敞口箱子卖卫生纸,她立即买了20卷。而她原来的计划,是想出门买鸡肉,鸡肉没买成,买了卫生纸,等她下次想买卫生纸的时候,也许买到的是鸡肉。

苏联农民的收成被连年充公,150万吨蔬果从农场运往散布于莫斯科的23座巨型仓库,然后加以分类、堆放、包装,有时一放就是数月,无人问津,直到滋生出无数老鼠、苍蝇、蟑螂,散发出冲天恶臭。

首都莫斯科日益紧缺的食品供应,让地方长官叶利钦担忧,他听说某家屠宰店有牛肉出售,立刻前往排队购买,却被告知肉已售罄。叶利钦强行闯进柜台,透过一扇小窗,窥见店员正在向特殊客户出售大块大块的牛肉。

在一揽子国家机器失效时,灰色经济应运而生。

莫斯科电车仓库的几名工人,饿得铤而走险,将一辆报废的国有电车加以修整,做起"拉黑车"的生意。没过多久,他们的罪行败露,被抓进监狱。但是,灰色经济如雨后春笋,一冒头就再也搂不住了。

当时,俄语中出现了"裙带"(blat)一词,特指通过朋友或关系,把紧俏的物资搞到手。个人或团体,偷偷摸摸或明目张胆地买卖国家财物,成了那段时期的主要社会现象。

张召忠将军在一次采访中提到,20世纪90年代,有个年轻人自称"路子野",正在倒腾"俄罗斯装备",塞给他一张名片。张召忠没在意,把名片塞进抽屉。

一个月后,年轻人来电,对他说,张主任,你到南苑机场来一下,我们搞到了3辆两栖装甲车。张召忠没见过两栖装甲车,感到好奇,便来到机场,发现果如其言。张忍不住问道,你弄这些,花了多少钱?年轻人得意地说,嗨,没花几个钱,弄点二锅头就搞定了。

张召忠感慨,那么大一个国家沦落到这地步,令人伤感,给俩钱就能出售武器,一个连长就能决定卖坦克,一个中队长就能决定卖飞机。

疯狂的"国家买卖",其契机在于1985年3月10日的那个星期天。苏共总书记契尔年科身体抱恙,上台仅13个月便去世。一辆辆黑色轿车驶入克里姆林宫,苏共召开紧急会议,将戈尔巴乔夫推上权力宝座。

当时,没人预料到,戈尔巴乔夫开启的变革会导致苏联解体,并催生出一个嚣张跋扈、只手遮天的群体——寡头。

2

1987年，负责23座巨型仓库的官员精神崩溃了。

叶利钦火烧眉毛，为解决"仓库"问题，找来了卢日科夫。此人身材矮胖，脑袋瘦长，神经粗壮，是莫斯科市苏维埃执行委员会第一副主席，也是莫斯科市农工总合体局局长，不久之前，为那些有志于"下海"的市民发放了第一批合作社证书。

卢日科夫出身贫寒，家里仨孩子，他排行第二，父亲是木匠，母亲是锅炉工人。他们一家人住在莫斯科火车站旁一间木质棚屋的底楼。这座简陋的住宅，没有供暖，也没有自来水，四处漏风。仨孩子共用的那件棉大衣，是他们的父亲从战场上带回来的。

自二战以后，卢日科夫的记忆里全是无穷无尽的饥饿。有一段时间，饿急眼的孩子们甚至把在铁轨边上挖到的"白土"蘸盐吃掉了，后来大病一场。

苦难的童年，让卢日科夫深谙民间疾苦，当上莫斯科执委副主席后，他没日没夜地接见未来的企业家，为那些没了活路，只能靠着新政策选择"下海"的创业者大开绿灯。

有一天，一个妇女前来申请，她的本职工作是戏剧编剧，微薄的工资让她无法养活三个孩子。因此，她想要在节假日给别人做蛋糕赚点外快。

卢日科夫痛快地说，女士，你的想法很好，完全没问题！卢的那些官僚同事却小心谨慎，问东问西，比如是否有医学证明，是否能一如既往地照料孩子。

当这些问题全部得到创业妇女的肯定答案后，一个负责卫生的小官僚问道，你住的公寓有中级工业通风系统吗？听了这个提问，创业妇女一脸懵，不知道这个中级工业通风系统究竟是个啥玩意。

小官僚一脸得意，从怀中掏出一个手册，给她指着上面的某个条款，说生产蛋糕用于出售时，生产场所必须具有工业通风系统。这时，卢日科夫抢过话头，怒飙粗口：滚，你懂个屁！我是负责人，这位女士可以开业！

卢日科夫与年轻企业家讨论问题，经常是从晚上一直到天亮，谈得热火朝天,不知疲倦。在那些日子里,因妻子过世,他一人独居。有一天晚上,后来成为媒体寡头的古辛斯基去拜访他,两个纯爷们开了瓶伏特加对酌,一杯一杯又一杯,各有各的心事,不觉夜已深,古辛斯基提议,我们吃点啥吧,卢日科夫欣然答应,在冰箱里翻了半天,才找出一块发了霉的黑麦面包。

经过几年如一日的"喝着伏特加过河",实干家卢日科夫帮扶起的企业大亨,遍布莫斯科各个领域,他也在众望所归之下,官运亨通,当选为莫斯科副市长。

《真理报》声称,卢日科夫政绩显著,是改革经济的先锋人物,他奉命推行的体制,是允许一部分人"赚取巨额利润"。

他的老领导叶利钦,此时已成为苏联最大加盟共和国俄罗斯的最高苏维埃主席,他不断向戈尔巴乔夫施压,以推进更多激进改革。

1991年8月19日,克格勃负责人弗拉基米尔·克留奇科夫等苏联高层带着一帮人发动政变,将戈尔巴乔夫软禁在克里米亚的度假别墅,宣布全国进入紧急状态。此外,他还对七个人签署了逮捕令,其中就包括莫斯科市市长波波夫。

波波夫被抓后,卢日科夫成为代理市长,在莫斯科威望极高的他,立即受到克格勃和叶利钦两大势力的拉拢。克格勃这边通过莫斯科市党委书记给他带话,让他前去"听候指示";叶利钦则亲自打来电话,让他赶紧来自己的度假别墅,有要事相商。

权衡利弊后,卢日科夫上了黑色轿车,朝着叶利钦的别墅疾驰而去。很快,他的名字也上了克格勃的逮捕名单。

次日凌晨,卢日科夫抵达叶利钦别墅,英俊潇洒的叶利钦穿着旧T恤,脚踏平板拖鞋,似乎丝毫不为当前黑云压城的形势所困扰。他指着窗台上的一堆苹果,让卢日科夫自取自吃。

叶利钦拍拍卢日科夫的肩膀,对他说,莫斯科就靠你了。卢日科夫心照不宣地点点头。一切尽在不言中。在返回莫斯科的路上,卢日科夫让司机停下车,更换了车牌,以防万一。

13:00,叶利钦意气风发,登上塔曼师110号坦克,发表了反击政变的著名演说。16:30左右,卢日科夫也发表声明,谴责政变,号召莫斯科市民举行总罢工。"莫斯科教父"卢日科夫一声令下,大街小巷人如潮涌,数十万居民走上街头,声讨幕后推手克格勃。

1991年12月,苏联解体,戈尔巴乔夫将装有核按钮的手提箱交给了叶利钦。1992年卢日科夫赌对了,他顺利通过"实习期",正式当选莫斯科市市长,大权独揽,一干就是18年。

就在苏联解体前后,叶利钦着手在俄罗斯进行激进的市场化改革,人称"休克疗法"。

3

"休克疗法"的操盘手名叫丘拜斯。此人生长在军人家庭,学生时代是个大帅哥,相貌俊朗,个子高挑,一头红发,酷爱读"禁书"。

塑造丘拜斯思想的地方是硕大的列宁格勒公立图书馆,馆内柱廊环抱,内有28间阅览室、1 700万部图书、30万部手稿、112 000张地图。丘拜斯借阅的,大多是西方政经类图书,这些图书中有许多被苏联政府认定有颠覆性质,一般不公开,存放在一个上锁的房间,丘拜斯凭借自己学者的身份,得以进行"批判性阅读"。

给丘拜斯带来巨大震撼的,是匈牙利经济学家科尔内的《短缺经济学》,在他看来,拿这本书的理论来套苏联的现实,严丝合缝,一点都不违和。

科尔内认为,短缺经济的根源在于国家大包大揽,对企业发放补贴,导致后者产生病态的依赖心理,如果一个工厂不管经营得多差,总能获得国家补贴,那么它就永远不会关心自己的经营状况。

另一位影响丘拜斯的作者,是写《通往奴役之路》的哈耶克,他在1945年发表的一篇题目是《知识在社会中的应用》的文章中有句让丘拜斯醍醐灌顶的名言:在庞大而复杂的经济体系里,能够衡量数百万个决策过程的最强大"指标"就是自由定价。

1987年,初出茅庐的丘拜斯和一群嘴上没毛的年轻经济学家在列宁格勒组织研讨会,讨论现场,异常热烈,令人脑洞大开,就像一场高配版奇葩说。

有个叫奈舒尔的数学家提出了一个胆大包天的计划:将苏联的国有财产转变为私有财产,具体方法简单而粗暴,即发给每一个苏联公民一张5 000卢布的支票,用于购买苏联政府庞大控股中的一部分。

在座的青年才俊都觉得奈舒尔步子迈得太大。他们认为太激进的改革,会让制度垮掉。要想从一棵高树上下来,你得一步一步往下爬。奈舒尔的建议,却是一个猛子扎下来,不摔断脖子才怪。

经过几次类似的"奇葩说"大辩论,丘拜斯声名远播,甚至惊动了克里姆林宫。1991年夏天,叶利钦手下的秃头经济学家盖达尔给丘拜斯来电,邀请他共襄盛举,一起来搞"休克疗法"。丘拜斯仰天大笑出门去,十年苦读,小爷我终于有了用武之地。

谁料,天生丽质难自弃的丘拜斯,一朝选在君王侧,大权在握,头脑发热,兴奋过度,背弃了过去坚持的渐进式改革,从旧制度的参天大树上一猛子扎下去,让原本就先天不足的俄罗斯经济摔得稀碎。

1991年9月,盖达尔、丘拜斯等一帮年轻经济学家住进了15号别墅,为叶利钦起草经济改革方案。

用叶利钦的话讲,这个改革团队就是一群"年轻气盛的暴动者",盖达尔和丘拜斯提出了"大爆炸"计划,模仿柏林墙倒塌后的波兰,直接跳向自由市场经济的怀抱。多愁善感的叶利钦被年轻人的激情所感染,他泪眼婆娑地表示,我不能强迫年轻人再等一次了:自由,自由,现在就要自由!

丘郎妙计安天下,其策略有二:

一是把价格从国家控制中分离出来,彻底废掉国家的管控。

二是分离国家对资产的垄断,把国家巨大的工业财富分到个人手里。

这两条妙计看上去很美,却存在着巨大漏洞,因为当时的俄罗斯根本没有与市场经济相配套的规则和法制。要想建立规则,需要一个强有力的中央政府进行指导和宏观调控,但这些偷听着西方摇滚乐长大的年轻经济学家,视集权为寇仇,哪怕有一丝集权的小火苗,也恨不得立刻浇灭它,这就导致俄罗斯的经济改革从一开始就走上了一条乌烟瘴气的邪路。

书生丘拜斯,纸上谈兵,做了一个比喻,先放出拳击手,如果选手觉得有必要,他们会自己建立规则。

丘拜斯和他的团队,将全国的资产以1.48亿份凭单的形式分割,每张凭单面值1万卢布,这些凭单可以在拍卖公司进行交易。

根据凭单的数量和它们的售价,整个俄罗斯工业的总价值仅为120亿美元。

在对外国人严格限制的拍卖中,俄罗斯天然气工业公司售价2.28亿美元,为外国投资银行估价的十分之一;拥有10万工人的知名轿车大厂吉尔的报价只有1 600万美元,而俄罗斯汽车巨头高尔基汽车制造厂标价2 700万美元,其价格低到了谷底。

前文中张召忠将军提到的用二锅头换俄罗斯装甲车,就是出自这个大背景。

宝库一朝解锁,强盗纷纷云集。

苏联的无数矿山和工厂,以极其便宜的价格出售,那些手眼通天的老板和呼风唤雨的官僚,抓住机会巧取豪夺,而绝大多数无权无势的俄罗斯市民却只能眼巴巴地瞅着,入宝山而空回。

有人劝丘拜斯别做得太绝,天地良心,想想那些穷人的处境吧。丘拜斯低下头,愣了片刻,然后用忧伤的语调说,从经济学角度讲,卢布的储蓄只是纸上的数字,真正的财富早就被苏联的军备竞赛花光了,现在的钱,只是人们账号上的曲线。

4

霍多尔科夫斯基是在拍卖中捞到巨大油水的寡头之一,他的发达之路,是寡头崛起的典型。

20世纪80年代后期,苏联领导层急于找到摆脱经济停滞的出路,于是同意适度开展资本主义试验。该试验主要在苏联共青团进行,当时,霍多尔科夫斯基是其所在学校团委的副书记。

1987年夏季,霍多尔科夫斯基大学毕业,上级告诉他,有两个选择:要么在共青团的体制内继续往上爬,要么离开大学去创业,玩大家所说的"自负盈亏把戏"。霍丝毫没有犹豫,选择了刚刚获批不久的"自负盈亏把戏"。

霍多尔科夫斯基在共青团支持下成立了"青年创业基金",强势地加入了弱肉强食的资本游戏。他第一步棋,就是要搞到一笔启动资金。经过比较,他看中了莫斯科北郊的高温研究所,这是一家从事高温物理、火箭推进的科研机构,曾在美苏太空争霸中大出风头。

小霍虽年轻,后台却硬,他直接找到高温研究所所长沙因德林,说明来意,让其支持他的"自负盈亏把戏",还貌似不经意地提了几个共青团里显赫人物的名字。老所长很识趣,立即以成立科研项目的名义,给小霍同学批了17万卢布。

小霍搞到启动资金后,立刻开始了他策划已久的创业计划,这个"伟大"的计划就是:利用手中特权,钻制度的空子,空手套白狼!

苏联的经济体制内有一种特殊的货币,被称为"非现金"。这种钱既不是纸币也不是硬币,而是一种虚拟货币,由政府作为补贴,发放给各大矿厂、企业。如果甲厂拿到非现金补贴,那么它可以计入账簿,或是用来支付给乙厂,但就是无法换成现金,装进自己的腰包。

苏联的现金供应紧张,非现金的空头支票却多如牛毛,导致两种货币的价值严重失衡。有人做过估算,当时1卢布现金的价值相当于10个非现金卢布。价值失衡造成了巨大商机,若有人能琢磨出来,如何将非现金兑换成现金,那么就会大发横财。

机灵鬼小霍琢磨出来了。

1987年12月28日,苏联共青团中央委员会鬼使神差地出台了一项新政策:在一定条件下,允许团组织可以混合使用现金和非现金两种货币。

有了政策的东风,小霍一口气在莫斯科开了30多家青年科技中心,这些青年科技中心跟"科技"没有半毛钱关系,它们只做一件事:把非现金倒换成现金。

每一次兑换,都需要来自组织的特批,手眼通天的小霍搞到特许证不费吹灰之力。当然,他需要在巨大财富中,拿出相当一部分对要害部门的要人进行打点。

许多心思活泛的创业老板也想复制小霍的事业,通过行贿倒换货币,却是有钱无门,没搞几天就被克格勃的人带走了。

1990年,戈尔巴乔夫邀请政治家、学者和新闻记者(当时并未使用"商人"一词)前往克里姆林宫商议改革事宜,霍多尔科夫斯基赫然在列。到了叶利钦主政时,霍多尔科夫斯基更是成为克里姆林宫总理的顾问,俨然"红顶商人"。

凭借空手套白狼登堂入室的小霍,在大拍卖期间,购买了大批凭单,涉及木材、钢管、冶铜、石油等实业,共有上百家公司。有咨询公司做过统计,霍多尔科夫斯基集结的企业,相当于整个韩国的企业集团。

在苏联解体那年,小霍出了本掩耳盗铃的书,名为《带卢布的人》,发行了5

万册,书封上印着美元和卢布的图案。全书基调疯狂而乐观,呼吁人们忘记苏联那老掉牙的集体生活方式,赶紧下海挣大钱,其中心思想就五个字:致富不是罪。

俄罗斯其他几位超级寡头亦如是,他们的发家经历大同小异,都是趁着国家崩溃之际,通过权力的裙带巧取豪夺,如"寡头领袖"别列佐夫斯基、媒体大亨古辛斯基、银行大鳄弗里德曼等。

当时,最为呼风唤雨的七个寡头有一个非常流行的绰号——"七大银行家",取自17世纪沙皇时代统治俄罗斯的七大沙俄特权贵族的名号。

5

1994年9月,别列佐夫斯基、霍多尔科夫斯基、古辛斯基等几个寡头齐聚雀山顶峰的私人别墅,俯瞰着脚下弯弯曲曲的河水,朝着克里姆林宫的方向缓缓流去。

召集者是莫斯科市市长卢日科夫,在雀山之顶,寡头们被迫起草了一个议案,口头承诺不会向官员行贿,也不会通过报纸、电视彼此攻击。卢日科夫这个老江湖,在寡头面前趾高气扬,说起话来耳提面命,让财大气粗的寡头们敢怒不敢言。

寡头中最具野心的别列佐夫斯基,对卢日科夫的自大颇为不屑,因为他已经做了决定,把宝押在比莫斯科教父卢日科夫更有权力的人身上,这个人就是叶利钦。

有一天,别列佐夫斯基办完公事,坐进他那辆梅赛德斯奔驰600的豪车后座,上了公路,驶过一辆停在路边的欧宝牌轿车,就在这时,欧宝轿车突然爆炸,当场炸翻了梅赛德斯。别列佐夫斯基命大,从浓烟滚滚的废墟中爬了出来。四天后,他打着绷带,如约参加了叶利钦的晚宴,让后者大为感动。

很快,别列佐夫斯基就被邀请加入"总统俱乐部",这是叶利钦专为最亲密的伙伴修建的运动场所,他们经常一边打网球,一边商讨要事。别列佐夫斯基提议,创建一个全新的电视频道,用来跟寡头古辛斯基旗下标榜独立、批评政府的独立电视台(NTV)对垒,别列佐夫斯基向叶利钦承诺,这将是一个"总统专用频道"。

1994年11月29日,叶利钦签署法令,将已经建好的电视频道私有化,未经拍卖程序,便以220万美元的价格卖给了球友别列佐夫斯基,该频道的名称是俄罗斯公众电视台,俄语缩写为ORT。

自此,俄罗斯两大寡头各为其主(更是为自己),上演了一出狗血的"宫斗剧"。一边是叶利钦和他的球友别列佐夫斯基,另一边是卢日科夫和他的酒友古辛斯基。

别列佐夫斯基工于心计,他屡试不爽的一招就是向安全局局长科尔扎科夫打小报告,再让其传到叶利钦的耳朵里。小报告的内容,五花八门,一地鸡毛,主题大多是古辛斯基和卢日科夫在某个单间喝酒,然后说了哪些埋汰叶利钦的话。

科尔扎科夫是个老牌克格勃,对别列佐夫斯基这些鸡毛蒜皮的传话很快就起了反感,拒绝再帮他打小报告。于是,别列佐夫斯基开始求助于叶利钦的小女儿季亚琴科,并送了总统女儿许多礼物,其中包括一辆俄罗斯制造的雪佛兰开拓者汽车。

1994年11月19日,支持总统的《俄罗斯报》发表了一篇题为《下雪了》的文章:内部消息透露,莫斯科的金融家古辛斯基正在秘密策划,让卢日科夫登上总统宝座。

众口铄金,积毁销骨。

这天,叶利钦在克里姆林宫跟科尔扎科夫共进午餐,突然说道,为什么你不能处理一下那个……古辛斯基的问题?他的NTV已经不受控了。我命令你,去处理他!

12月2日清晨,一个蒙面人穿着制服,没戴徽章,手握自动步枪,来到古辛斯基在莫斯科城外的家,试图与私人保安交火。蒙面人走后,古辛斯基驾车从郊区开往市中心,来到他位于新阿尔巴特街的办公大楼,一批戴着面罩和枪的暴徒尾随而至,开始痛殴停车场上的保安。

这伙暴徒封锁了大厦入口,开始检查停车场上的所有汽车,古辛斯基把自己锁在梅赛德斯装甲车里,死活不出来,直到一个暴徒在车顶放了一枚手榴弹。

其实,手榴弹根本没有引爆线,叶利钦的目的是给古辛斯基一点颜色看看,让他的NTV老实一点,别成天跟政府过不去。

叶利钦打错了算盘。

古辛斯基为人倔强，他的名字与俄语中的"鹅"是同根词，人称"鹅掌柜"。古辛斯基童年时因犹太人的身份，常被周围孩子歧视欺负，他被打时往往以命相搏，从不求饶。古辛斯基私下制作了一根鞭子，藏在兜里，每当听到"犹太佬"的辱骂声，他就一鞭子抽过去，不管对方是谁，也不管对方有多少人。

很快，鹅掌柜古辛斯基就找到了反击的机会。

1994年12月，车臣战争爆发，NTV的记者奔赴前线。当俄罗斯的直升机被车臣击落时，NTV播放了飞机残骸，俄罗斯政府官员却一言不发。当叶利钦说格罗兹尼总统府的轰炸已停止，NTV播放了轰炸仍在继续的画面。

打脸！不断地打脸！

在车臣战争期间，NTV的收视率翻了一番。战争白热化时，NTV在莫斯科的观众达到了48%，几乎是所有打开电视机观看人数的一半。

最具杀伤力的是，NTV在节目中说叶利钦是如何不受人民爱戴，甚至是在他的家乡。由于改革的失败和战争的阴影，叶利钦的公众支持率已经滑到了个位数。

古辛斯基被叫到克里姆林宫，一个满脸胡茬的硬派安全部门长官代表叶利钦向他摊牌：如果你继续播放车臣，我们会把你赶出NTV，并且杀了你。

在这个致命时刻，鹅掌柜的倔劲又犯了，仿佛又变成了那个因受歧视而倍感愤怒的犹太男孩。他说，我是在大街上长大的，我不喜欢被威胁，滚吧，所有人都给我滚！

6

1996年，俄罗斯大选在即。

在阿尔卑斯山的一个滑雪胜地酒店，俄共领导人久加诺夫正春风满面地举行签名会，台下聚集了许多西方商业巨子。镁光灯不停闪烁，记者们有点话多，都想从这位极有希望成为下届俄罗斯领导人的口中套出什么。

这次会议冠盖云集，超级寡头别列佐夫斯基、空手套白狼大师霍多尔科夫斯基、鹅掌柜古辛斯基、莫斯科教父卢日科夫、军师丘拜斯均出席。他们对久加诺夫的闪亮登场表现出不同程度的焦虑。

有如惊弓之鸟的别列佐夫斯基拨通了古辛斯基的电话,俩人在电话那头,各自沉默。

终于,别列佐夫斯基长吸一口气,一字一顿地说,现在停战还不晚,我们的国家正处在十字路口,需要团结起来。

古辛斯基惜字如金地说,约个地方见面吧。

与古辛斯基谈妥后,别列佐夫斯基又马不停蹄地约见了其他重要人物,组成了一个"拯救叶利钦联盟"。七大寡头和政界闻人卢日科夫成为这个联盟的核心,金钱和权力水乳交融,有钱出钱,有权出权,有鬼点子的出鬼点子,发誓要将叶利钦扶上马。

然而,此时的叶利钦,状况并不乐观。

1995年10月,叶利钦心脏病突发,健康不断恶化,雪上加霜的是,这个霸气而英俊的老头长期酗酒,多次被记者拍到醉态。大选前6个月,叶利钦的支持率仅为3%,而久加诺夫的支持率达到了20%。

到第二年(1996年)春天,他靠超人的意志战胜了疾病、抑郁和酗酒。现在的最大问题是叶利钦的盲目自信,当他的支持率只有3%时,克格勃里那些溜须拍马之辈却一直告诉他,他的民众支持率不低于98%。

寡头们决定派丘拜斯告诉叶利钦残酷的真相,对这位大人物也来个"休克疗法"。事实证明,效果不错,刚得知真相时,叶利钦无法接受,气得随手拿起一只大盘子,砸向"报丧鸟"丘拜斯。

但很快他就冷静了下来,与竞选对手的差距,激起了叶利钦对权力的嗜血本能和冲天斗志,他振作精神,重建总部,把寡头们组成的虎狼之师指挥得团团转。

丘拜斯创建了一项个人基金,名为私有财产保护中心,寡头们先注入500万美元的启动资金,再通过政府这边的关系,用这些钱投资一些利润巨大的"神秘债券",所得的收益用作竞选经费。

此次竞选输赢之关键,在于媒体造势。

鹅掌柜古辛斯基冰释前嫌,向叶利钦面授机宜,如果你想获胜,就得不停曝光,不停发表演讲,不停制造新闻,不停接见群众,走遍俄罗斯的每一处。

叶利钦欣然同意,说干就干,在4个月内走访了24个城市,在此期间,他放下身段,同年轻人们一起在摇滚音乐会上尽情摇摆,并发挥搞笑天赋,到处讲一些无伤大雅、哀而不伤的荤素段子。

在竞选广告里,叶利钦以慈父的形象出现,他在火炉边,叙述自己的家庭,追忆母亲做的烤饼,并配以煽情感性的音乐。电视片还展示了叶利钦的少年影像,那时他着装整洁,是个小鲜肉,浓密的黑发向后梳。

该广告以蒙太奇的剪接方式,回顾了叶利钦的一生,从一个运动员到一个反叛者,从一个父亲到一个祖父,最后慈祥发福的叶利钦,穿着开领白衬衫,坐在褐色的椅子上,表达了对民众疾苦的同情。他说,我知道大家都不容易。

到3月份,广告效应凸显,叶利钦的支持率节节攀升,达到了两位数,与久加诺夫并驾齐驱。

在莫斯科,市长卢日科夫是叶利钦争取连任的强大推动力,他们的大型宣传画贴遍了城市的大街小巷。画中,叶利钦与他的亲密战友卢日科夫紧握双手,肩并肩站在红场选举台前,台下民众欢呼雀跃。

光是宣传叶利钦还不够,他们还得利用媒体抹黑乃至摧毁他的对手——久加诺夫。

一份名为《天理不容》的报纸,在头版头条刊登了一张"吸睛"的照片,照片里定额配给的发霉香肠堆满了楼道,让人们联想起供应不足的苏联时代,市民为了得到一根香肠而排几个小时的长队。它透露出的信息是:如果久加诺夫当选,俄罗斯势必发生大倒退。

叶利钦的竞选团队偷偷印制了一百万份暗黑海报,海报上印着目光阴沉的久加诺夫,还有一句话:快储存食物吧,这是最后的机会了。这些海报用强力胶水,紧紧贴在俄罗斯食品供应店的窗户上,极难撕下来。

别列佐夫斯基和古辛斯基在竞选期间,将他们强大的电视台全负荷运转,鼎力支持叶利钦。在6月16日第一轮大选到来的前五个星期内,叶利钦在新闻节目中的露面时长是其对手的三倍。

无数标榜良心的新闻记者、民主人士、作家、编辑自发为叶利钦而战。NTV台长马拉申克说,我们知道叶利钦是个喜欢吹牛的老酒鬼,但在目前情况下,他是更好的选择。

7月4日,叶利钦以53.82%的投票率当选新一届俄罗斯总统。

在随后的记者招待会上,丘拜斯激情万丈,将叶利钦比作俄罗斯历史上最伟大的改革皇帝彼得大帝,并提出了三个"不可动摇":俄罗斯的民主政治不可动摇,俄罗斯的私有制不可动摇,俄罗斯的市场改革不可动摇。

7

总统大位尘埃落定,接下来,该分割战利品了。

别列佐夫斯基进入政府,被任命为克里姆林宫安全委员会书记,同时他的商业帝国进一步扩张,拥有罗格瓦兹汽车公司、西伯利亚石油公司、俄罗斯公家航空公司、俄罗斯公众电视台、俄罗斯洲际航空公司,以及包括《独立报》在内的一系列媒体产业。

霍多尔科夫斯基在大选前后,上下其手,以区区3.5亿美元吞下了石油巨头尤科斯公司45%的股份,一度成为俄罗斯首富。

古辛斯基得到了俄气工业的巨大资金支持,后者购买了NTV 30%的股份,为它的扩张提供了充足弹药。叶利钦还签署了一项法令,准许古辛斯基全天候占用第四电视频道。

别列佐夫斯基霸气外露,他告诉《金融时报》,七大寡头控制着俄罗斯50%的经济。这种"亮肌肉"的做法,无疑是在宣布:在俄罗斯,寡头才是国家主宰者。

别列佐夫斯基说,有两种类型的权力:一种是意识形态的权力,一种是资本形态的权力。在现在的俄罗斯,意识形态的权力已经不存在了,新的权力就是资本。如果什么事对资本有利,那么毫无疑问,它对国家也有利。

叶利钦竞选连任成功后,仿佛用尽了回光返照的力气,身体更加虚弱。但他心如明镜,以别列佐夫斯基为首的寡头,之所以全力帮助自己登上权力的宝座,不过是让自己成为寡头们巧取豪夺的傀儡。

在一次采访中,叶利钦谴责寡头们试图操控政府,并把他们称为"非法的权力中心"。叶利钦说,我们现在最大的危险来自那些特别有钱的人,他们互相吞噬,推翻了我们千辛万苦建立起来的政治大厦。

对于叶利钦这个日薄西山的老人的"敲打",寡头们不以为意,别列佐夫斯基甚至口无遮拦地说,商人必须控制政治权力。

一家独立报纸发表文章说,现在是最黑暗的时候,俄罗斯政府被七个商人控制,他们动动手指,就可以将副总理换下来。

　　随着叶利钦身体每况愈下,别列佐夫斯基开始秘密物色叶的接班人。在寡头们的会议上,别列佐夫斯基一遍又一遍地说,一定要确保"权力的连续性",找出一个能延续叶利钦道路的新人,从而维护寡头们的利益。

　　别列佐夫斯基这场"拥立新君"的权力游戏,随着俄罗斯2000年大选的逼近,变得越来越迫切。

参考书目:

1.[美]戴维·霍夫曼著:《寡头:新俄罗斯的财富与权力》,冯乃祥、李雪顺、胡瑶译,上海译文出版社2017年版。

2.张捷著:《从赫鲁晓夫到普京》,社会科学文献出版社2010年版。

3.[英]安格斯·罗克斯伯勒著:《强权与铁腕:普京传》,胡利平、林华译,中信出版社2014年版。

4.李慎明著:《苏联亡党亡国20年祭》,社会科学文献出版社2013年版。

经济寡头盛衰录(下)

1

1999年8月7日,伊本·哈塔卜率领1 000多名暴徒对邻近车臣的达吉斯坦发动进攻,目的是在那里建立一个伊斯兰国家。随后,短短两周之内莫斯科等三座城市接连发生4起爆炸事件,近300人被炸死。

千钧一发之际,老爹的叶利钦任命俄罗斯联邦安全委员会主席普京为政府第一副总理、政府代总理,并向国家杜马(议会下院)提名普京为政府总理候选人,以雷霆之势收拾乱局。9月12日,普京会晤克林顿,聊到车臣问题时,激动之下手绘了一幅车臣地图,讲述他准备消灭分裂主义分子的计划。

之后,普京接受记者提问,他恶狠狠地说:这些家伙不是人,连畜生都不如。无论恐怖分子在哪儿,我们都要穷追到底。如果他们在机场,就在机场干掉他们;如果他们在厕所,就直接把他们摁在马桶里淹死。

俄罗斯人民沸腾了,这个前克格勃特工刚一出场,人气就扶摇直上。2000年总统大选在即,车臣恐怖分子在这个节骨眼上闹事,正撞到枪口上,同时也在客观上帮了普京的大忙。这就是所谓的时势造英雄。

普京的竞选对手,就是那个"喝着伏特加过河"、被称作莫斯科教父的卢日科夫。卢日科夫背后,是成千上万个受他庇佑的大小企业主,他们中的佼佼者,就是俄罗斯七大寡头之一——鹅掌柜古辛斯基。

在普京这边,站在他身后的,除了曾经同属克格勃系统的那些铁血"老友记"，还有叶利钦的权力小圈子，其中能量最大的那个，不是别人，正是在俄罗斯翻云覆雨的头号寡头别列佐夫斯基。

从某种程度上说，俄罗斯这次世纪大选，就是两大寡头之间的暗战。

在这两大阵营中，许多人都是身不由己，被形势和利益裹挟，选边站队，即便同一个阵营的也不尽是同心同德，而不同阵营的带头大哥，却有许多一致之处。最明显的是，在这场权力游戏中，三位明面上的重磅人物：叶利钦、卢日科夫、普京，全都对寡头左右国家权力颇有微词。

叶利钦连任总统之所以能奇迹般地胜出，全靠七大寡头鞍前马后地加持，胜出后，寡头们功高盖主，不可一世，肆意分割地盘，甚至架空叶利钦，把他视作傀儡，对此，叶利钦虽没有精力跟寡头硬刚，却心如明镜。

卢日科夫则视寡头为暴发户，在老卢眼里，寡头之所以为寡头，全是拜他这个"改革执行者"所赐，若当年没有他这个五短身材、敦厚壮实的莫斯科教父肩住计划经济的闸门，放这些烂崽出来搞强盗资本主义，他们哪里会有今天？现在翅膀硬了，不求报效国家，却想反噬恩主，简直不知死活。

至于普京，他是三人中最"恨"寡头的。但是，他对寡头的"深仇大恨"不是个人恩怨，而是一种关乎意识形态的复杂情感。

2

1999年5月，杜马中的共产党人试图弹劾叶利钦。弹劾失败后，谣言四起，说克里姆林宫给了每位投票者3万美元，以保住病中的总统。卢日科夫剑拔弩张，声称俄罗斯并非受叶利钦领导，而是被一个阴谋集团控制。

卢日科夫的盟友普里马科夫，在国家杜马批准了一项释放9.4万名囚犯的大赦，并警告寡头们：我们是为了那些将要入狱的经济犯罪者腾地方。

面对卢日科夫的"直男"式进攻，别列佐夫斯基四两拨千斤，他找来当时一个擅长插科打诨、炮制桃色新闻的主持人多伦科，在自己掌控的电视台为他量身定做了一套脱口秀节目，这套脱口秀节目的中心内容只有一个——搞臭卢日科夫。

当时正逢车臣恐怖分子袭击莫斯科，普京以代总理身份放出狠话，要对车臣进行大规模军事打击，一时间民意支持率飙升。莫斯科市市长卢日科夫的支持率却大幅度下滑,他的城市在燃烧,他的名声在每周的脱口秀节目中被诋毁。

多伦科在节目中,将卢日科夫刻画成一个侵吞善款的伪君子。按他的说法,俄罗斯南部的一个医院遭到车臣恐怖分子洗劫,卢日科夫以重建的名义筹集了一笔善款,然后恬不知耻地装进了自己的腰包。

更有甚者,多伦科在节目中播出了一系列加速版剪辑录像。首先映入观众眼帘的画面,是卢日科夫在他的市长办公室义正词严地炮轰叶利钦和克里姆林宫,紧接着,画面转切到1996年,卢日科夫在支持叶利钦竞选总统的游行队伍中,声嘶力竭地大喊口号:支持叶利钦,就是支持自由!

多伦科反复播放这个蒙太奇画面,显得卢日科夫非常无厘头,以及愚蠢。多伦科还不失时机地伸出兰花指,画龙点睛地点评道:什么是伪君子? 这就是!

卢日科夫是个老派人物,自视甚高,看了这种近似恶搞的视频剪辑,忍不住勃然大怒,气急败坏地谴责多伦科和幕后的别列佐夫斯基,人不能无耻到这个地步,并以诽谤罪将其诉诸法庭。

别列佐夫斯基的公众电视台几乎覆盖了整个俄罗斯,多伦科成功地用无厘头的方式,让"直男"卢日科夫沦为了一个反复无常的"小丑"。在当年10月,一个为克里姆林宫服务的民意测验公司的报告显示,卢日科夫的支持率开始崩溃。

恼羞成怒之下,卢日科夫犯了一个致命错误,他本应按照时间和节奏,以莫斯科为示范城市,展开强有力的政治竞选,结果却把大部分精力都投入到了和多伦科的"扯皮"之中。

多伦科在事后洋洋自得地说,他用15期脱口秀节目,扼杀了卢日科夫成为俄罗斯总统的希望。他将这些节目称为"15发银弹"。

古辛斯基作为俄罗斯最大独立电视台NTV的掌门人,曾在第一次车臣战争中派遣不怕死的记者跑到前线,拿到了血淋淋的第一手材料,让当时想要粉饰战争的叶利钦大出洋相。这一次,普京施展铁腕,镇压车臣反叛分子,古辛斯基想要故技重施,却颓然地发现,时移势易,风向已变,民众几乎一边倒地站在普京这边。

究其原因,是因为第二次车臣战争是在莫斯科被恐怖分子轰炸的恐怖悲壮的氛围下进行的,俄罗斯民众铁了心地支持普京,不愿听到任何对战争的负面评价,就连古辛斯基手下的记者和新闻主编,都开始同情军队,普京的支持率一路狂飙，如同开挂。

为助普京竞选，别列佐夫斯基牵头，在极短时间里组织了一个新的政治党派——统一俄罗斯党。在当时，该党是个"三无"党派——无意识形态，无政治纲领，无重要党魁，但他们拥有超人气的普京，这就够了。据统计，在2000年大选中，统一俄罗斯党赢得的选票，是其主要对手的两倍。

20世纪最后一天，叶利钦辞去总统之职，普京为代总统。叶利钦在录音中，哽咽地恳求俄罗斯人原谅他的错误和缺陷，讲完后，他转身拭去眼角的泪水，旋即开了瓶香槟，与身边寥寥几位工作人员碰杯。

下午两点，普京接过了装有发动核打击密码的"核手提箱"。几个小时后，普京签署了就任总统后的第一个法令，宣布叶利钦及其家人免于刑事诉讼。

就在这个历史性的时刻，苏联领导人戈尔巴乔夫说了一段让人摸不着头脑的话：普京能坚持下去，感谢他的神秘——神秘的外形，神秘的眼神，神秘的措辞……但这个男人刚好就是张嘴却无话可说。

由于白天黑夜地超负荷工作，"君王推手"别列佐夫斯基因肝炎住进了医院，但他心里充满了甜蜜的憧憬。此前，他因扶持叶利钦连任，得到了巨大的利益，如今，"新君"上位，分赃的美妙时刻又要来临。

3

在20世纪末的那个夏季，古辛斯基被克里姆林宫召见，要求他掌控的NTV支持任何一位他们挑选出来的叶利钦接班人，要么听话，要么下地狱，除此之外，别无选择。

政府高官的强硬口气，激发起古辛斯基的逆反和斗志。他仿佛回到儿时，身为犹太人后裔，被街头的阿飞歧视殴打，古辛斯基被揍得头破血流，却死不服输，以命相搏，直到对方逃之夭夭。

儒以文乱法，当克里姆林宫的"新君"被确定为普京时，文化商人古辛斯基出手了，不得不说，他这次玩得有点大。

古辛斯基召集NTV的文艺青年班子，制作了一出名为《木偶》的讽刺木偶剧，这个讽刺剧尺度之大，超乎人们的想象，即便全屏打上马赛克都遮掩不住古辛斯基的恶意。

《木偶》改编自德国作家霍夫曼的童话《小查克斯》,讲述了一个相貌丑陋的侏儒请仙女给他施魔法,从而变成了一个帅小伙的故事。

"把他们摁在马桶里淹死",无疑是影射普京对车臣恐怖分子发出的威胁。仙女把侏儒变成帅小伙,则是指别列佐夫斯基利用他庞大的资源,将普京美化成富有魅力的俄罗斯总统候选人。至于那个侏儒的暗示,俄罗斯无人不晓,这是在讽刺普京的个子矮。

该剧播出后,普京火了。

很快,古辛斯基受到总统办公厅主任沃洛申的警告。

古辛斯基听到警告,犹如公牛看到红布,他又堂而皇之地推出了新一集的《木偶》。

来而不往非礼也,普京要出手了。

2000年5月,古辛斯基为了盘活资金,计划将他的莫斯特集团卖给中央银行的下属机构。正当这个计划只差临门一脚,准备签署时,中央银行的主席维克托接到了来自克里姆林宫的电话,令其终止此项交易。谁料,这个维克托也是个不信邪的硬骨头,他回了句"见鬼去吧!"挂了电话。十分钟后,普京亲自来电,维克托终于屈服了。

此前,古辛斯基为扩大业务,贷款13亿美元,其中有2亿美元是从俄罗斯天然气公司那里贷来的,普京向俄气施压,令其立即向古辛斯基催债,古辛斯基调不出资金,破产在即。没过多久,便因欺诈罪名,被关进大牢。

古辛斯基此后虽获赦出狱,远赴西班牙,但已是明日黄花。

4

别列佐夫斯基从小有一个挥之不去的"黑梦"。

他是犹太建筑工程师和儿科护士的独子,他的父亲于20世纪30年代从寒冷的西伯利亚来到莫斯科,一辈子与砖石为伴,默默无闻。

犹太人别列佐夫斯基总是把目标定得很高,并理智思考如何去达到它。他养成了一个习惯:不管做什么事,都要做到极致,每天起码做上18个小时甚至20

个小时。

1969年1月23日,别列佐夫斯基进入控制科学研究所,给自己立了一个小目标——获得诺贝尔奖。在此期间,他曾花了三年时间去证明一条物理定律,又耗费许多精力组建自己的科研团队,没日没夜,无休无止,豁出命去,一心追求诺贝尔奖。

直到戈尔巴乔夫上台,时代巨变,别列佐夫斯基才把自己的小目标修正为:赚钱。

他信奉物理学家萨哈罗夫的话——所有生命的意义都在于扩张。巨变的时代给了别列佐夫斯基从儿时黑梦中挣脱出来的机会。在叶利钦时代以及普京上台前后,他成为俄罗斯风头最劲、富可敌国、权势通天、外强中干、叱咤一时、昙花一现的超级寡头。

在竞选之后的那个春天,普京与别列佐夫斯基的关系看上去很铁,普京曾冒着被政敌中伤的风险来到罗戈瓦兹俱乐部,庆祝别列佐夫斯基太太的生日。为此,别列佐夫斯基洋洋得意,说普京对他表现出超乎政治的、忠实的朋友感情。

但是,没过多久,两人就在车臣问题上产生了分歧。普京铆足了劲,要收拾分裂分子,别列佐夫斯基却在一旁泼冷水,说要以和为贵。

随后,普京露出峥嵘,在权力架构上,搞了个神操作,他宣布了一项计划,要启用7个新的未经选举的政府要员来管理现有的89个地区长官。这7个人里,有5个是前克格勃人员或军人。

至此,别列佐夫斯基方若有所悟。

2000年8月12日,库尔斯克号核潜艇在巴伦支海发生爆炸并沉没,艇上的118名官兵遇难。事件发生后,别列佐夫斯基掌控的公众电视台对普京展开激烈批评,说核潜艇事件发生后,整整五天,普京都在索契度假,直到第九天,才前往位于北部的基地接见遇难官兵家属。

普京打电话给别列佐夫斯基,抱怨他不该把这次潜艇沉没与切尔诺贝利核泄漏相提并论。后者提出面谈,普京一口答应。

第二天,别列佐夫斯基来到克里姆林宫,总统办公厅主任沃洛申冷冰冰地等着他,沃洛申告诉别列佐夫斯基:要么在两周内放弃俄罗斯公众电视台,要么下场就跟古辛斯基一样。

别列佐夫斯基听了,如冰水浇头,但尚存一线希望,他要求沃洛申安排他跟普京见面。这一次,普京出现了。别列佐夫斯基说了一大段为自己辩护的话,解释俄罗斯公众电视台对库尔斯克号的如实报道,以及对失事船员家属的采访。别列佐夫斯基苦口婆心地说,这是在帮你,并不是阻碍你,因为只有公开真相才能帮你,别的都无济于事。

普京懒洋洋地取出一个文件夹,声音单调地说,那么,我现在要告诉你一些事。他打开文件,照本宣科地宣读,大意是俄罗斯公众电视台非常腐化,已经沦为别列佐夫斯基个人的谋财工具。

看着因紧张而流汗的别列佐夫斯基,普京仰起头,目光如炬,一字一顿地说,公众电视台的传播网络覆盖了全俄罗斯98%的领土和家庭,我本人将要亲自管理它。说完这句话,普京似乎有点悲伤,他用冰冷的眼神凝视着别列佐夫斯基,说道:你是把我推举为总统的其中一位,你怎么能抱怨呢?

别列佐夫斯基暗暗叹了口气,眼睛紧紧闭上。

这次会面后不久,别列佐夫斯基将他在公众电视台的股份转让给一个名为阿布拉莫维奇的年轻寡头,此人是闷声发大财的新型寡头代表。偌大一个俄罗斯,已无别列佐夫斯基的立足之地,他同古辛斯基一样飞往国外,在异国他乡,暗中支持乌克兰的"颜色革命",以及反对普京的势力。

就职总统一年后,普京举行了新闻发布会,一个记者向普京问起别列佐夫斯基,普京面无表情地看着记者,反问道:别列佐夫斯基?他是谁?

2013年3月23日,一则稍纵即逝的新闻出现在全球各大媒体:别列佐夫斯基被发现死于伦敦阿克斯特镇豪宅的厕所里。

在死的前一天,一向深居简出的别列佐夫斯基接受了美国《财富》杂志采访,他说了一句耐人寻味的话:我低估了俄罗斯的实力,也大大高估了西方国家。

5

对付寡头,除了霹雳手段,柔道大师普京还施展起怀柔之术,他来了个杯酒释兵权,把众寡头齐聚一堂,向他们摊牌:不干涉克里姆林宫政治,继续经营各自的生意。

这些在各自领域张扬跋扈的寡头,在普京面前,纷纷低眉顺目,不敢二话,除了一个刺头——霍多尔科夫斯基。

轮到霍多尔科夫斯基发言时,这个举止文雅、长相英俊的前共青团干将,用他那温柔的褐色眼睛绵里藏针地看着普京,他抱怨道,政府部门长期的贪污腐败败坏了社会风气,现在青年的唯一理想,就是削尖脑袋进入体制去搞灰色收入。

霍老板敢说这番话,是因为此一时彼一时,现在的他,早已洗白白,不再是那个靠着钻体制漏洞发大财的小混混,而是俄罗斯的头号富翁。他旗下的石油公司尤科斯,是俄罗斯最透明、管理最好的公司,甚至在社会上产生了一个新词——尤科斯化。

普京对于霍多尔科夫斯基的发难,没有觉得意外。他以一种针锋相对的口吻回应道:尤科斯那些取之不竭的石油储备,是如何获得的呢?霍多尔科夫斯基如坐针毡,扭动着身子,发出咯咯咯的轻笑,这是他的一个习惯,在极度紧张时就会发笑。

不久之后,《俄罗斯污点》杂志将整个版面贡献给了霍多尔科夫斯基。该杂志说,西伯利亚石油城市涅夫捷尤甘斯克的市长因反对尤科斯的扩张计划,于1998年霍多尔科夫斯基生日那天被枪杀,这是其下属送给他的生日礼物。

2003年10月25日,霍多尔科夫斯基的私人飞机在新西伯利亚降落,遭到全副武装的突击队员逮捕,以欺诈和逃税的罪名将其关进了监狱。两年后的2005年,霍多尔科夫斯基被判9年监禁,随后又于2010年因侵吞公款、洗钱等罪名,刑期被延长至14年。

对此,当时正在外国跑路的寡头别列佐夫斯基评价道,普京把霍关进监狱是很恐怖的一件事,他还年轻,最终会出狱,这样一来普京就会多一个富豪死敌,所以一旦把他关进监狱,普京几乎不得不枪毙他。

事实上,普京并未这么做。

2013年,霍多尔科夫斯基给普京写了一封信,信中提到自己生病的母亲,请求特赦,并做了三个承诺:离开俄罗斯;不重建尤科斯公司;不再介入俄罗斯政治。当年12月,普京签署特赦令,霍多尔科夫斯基得以提前出狱。

霍多尔科夫斯基出狱后,去了德国柏林,背弃誓言,在柏林墙附近举行记者会,声称自己不会参政,但会为政治犯的自由而斗争。随后,霍又去了瑞士苏黎世,胆子更肥,不停地做演讲,说为了俄罗斯,他不介意替换掉那个让他把牢底坐穿的人——普京。

为了反对普京,霍多尔科夫斯基创建了一个"开放俄罗斯"的组织。他于2014年上半年举行了"和平峰会",把一些异见人士请到乌克兰首都基辅。在基辅奥林匹克体育馆门口,年轻的参与者们彼此打招呼:欢迎参加国家背叛者会议。

有记者问普京,是否后悔特赦了霍。普京说,没错,我当时是基于人道主义立场做出的决定,他写信说其母病重,要知道,在我们的文化里,母亲是很神圣的。

6

曾经叱咤一时的七大寡头,在普京的铁腕下纷纷陨落。除了上述三个超级寡头,剩下的四位,可以几句话带过。

维诺格拉夫在金融危机后破产,一贫如洗,全家搬进租来的两居室,于2008年郁郁而终。斯摩棱斯基弃商从文,写起了小说,自娱度日。马尔金则丢掉了上院议员的金饭碗,在莫斯科开了一家名为"地狱花园"的赌场,在VIP"地狱厅"的墙上,有七个受惩罚的罪人头像,酷似七大寡头。

唯一得以善终的弗里德曼,在七寡头中资历最浅,名气最小,普京上台时,他还羽翼未丰,不敢造次,一贯听政府的话,2012年他的个人财产达到134亿美元,全俄排名第六。

除了七寡头外,俄罗斯新生的寡头仍时有出现。

卢克石油公司大佬阿列克佩洛夫从不佩戴名贵手表,出行没有私人飞机,也没有一众保镖。他办公室内的书桌上,唯一的照片是普京的黑白肖像。他说,政治离我很近,但我没有野心,我接近政治的唯一目的就是帮助国家和人民,我跟普京的关系并不密切,但我非常尊敬他。

新寡头代表阿布拉莫维奇,买下别列佐夫斯基在俄罗斯公众电视台的股份,然后转卖给政府。

俄罗斯铝业掌门人德里帕斯卡个人资产数百亿美元,一度超过阿布,成为俄罗斯首富。别看他富可敌国，却谦卑到了尘土里。他说，如果接到命令，他将愉快地把所有个人资产上交给国家。

7

前面说到，普京对寡头的"恨"并非个人恩怨，而是一种关乎意识形态的复杂情感。要理解这点，就必须让我们的思绪回到那个疯狂年代的现场。

1991年12月26日，苏联最高苏维埃举行最后一次会议，宣布苏联停止存在，一个曾经呼风唤雨的庞大帝国就此从世界地图上消失。

在这个标志性事件的前后，80%的苏军领导人和中高级军官被撤换，其中有不少人从此生活无着，流落街头，靠变卖家当甚至出售过去用鲜血换来的军功章维持生计。普京就是这沧海中的一粟，他从东德归来时，满目疮痍，被迫辞去克格勃职务，回到家乡。

苏联解体的真正推手是美国。

美国中央情报局前雇员彼得·施瓦茨曾说，谈论苏联崩溃而不知美国秘密战略的作用，就像调查一件突然神秘死亡的案件，而不考虑这起死亡事件是否存在着特殊反常和预谋一样。

在那个"推墙时代"，以美国为首的西方各国针对苏联和东欧的大功率广播电台，每天用6种语言传播重大新闻，宣传西方社会的成就、生活方式和价值观。苏联境内，基本上被包括美国之音、BBC、德国之声、自由电台、日本NHK等外国电台覆盖。西方的宣传瓦解了苏联社会和历史，过去塑造的英雄一个接一个被抹黑。

1985年，美国中央情报局局长说服沙特，向国际市场大量抛售原油，导致原油价格暴跌。每桶原油下跌1美元，苏联就要承受5亿至10亿美元的损失。从20世纪70年代到1989年，国际市场的原油价格从每桶110美元跌到了每桶19美元。

此外，美国还联合日本、西德、法国和英国，开始美元对本国货币大幅度地有序贬值。石油价格暴跌和美元贬值使得苏联外汇收入锐减。

1989年，苏联由固定汇率制转型为双重汇率制。各个国际金融机构推高卢布比值,卢布兑美元的比价很快达到1∶2。1990年,外资银行又趁着苏联汇率改革之机抛售卢布,卢布兑美元的比值下跌到100∶1。到了1993年,比值更是下跌到1 400∶1,再加上国际套利者低价购入的苏联国有资产和逃掉的巨额债务,卢布对美元的实际贬值程度竟然达到了112 000倍。

也就是说,在短短几年内,西方世界洗劫了苏联70多年积攒下来的28万亿美元的财富。

1991年7月,戈尔巴乔夫急需获得一笔巨额贷款,与西方七国首脑会晤,趁着这个机会,西方提高了政治价码。最后达成的援助协议是,苏联和加盟共和国实行分权,如果加盟共和国要求退出苏联,联盟中央不得动用武力。

此后,美国开始把包括立陶宛、拉脱维亚、爱沙尼亚在内的波罗的海三国作为解体苏联的突破口。从1987年开始,每年的8月23日,这三国的民族分裂势力都要煽动大规模的独立游行示威。

……

位于莫斯科西南方向的新圣女公墓,俄罗斯不同时代的英豪长眠于此。赫鲁晓夫是唯一安葬在这里的原苏共最高领导人,由黑白大理石砌成的墓碑,象征他毁誉参半的一生。距离赫鲁晓夫墓不远处,是俄罗斯前总统叶利钦的墓碑,由白蓝红三色石料雕琢而成,仿佛一面飘扬在风中的俄罗斯国旗。

……

参考书目:

1.［美］戴维·霍夫曼著:《寡头:新俄罗斯的财富与权力》,冯乃祥、李雪顺、胡瑶译,上海译文出版社2017年版。

2.张捷著:《从赫鲁晓夫到普京》,社会科学文献出版社2010年版。

3.［英］安格斯·罗克斯伯勒著:《强权与铁腕:普京传》,胡利平、林华译,中信出版社2014年版。

4.李慎明著:《苏联亡党亡国20年祭》,社会科学文献出版社2013年版。

韩国政商纪事

1

1992年10月3日,韩国大财阀、浦项制铁掌门人朴泰俊,携已故总统朴正熙的一双儿女来到铜雀洞国立墓地,拜祭这位褒贬不一的前国家领导人的亡灵。

朴泰俊泣不成声地说:向阁下报告,奉您之命,我花了30多年时间,完成了制铁立国的任务。

30多年前,陆军少将朴泰俊接到命令,从英国出差途中归国,率领39名退役军人组成创业队伍,在庆尚北道的浦项小渔村开始建设浦项钢铁厂,而这39名退伍军人甚至连高炉都没见过。到了20世纪90年代末期,浦项制铁已雄居世界第一大钢铁企业。根据世界钢铁协会统计,1998年浦项制铁钢铁产量2 558万吨,首次超过日本,排名世界第一。

与浦项制铁类似,韩国排在前列的大财阀,如三星、现代、大宇、LG、SK、双龙、韩进等,全是在朴正熙的铁腕之下成长壮大起来的。没有朴正熙,就没有韩国财阀,没有韩国财阀,就没有韩国经济腾飞的"汉江奇迹"。

但是,鲜有人注意,在朴正熙背后,还另有一只翻云覆雨的手。

2

1979年夏,太平洋的风不停地吹,给朝鲜半岛带去高温和多雨,闷热的大地蒸发出怨怒之气,让朴正熙统治下的韩国处在风雨飘摇之中。

　　自从通过军事政变上台,朴正熙这个强人通过修改宪法把权柄死死抓在自己手里,并利用分化、瓦解等手段,使在野党长期陷入分裂、混乱的状态。谁料,1978年12月的国会选举中,推崇"革新"的新民党一举拿下32.8%的选票,超过了朴正熙的民主共和党。

　　新民党总裁金泳三,人称"笑面虎",长着一副笑眯眯的娃娃脸,却精明能干。他一坐上新民党总裁的位置,便立即聘请知名反朴人士金大中为顾问。金大中相貌堂堂,脸上常常风轻云淡,挂着标志性的浅笑,唯有那如电的目光在波澜不惊中让人感到心颤。此人是个硬骨头,在1971年的总统大选中,跟独揽大权的朴正熙正面硬刚,最后仅以90万票的微弱之差败北,差点将以大规模舞弊手段谋求连任的朴正熙拉下马,虽败犹荣,一战成名。

　　二金联合,其意甚明。

　　在强人朴正熙眼中,金泳三和金大中不过是毛头小子,二人联合起来虽不好对付,但想跟自己这个玩弄权术的祖师爷叫板还嫩了点。他真正为之忌惮和恐惧的,是二金背后的那股强大势力——美国。

　　美国总统卡特上台后,为适应东北亚战略需要,亟须改善对朝鲜的政策,敦促朴正熙恢复"南北对话"。而朴正熙的如意算盘,则是将朝鲜妖魔化,震慑国民,从而加强自己的铁腕统治。

　　1979年6月,卡特趁参加东京七国首脑会议之际访问汉城,同朴正熙"摊牌"。在会谈中,卡特一再强调韩国在经济发展的同时,应保障在政治权利和人权方面也有所进步。一起参加会谈的美国国务卿将被关押的一百多名韩国"政治犯"名单交到朴正熙手中,要求将其全部释放。

　　朴正熙怒不可遏,态度蛮横地说:有关朝鲜半岛的问题是我们的内政,不能由你们说了算,美国不必关心韩国人权问题,还是管管你们自己的人权吧。

　　此次会面,卡特与朴正熙谈了十多分钟,因人权问题吵得面红耳赤,不欢而散。

　　与朴正熙吵完架后,卡特按原计划在美军基地过夜。第二天,他去汉城明洞天主教堂做礼拜,并会见了著名的反朴宗教人士。之后在大批特工守卫下,同新民党总裁金泳三密谈了一个多小时。

回到美国后,美国那些大嘴媒体,将卡特会晤金泳三的事情嚷嚷得天下皆知。更绝的是,在大大小小的美国报纸上,卡特会晤金泳三的照片比卡特同朴正熙会谈的照片大得多。

朴正熙知悉后,怒发冲冠,咬碎银牙。不只是这件事,他执政将近20年,虽号称铁腕,却一直在受美国盟友的鸟气,大小事都得看人脸色。

1964年,朴正熙出访西德,被西德世界第一流的高速公路震得合不拢嘴。回国后,朴正熙心心念念地要修一条连接汉城和釜山的高速公路。为此,朴正熙请来美国盟友把脉,全美公路建设协会会长率领一队建筑专家来到韩国,开始对汉城至釜山一线进行考察,研究修路的可能性。

美国专家历时半月,沿着走牛车的土路,对韩国进行了地形地貌的分析,在此期间,朴正熙好吃好喝地招待着他们。最后,美国人得出了一个否定性的结论:韩国没必要修高速公路。

美国会长带着轻蔑的口气说道:尊敬的总统先生,我们考察团从汉城到釜山,又从釜山回到汉城,发现在这条路上每天平均只能见到17辆汽车,请问,在这个国家有什么必要修一条世界等级的高速公路呢?

听罢此言,朴正熙长时间沉默,泪水忽然夺眶而出,一滴两滴,落在手中的报告书上,他瘦小的身躯晃了两下,缓缓从座位上站了起来,他直面美国人,一字一句地说:会长先生,请原谅,我只想对您说一句话,相信我,我们这个国家不会永远这样下去的。

1964年12月10日,为完成修高速公路的伟愿,朴正熙夫妇去德国找贷款,抽空去了趟鲁尔地区的煤矿,慰问在当地务工的韩国矿工和护士。朴正熙动情地说,即使我们自己无法看到,也要为子孙后代打下繁荣的根基。

朴正熙的讲话多次被哭声打断,一屋子韩国人,包括在场的矿工、护士、大小随从、总统和总统夫人在内,全都哭得稀里哗啦。

三年后,朴正熙在第二个五年计划中加上了京釜高速公路,疯狂投入430亿韩元,那一年,整个韩国的财政预算才400亿韩元。此举可谓倾国家之力,进行大冒险般的豪赌。

京釜高速公路开通后,自然不能再走驴车马车,随着这条经济大动脉被打通,以财阀为主体的韩国经济,开始发了狂般野蛮生长,命运坎坷的韩国人血液里的民族狂傲因子被充分释放出来。

1974年,现代掌门人、大财阀郑周永投资1亿美元,建立了年产5.6万辆的汽车厂。两年后,现代生产的"福尼(小马)"小轿车出口到世界各地。当时,《韩国画报》上登过这样一幅照片:在美国的高速公路上,一位鬓发斑白的韩国老人抚摸着小马汽车,泪流满面。

曾靠美国援助勉强过活的韩国人,将自己造的汽车开上了美国高速公路,其意义已超过了汽车本身。朴正熙之所以铆足了劲搞经济,提升国力,其中一个原因,就是渴望有朝一日能走出内心的一个阴影,这个阴影不是别的,正是美国。

1961年,肯尼迪政府上台后,采纳了美国参议院提出的"坤仑报告",该报告指出,美国在李承晚之后,扶植的张勉政府软弱无能,在一浪接一浪的游行示威中摇摇欲坠,必须重新扶植一个更强有力的军人政府。

肯尼迪将这个计划交给当时的中央情报局局长杜勒斯执行,杜勒斯接到任务,不敢怠慢,立即同中央情报局韩国分部的手下,一起物色新的铁腕人物。

时势造枭雄,就在这个节骨眼上,朴正熙进入了美国人的视线。这个野心勃勃的少壮派军官,早在1960年就开始伙同他的侄女婿金钟泌等人秘密策划军事政变。很快,这伙年轻的野心家就跟美国中央情报局挂上了钩,并在后者的操纵下,一步步在军队里扩充势力,发展组织。在此期间,朴正熙还亲自出面,拉拢汉城光明印刷所经理李学洙,准备印刷政变成功后的布告和檄文。

1961年5月14日,各政变部队负责人在汉城莱水洞聚头,决定在5月16日零点以"烽火作战"为代号,佯装演习,调动部队实行政变,预定三点攻克汉城。商定之后,朴正熙把手中酒杯一摔:不成功便成仁。

约定的日子到了,凌晨三点钟,枪炮声划破汉城,朴正熙、金钟泌等人率领6 000多名"敢死队成员",渡过汉江桥,开进市中心,占领了国会大厦和广播电台等要塞,清晨六点通过广播宣告政变成功。

"5·16"政变是美国中央情报局的"得意作品"。1964年,已经下台的中央情报局局长杜勒斯在英国广播电视节目中得意洋洋地说,在我任职期间,美国中央情报局干得最漂亮的一件事,就是成功策划韩国军事政变。

坐上总统的位置后,朴正熙不敢有一刻懈怠,带领国人,依靠美国援助的外资,在不到20年的时间里,把一个人均年收入只有82美元的贫穷国家硬是拖到了发达国家的门槛边上。

在内心深处，朴正熙明白，水能载舟，亦能覆舟。在美国人眼里，自己这个九五之尊的大头领，不过是可以更换的马匹。美国的政策不是一成不变的，而是建立在实用主义之上，每一届美国政府都有自己的打算。往日，自己这个铁腕军头儿是肯尼迪等人眼中的"良驹"，如今，却成了挥舞着"民主人权"大棒的新任总统卡特眼中的"劣马"。

天要下雨，娘要嫁人，美国佬要"换马"。公元1979年，青瓦台山雨欲来，朴正熙危在旦夕。

3

朴正熙得以维持铁腕统治，有四大支柱：韩国中央情报部、陆军参谋部、青瓦台秘书室以及总统警卫室。

中央情报部是朴正熙的耳目，手眼通天，行事诡秘，类似电影里的007，明朝的东厂西厂。陆军参谋部代表军方，是朴正熙的枪杆子，也是命根子。青瓦台秘书室是朴正熙的智囊团，此间多谋士，负责出谋划策。总统警卫室则平平无奇，其本职工作就是保卫总统的安全，无权干政，警卫室的头头儿充其量就是个大内高手，青瓦台保镖。

但恰恰就是这个平平无奇的总统警卫室出了幺蛾子，搞出一系列多米诺骨牌效应，最后竟导致朴正熙横死。

1974年8月14日，旅日朝鲜人文世光枪击朴正熙不中，却打死了他的妻子陆英修。陆英修死后，朴正熙一气之下，踢走了原来的总统贴身侍卫长朴锺圭，起用了一个叫车智澈的人。这个车智澈是个大老粗军痞，有那么点天生神力，更习得一手好枪法，二三十人近不了身，很快得到了朴正熙的信任。

车智澈虽是军痞，却粗中有细，他为获得朴正熙宠爱，可谓绞尽脑汁，除了负责保镖的职责，甚至还担当起一部分总统夫人的工作。朴正熙喜欢半夜饮酒，陆英修在世时，每夜都预备丰盛酒菜，等待其归来。陆英修香消玉殒后，五大三粗的车智澈立马顶上，每到夜里他便溜进厨房，搞东搞西，又是可口可乐又是生鱼片，凡是朴正熙爱吃的想吃的，他都会想尽办法呈上饭桌。

冬去春来，一晃四载。车智澈这个抓住朴正熙的胃的男人，也得到了朴的欢心。他渐渐不满足于"内廷"的身份，决心插手政治，除掉其他三大要害部门大佬：青瓦台秘书室室长金正濂、陆军参谋长郑升和、中央情报部部长金载圭。

佞臣车智澈恃宠而骄，重磅出击，几次进言，将当了八年总统秘书长的金正濂赶出青瓦台，接替者金桂元是个文人，优柔寡断，四平八稳，对车智澈敢怒不敢言。

处理完金正濂，1978年冬车智澈又将触手伸向军部大佬郑升和。郑升和曾为"白骨团"团长，在朝鲜战争期间鸡飞狗跳，嚣张一时，白骨团后来被我志愿军部队歼灭。郑是个儒将，博览群书，尤其爱钻研军事历史方面的典籍。

谁料，这个身经百战的将领，却不敌朝中佞臣，车智澈虎口拔牙，在朴正熙支持下，打击了郑的势力，一举拿下卫成部队、空降特种部队、首都警备部队三大要塞军队的指挥权，让这个久经沙场的郑大将军哑巴吃黄连，空自横槊，赋不出诗。

在通往权力宝座的不归路上，车智澈先生连下两城，骄矜之色溢于言表，当真是眼前道路无经纬，如今横在他面前的就剩下一个金载圭。

金载圭不同于金正濂和郑升和，另有一番风味，此人是朴正熙的同乡兼同学，深受朴的器重，又因担任情报部部长一职，跟美国那头眉来眼去，明修栈道，暗度陈仓。自从卡特总统跟朴正熙摊牌后，金载圭逐渐倾向美国的主张，认为韩国应改善同朝鲜的关系，乃至顺应潮流，改善人权，实行民主。

仗着自己是朴正熙的发小，金载圭向朴进谏时，直来直去，口无遮拦，有时候还顺嘴把朴不为人知的小名喊出来，让后者大为尴尬，金正圭却我行我素，以为这样显得自己跟总统"铁"。

车智澈成为大红人后，将朴正熙与文武政要隔离开，任何人要见朴正熙，都得先通过车智澈。金正圭大吃起醋，恨不得除之而后快。

看着自己的几个人争风吃醋，朴正熙暗自得意。精明如他，岂能被车智澈这个佞臣蒙蔽，不过是顺水推舟，拉一派打一派，借车智澈这把刀，铲除不那么听话的老人，换上唯命是从的"新鲜血液"罢了。执政十八载，朴正熙换了八个总理、十三个内务部长、八个中央情报部部长、十个陆军参谋长。

这一次，他的"下课名单"上，金载圭三个字赫然在列。

金载圭这边，似乎预见到了自己"狡兔死走狗烹"的悲剧命运，他犹如困兽，百爪挠心,狼奔豕突,想要撞开一条生路。忽然之间,他想到美国国防部部长布朗透露出的想"换马"的暗示,一个极为大胆的想法占据了他的脑海,从此便挥之不去。

很快,朴正熙也上了金正圭的"名单",只不过这个名单不是"下课名单",而是"死亡名单"。

4

1979年10月26日16:00,金载圭接到电话,电话里传来车智澈的声音:金部长吗?今晚总统阁下要在宫井洞餐厅和您共进晚餐,请您准备。

金载圭放下话筒,目露凶光。

16:30,金载圭来到宫井洞饭店,该饭店为二层建筑,底层设有餐厅,二层设有金载圭的办公室和寝室。金载圭来到二层办公室,从保险柜取出一把西德制"尤尔塔"七连发32口径手枪,将子弹一颗一颗压进弹仓,拉开枪身,推子弹上膛,检查无误后,将其藏在书架后面。

朴正熙每次办完公务,身心俱疲时,便来到中央情报部的宫井洞潇洒一番,已成惯例。

18:05,朴正熙、车智澈一行抵达宫井洞,金载圭和金桂元出迎,共赴良辰美景。餐厅里有地暖,地板上按朝鲜风俗,铺有各色油纸。中间摆一张长桌,桌上尽是美食,韩式火锅、烤牛肉、泡菜、明太鱼干、豆芽汤、生鱼片。此外,还有几瓶威士忌,几盒"船"牌高级香烟。

朴正熙等人纷纷落座,喝酒谈天。

19:35,金载圭借口离席,快步来到二楼办公室,从书架后面取出手枪,将其插入腰间,以外衣遮掩,然后返身下楼,重回酒局。金载圭坐稳后,佯装醉酒,突然向朴正熙说,阁下搞政治要顾全大局呀,您带着这种废物搞政治,能搞得好吗?

话未落地,金载圭就抽出手枪,给了车智澈一枪,然后又站起来,将枪口指向朴正熙,只听一声巨响,子弹呼啸,贯胸而出。朴正熙扑倒在地,鲜血如泉涌。

金载圭将朴正熙击倒后,再次扣动扳机,朝着逃向厕所的车智澈开枪,谁料手枪突然卡壳。就在这时,餐厅里的灯全部熄灭,金载圭见状,慌忙跑出餐厅,找手下拿枪。黑暗里,惨叫声不绝,没过多久,电灯又一下子亮了起来。原来,锅炉房的工人听到枪响,以为电线串线,将电闸拉开后又合上了。

躲进厕所的车智澈,见餐厅内没动静,以为金载圭已经离去,便从厕所往外跑,一边跑一边呼叫警卫员。谁料,他刚跑到餐桌前,就碰到了拿到新枪的金载圭,金载圭举枪射击,正中车智澈腹部。金载圭绕过餐桌,发现朴正熙还没咽气,遂用枪抵住后者的头部。

一声枪响过后,潘多拉魔盒开启,韩国的历史走向被彻底改写。

5

朴正熙被刺杀不久,青瓦台高层召开紧急会议,由总理崔圭夏主持,地点设在国防部长卢载铉的办公室,内阁各部长都有参加。

金载圭声称事态紧急,要求颁布戒严令,崔圭夏和各部长则强调宣布戒严必须有足够理由,以此逼金载圭说出朴正熙被刺经过及主谋。金载圭一拍大腿,豁了出去,大声喊道,总统是我杀的,我背后有美国!

散会之后,国防部长卢载铉私下找来陆军参谋总长郑升和商议,两个枪杆子观点雷同,金载圭枪杀总统,兹事体大,无论有何理由,必须先将其逮捕,再作打算。

执行逮捕命令的是陆军保安司令全斗焕。

全斗焕出身贫苦农家,有兄弟姐妹 9 人,其父全相禹在全斗焕 9 岁时,为改善生活,举家迁往中国吉林省,垦荒耕作 3 年,生活未见起色,又返回韩国,定居大邱。全相禹对汉学素有研究,为维持家计,在大邱充当"汉医",并将全斗焕送进大邱市的喜道国小读 4 年级。全斗焕每天上学,十分辛苦,需徒步往返 20 千米。

1952 年,全斗焕进入大邱市的 4 年制陆军军校,正赶上朝鲜战争,物资缺乏,每日三餐只是杂粮饭、豆芽汤以及泡菜。从军校毕业后,全斗焕被派为少尉排长,开始了"炒排骨"的生涯。1959 年,全斗焕结婚,婚后生活依旧拮据,以至于他的妻子不得不替人纺织赚取家用。

国家没前途,个人无出路。全斗焕的青年时代,韩国哀鸿一片,自从 1945 年脱离日本殖民统治后,其内政一直受外力操控,不得自决。当时,韩国家喻户晓的一句流行语就是:美国不可信,勿为俄所骗,日本会再来。

朴正熙上台后,韩国的国运和全斗焕的个人命运都得到了转变。韩国从一穷二白走向繁荣富裕,全斗焕则受朴青睐,从"炒排骨"开始,一步步走进青瓦台,官至陆军保安司令。可以这么说,在全斗焕眼中,朴正熙就是天神一般的人物,代表了"绝对真理"。每当美国以民主、人权为大棒,向朴正熙施压时,全斗焕都看在眼里,感同身受。

朴正熙被刺当晚,全斗焕未经批准,私自召集车智澈的嫡系部队头目全成钰、陆军九师师长卢泰愚、二十六师师长裴贞道等,在陆军本部另立临时指挥所,监视着郑升和、卢载铉等人,一有风吹草动,就准备调兵遣将,入王城戡乱。

全斗焕的目的有二:一是为朴正熙报仇雪恨,以防金载圭外通美国,内勾军部,先声夺人;二是全斗焕将自己视作继承朴的衣钵的不二人选。

1979年12月12日,全斗焕调动一支武装部队突袭了郑升和官邸,与此同时,调遣首都军和卢泰愚的第九师进入汉城。13日凌晨,这股虎狼之师包围了总统府、国务大厦等政府官邸,控制了广播电台和报社。他们在市中心配备了五六十辆坦克、装甲车和十几门野炮,以防备郑升和部队的反扑。

仿佛1961年的"5·16"政变重演,只不过这一次的主角不是朴正熙,而是他的"徒弟"全斗焕。全斗焕"照抄"朴正熙的作业,得了个满分。

消息传到华盛顿,美国政府大为不满,卡特立即宣布驻韩美军进入戒备状态。美国国务院发言人声称,韩国军方采取任何破坏民主程序的行动,都将会严重影响美韩关系。12月13日,美国大使格莱斯会见韩国军政要员,向他们转达了卡特政府的警告,并前往总统官邸会见崔圭夏,提出撤换全斗焕的要求。

全斗焕也不是省油的灯,他们掌握了郑升和等实力人物与金载圭案有牵连的全部材料,以此向美国据理力争:我们不经美国同意,私自调动军队是不对的,但是你们也要想一想,如果在美国发生枪击总统事件,要不要抓凶手?要不要逮捕与凶手有直接牵连的人?

这一问,把美国问得无言以对,只好默认既成事实。

6

1979年12月4日,戒严司令部军事法庭开始公审金载圭等人。在全斗焕眼中,这不过是走走过场罢了,杀人偿命,欠债还钱,何况这个金贼杀的不是一般人,而是带领韩国飞速发展、一日千里的朴正熙。

现实证明,全斗焕只是一厢情愿。

法庭宣布公审后,韩国各地的律师精英纷纷涌进汉城,自愿报名免费辩护。最后,确定了31名律师,其中专门替金载圭辩护的律师就多达21名。这在韩国历史上从未有过。

下午2:00,审讯开始,金载圭按照律师要求,谈及韩国同美国的关系时,军方发出一连串警告,律师们不甘示弱,提出抗议。就在这时,军方在旁听席安插的特务趁乱大声起哄,要将律师们赶出门外,审讯现场陷入一片混乱。

全斗焕眼看公审难以进行下去,遂不顾法律程序,在12月20日指使汉城军事法庭,仅用19分钟时间就宣读完了对金载圭、金桂元、朴善浩、刘锡述等8人的判决书,除刘锡述判处三年有期徒刑外,其余7人均被判处死刑。

1980年3月中旬,日本一家杂志刊登了军事法庭对金载圭秘密审讯时,律师同金载圭一问一答的录音全文。该录音是金载圭方面的人在审讯室安装窃听器秘密录制而成的。在录音中,金载圭淡化了他跟车智澈为争宠而进行的"宫斗",把自己的刺杀行为说成是为了开启自由和民主。

眼看"民主斗士"金载圭岌岌可危,韩国各大城市的学生纷纷在大学里征集签名,要求刀下留人,金大中、金泳三等在野党领袖也齐齐亮相,站在风口浪尖,开始了他们真诚的表演。这些人向政府请愿,强调"金载圭刺朴"是人民反抗独裁政权的继续,反对当局把这次事件只当作刺杀总统案来处理。在群情激愤之下,韩国的3 500多名修女也按捺不住,发出正义的呼声,为反对给金载圭等人处以极刑进行虔诚的祈祷。

群众的呼声让全斗焕感到极度错愕,一个普通人被谋杀了,法律尚且能为他伸张正义,一国总统被刺杀,惩治凶手却如此之难。不但如此,那个凶手喊几句"民主自由"的口号,就能颠倒黑白,成为众人眼中的英雄好汉。他暗暗打定了主意,紧握枪杆子,不管付出什么代价,也要为朴正熙报仇雪恨。

5月17日,全斗焕颁布"非常戒严令",宣布停止一切政治活动,关闭所有大学院校,逮捕学生领袖金大中。

全斗焕此举无异于火上浇油。就在颁布非常戒严令的当晚,金大中的家乡光州市3万多名学生举行火炬游行,示威群众用石块、钢管、棍棒、燃烧瓶、刀子等武器,同全副武装的军警作战。

5月20日,光州市倾城出动,光州附近的农民以及大批汉城学生赶来支援,示威群众打开军械库,夺取大量武器,向前来镇压的伞兵部队还击,21日,愤怒的人群抬着死去的人的尸体上街游行,从高楼上架起机枪向军警扫射。当晚,全斗焕的"防暴警察"被迫撤到市郊。

军头全斗焕濒临疯狂,于5月24日,下令绞死金载圭等人,转头就去镇压光州的民众。27日清晨,全斗焕的特战队和二十师等17 000多名士兵以及120辆坦克,数百辆装甲车,几百门重炮,甚至导弹,向光州开始了总攻。据说,为了尽快"解决问题",部队的长官们给饿了两天的特战队员喝放有兴奋剂的酒,刺激起他们的野性,然后驱使他们进城"平叛"。

刀光剑影,血肉横飞,"问题"得以解决。

1996年汉城地方法院的调查公布,光州事件实际死亡人数为200余人,伤者2 000余人。

踏着白森森的尸骨,全斗焕踏上了通往青瓦台最顶端的青云路。

2 000多年前,中国西汉史学家刘向编订的《战国策》中,用"天子之怒"和"布衣之怒",记载了政治斗争的残酷。唐雎面见秦王,为国家利益据理力争,惹怒秦王。秦王问,你听说过天子之怒吗?唐雎答,没听过。秦王杀气腾腾地说,"天子之怒,伏尸百万,流血千里"。唐雎听罢,反问秦王,大王听说过布衣之怒吗?秦王轻蔑地说,布衣之怒,大概就是气得跳跳脚,用脑袋撞撞地吧。唐雎眼露凶光,回答道,那是庸夫之怒,"若士必怒,伏尸二人,流血五步,天下缟素"。说完,唐雎挺剑而起,就要跟秦王火并。

两千年过去,人类文明看似一日千里,实则进步有限。试看韩国当年事,金正圭刺杀朴正熙,全斗焕喋血光州,岂不又是"天子之怒"和"布衣之怒"的重演?

自朴正熙开始,韩国历届总统下场大多凄惨,或横死,或坐牢,或自杀,此现象被称为"青瓦台魔咒"。

7

尼采说,最近的路程,是从顶峰到顶峰,但有个前提——你必须有一双长腿。

在历史的角落,几个拥有"长腿"的人物,风尘仆仆地走在红尘路上,未来的日子,他们将脱颖而出,在韩国政坛翻江倒海,同时也将宿命般地陷入"青瓦台魔咒"。

1991年9月17日,朝鲜半岛上两个独立的政治实体——大韩民国和朝鲜民主主义人民共和国同时加入联合国。时任韩国总统的卢泰愚走上联合国讲坛发表讲话,展示了韩国苦心孤诣几十年达成的奇迹般的经济成就。

就在同一天晚上,卢泰愚出席旅美韩人招待会,风格为之一变,跟白天的他判若两人。没有文采华美的演讲稿,没有滔滔不绝的口才,卢泰愚对着麦克风,长吸一口气,沉默半晌,用沙哑凄凉的语调说道:

各位父老乡亲,我,大韩民国总统,谨向各位同胞报告两件事:一是现在你们所有的家乡人都能吃饱饭了;二是你们所有家乡的孩子们都能上得起学了。请各位有机会回家乡去看一看!

卢泰愚说完,现场一片沉寂,没有欢呼,没有掌声。

忽然,台下隐约传出哽咽,一声声抽泣,由低转高,没过多久,五星级酒店的宴会厅内响起了抑制不住的哭声。军人出身的大统领卢泰愚,也忍不住真情流露,湿了眼眶,仿佛将积蓄了一生的委屈和愁苦,瞬间迸发出来。

这个画面似曾相识,20多年前朴正熙、陆英修夫妇在德国鲁尔地区接见当地韩籍矿工。朴动情地说,即使我们自己无法看到,也要为子孙后代打下繁荣的根基。

如今,韩国经济腾飞,那个为之打下根基的人,却成了许多追求民主自由的年轻人心中所鄙夷的"独夫民贼"。

当然,也不尽如此。

在韩国纪录片《总统小姐》中,一对老夫妻开了家饮食店,经营传统吃食,有泡菜,有冷面,有烧烤,还有朝鲜特色的"串串香"。

饭店不大,有七八张圆桌,墙上挂着前总统朴正熙和夫人陆英修的老照片,以及从杂志报纸上剪裁下来的新闻报道。老板娘透露,他们为这些照片,受了太多委屈,许多年轻食客,不分青红皂白,上来就骂,为什么要贴独裁者照片?

对于这些指责,他们左耳进右耳出,店老板放话,绝不撤照片,不爱看就别来。老板娘的表态较为温婉,但更加坚定:我们能有现在的生活,全赖这人,一想到此,无论谁让我们撤照片,我们都不会答应。

最令他们珍视的照片,在墙壁右上角,已斑驳泛黄。这是一张全家福,朴正熙和陆英修端坐两侧,中间是他们的三个子女:槿惠、槿令、志晚。

参考书目:

1. 张植荣主编:《从总统到囚徒:卢泰愚、全斗焕案始末》,海南出版社1996年版。

2. [韩]金正濂著:《韩国经济腾飞的奥秘——"汉江奇迹"与朴正熙》,张可喜译,新华出版社1993年版。

3. [韩]李度晟著:《全斗焕兵变青瓦台》,于美华译,时事出版社1997年版。

4. 金镇基、董伟康、刘鸿蕭编著:《朴正熙血溅宫井洞——南朝鲜政局变乱纪实》,时事出版社1980年版。

5. [韩]卢武铉著:《韩国的希望 卢武铉的梦》,李艳、赵恺译,哈尔滨出版社2003年版。

6. 黄兆群著:《韩国六大总统》,人民出版社2004年版。

下篇　商业风云篇

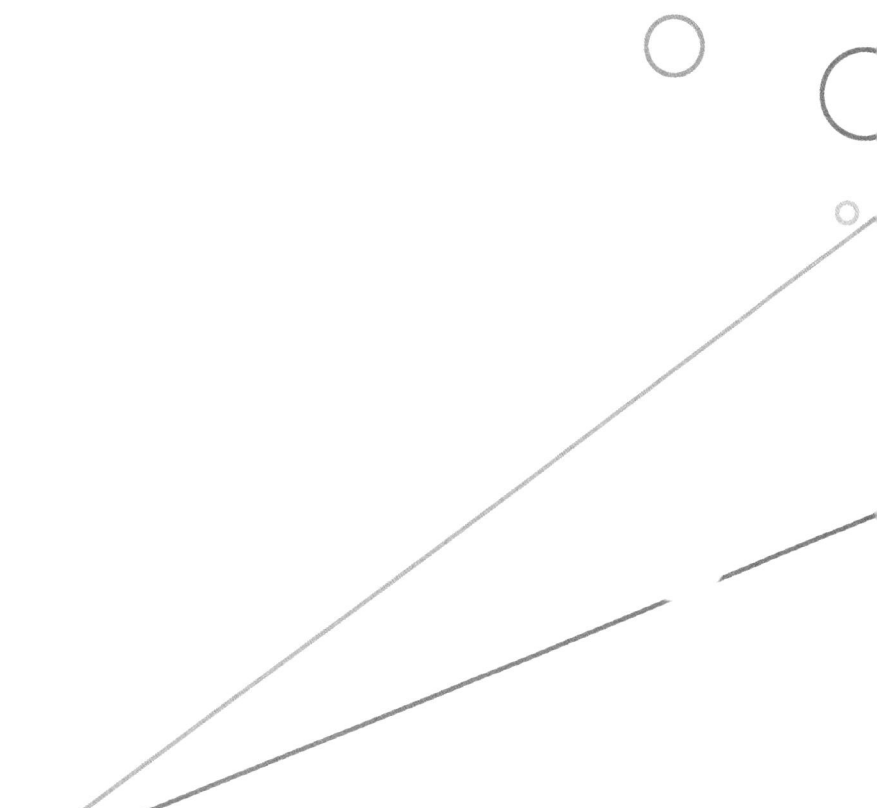

俞敏洪翻过山丘

1

1987年,俞敏洪在北大做教书匠,当时正赶上出国热,俞敏洪身边的同学朋友,一个接一个出国,让他艳羡不已。

俞敏洪紧跟潮流,复习两个月,托福考了673分,GRE考了700分,联系了二三十所美国大学,跃跃欲试,一心要走出国门。万事俱备,只欠东风,东风是什么?是钱。

为搞到留学经费,俞敏洪到一些教培机构教托福和GRE,每月竟有了一两千元收入,比北大工资高出十倍。俞敏洪觉得,若我自己办班赚得会更多,遂在北大成立了一个托福培训班,很快就有二三十个学生报名。

北大也有托福培训班,俞敏洪等于挖学校墙脚,另外,他没有证照,属于"流窜作案"。北大领导找到俞敏洪,说了很难听的话,双方发生冲突,俞敏洪被记了行政处分,其"光荣事迹"被贴在北大著名的三角地,贴了整整一个月,还用高音喇叭播了一星期。

被学校处分后,俞敏洪倒了霉,分房没他份儿,北大派人出国进修也轮不到他。

1990年,俞敏洪提交了辞职报告,用一辆三轮车拉上所有家当,离开了北大,在一个叫六郎庄的地方,向当地老农租了间房子。

2

俞敏洪发现,学英语的热潮来了,许多学生为出国迫切需要通过托福和GRE。这两个考试难度较大,尤其是GRE,整个北大也没有几个老师愿意教,因它有个基本要求——具备英文词汇量两万。上大学时,俞敏洪因肺结核,在医院躺了一年,无事可做,便玩命背单词,北大毕业时,俞敏洪掌握的词汇量已接近两万。

说干就干,俞敏洪在中关村二小租了间房子,做招生之用,那房子极破,20来平方米,下雨都会漏。有的学生跑来报名,一看见招生场所,便扭头就走。

俞敏洪四处张贴招生广告,无孔不入,甚至特意将招生广告贴在性病广告旁边以求流量加持,但报名者还是寥寥无几。无奈之下,俞敏洪搞起了免费试听,他将试听地点设在中关村二小的操场,由于没有音响设备,只能扯着脖子喊,一堂试听课下来,大概会有十几个人报名。

因为学生少,俞敏洪时间就多,有学生跟他说话,他就天南地北聊起来,有时聊得高兴还会请学生吃夜宵。在这个过程中,俞敏洪发现,学生们对那种带点幽默和励志的聊天风格很受用,便刻意往这个方向靠。

这样干了一段时间后,俞敏洪已小有名气,北大、清华、人大、北师大的学生都知道有个叫俞敏洪的家伙在搞托福GRE培训,课讲得不赖,还会"扯淡"。

随着报名上课的人越来越多,中关村二小的教室不够用了,俞敏洪联系北大电教中心,租用了可容纳80人的教室。本以为小班变大班,学生会有意见,谁料,他们不但没有怨言,积极性反而更高,俞敏洪见状,使尽浑身解数,上大课,讲段子,卖课也卖笑。

慕名而来买笑的学生越来越多,一个班变两个,两个班变四个,面对这甜蜜包袱,俞敏洪分身乏术,只得再雇老师。除了开的班越来越多,课也越开越大,有一次,他租了北大化学楼的一个300人教室,开课时却挤进来500人,有的学生干脆坐在台阶上,脑袋发热,屁股冰凉。

见此情景,俞敏洪会心一笑,再招生时,便有了身段,提前打好招呼,来我这上课,就这样的环境,没有桌子,只有一把椅子,有时可能连椅子也没有,只能坐在台阶上。

虽然雇了老师,但只要有时间,俞敏洪还是尽量自己出马,因为不用给自己发工资,省下钱可以扩大再生产。

俞敏洪怕别的老师反水,自己什么课都备,确保自己是学生眼中"做饭"最香的头号大厨,既是大厨,又是老板,那就稳了。

只有一门课,俞敏洪教不了,就是GRE数学逻辑,所以专门请了个高人。干了半年后,高人要求加钱,说得头头是道,俞老师,你看别的课你都能教,只有我这门课你教不了,其他老师也教不了,你是不是应该给我加点钱?俞敏洪说,你想加多少?对方回答,这个班四分之一的收入归我就行。俞敏洪一盘算,给他加了钱,别的老师肯定也要加钱,这钱不能加。

"加钱哥"加钱未果,直接不去上课,俞敏洪只得把学费退给学生。他痛定思痛,若不让"大厨"造反,就得多配几个,搞点制衡。这件事过后,俞敏洪每门课都配了两三位老师,GRE数学逻辑课配了四五位。

除了制衡的重要性,俞敏洪还悟到一个关键点:掌握了优秀老师,就掌握了一切。

领悟到这点后,俞敏洪给老师的工资翻番,同时以自己的幽默励志风格,对他们进行培训,专业课不灵光,尚可通过努力补救,若学不会讲段子,玩点幽默,便得扫地出门了,为此,很多北大来的老师都被炒了鱿鱼。

3

搞培训学校,必须要有办学许可证。

按照当时规定,只要大学教授联名申请,就能获得审批。俞敏洪瞄上了一所叫作"东方大学"的培训机构,该培训机构由中国人民大学几位教授创办,主要做点自学考试辅导,并没有外语培训。俞敏洪找到这几位老教授,提出合作办学,搞外语培训。老教授们说,我们没有外语培训经验,许可证你可以拿去用,只要出一个利益分配方案就行。

俞敏洪说,东方大学的外语培训我来办,总收入的25%分给你们,行不行?听了俞敏洪的建议,老教授们露出慈祥的微笑。

借助老教授的办学许可证,俞敏洪马不停蹄,吭哧吭哧干了几年,到1993年时,培训班收入已达六七百万元,按照达成的协议,要给啥都不干、坐享其成的老教授们分出一百多万元,俞敏洪忍不住肉疼。

为长远之计,俞敏洪暗下决心,一定要搞到属于自己的办学许可证。

俞敏洪跑到海淀区成人教育局,申请办学许可证,结果吃了个闭门羹,被告知绝不可能。俞敏洪决定死磕,每过一两个星期,便到教育局跟他们聊天,跑了半年左右,他们对俞敏洪说,俞老师,你不是想拿办学许可证吗?我们看你帮东方大学干了那么长时间,也没出啥事,如果你愿意拿办学许可证的话,我们还是可以帮忙的。

俞敏洪喜出望外,像教堂婚礼宣誓那般,羞涩而坚定地说了句:我愿意。教育局的人继续说,拿办学证需要满足两个条件,第一个条件我们可以宽松一点,你是北大的老师,相当于其他大学的副教授,这条可以算过了。但第二条原单位证明是必须拿来的。

听了这话,俞敏洪如冰水浇透,让他去求北大,那可太难了。教育局的人又给他指了条道儿,去找存放户口档案的地方。

20世纪八九十年代,北京有许多人从原单位辞职下海,为此专门成立了一个存放档案的地方——人才交流中心。若人才交流中心愿意为俞敏洪出允许办学的证明,那么教育局也会认。

来到人才交流中心,俞敏洪碰了一鼻子灰,对方拒绝开具证明,理由是怕他行骗。俞敏洪第二天又来,门口碰到一个女孩,女孩笑着打招呼,俞老师,你在这儿干什么?俞敏洪呆了,你认识我?女孩笑笑说,我就在你的托福班上课。

在女孩的帮助下,俞敏洪拿到了人才中心出具的证明。

1993年11月16日,俞敏洪有了办学许可证,那天狂风大作,将马路边掉落的杨树叶吹得漫天飞舞,俞敏洪骑着自行车,心里暖洋洋的。

俞敏洪约老教授们摊牌,以后我有证了,不能再给25%的分成。老教授们很失落,叹了口气,既然如此,咱们好聚好散,祝你办学更加成功。

由于东方大学外语培训部已经名声在外,俞敏洪前脚刚走,马上就有人跑到老教授那里,说这个名字我用,也给你们25%的分成。

俞敏洪得知后忙不迭又登门拜访,告诉老教授,他们那个外语培训未必能办起来,你们的 25% 分成能否拿到还是个问题,不如我每年给你们 20 万元把这个名称连续买断 3 年就不要再给别人用了。老教授们商量了下,再次露出慈祥的微笑……

自此,俞敏洪不再以东方大学外语培训部的名义招生,改了一个好记的新名号——新东方。

4

新东方的名头打响后,有的学生为报名,会通宵达旦排队,许多外地学生,晚上坐火车来上周末的课,周日再坐火车返回。

俞敏洪招生也有窍门,最早招的学生不是北大就是清华,紧接着跟进的就是复旦大学、同济大学、武汉大学、南京大学、南开大学等高校。报名的学霸越多,越容易教出高分,新东方先是出了一个托福考满分的,轰动一时,之后托福考满分的又出了五六个,接下来又出现了 GRE 满分、GAMT 满分。

新东方能教出满分,成了扩充生源的金字招牌,另一个金字招牌,就是打感动牌,俞敏洪最擅长的就是讲故事,把新东方初办时师资物质上的捉襟见肘,炮制成一个个励志故事,起到了化腐朽为神奇的效果。

为方便外地学生来北京新东方上课,俞敏洪决定开设住宿班,也许是为了培养学生们的吃苦意识(或者说是为了省钱),地址选在妙峰山脚下的四十七中,将这里的两栋废弃的楼改造成教室和宿舍。

整座宿舍楼,连一个洗手间都没有,俞敏洪在宿舍楼外搞了个简易厕所,类似传统农村的茅坑,没有隔板,"香"飘十里,学生们为听课咬牙忍了下来。有学生开玩笑,实在被熏得受不了,就会默念几遍新东方的那句名言:从绝望中寻找希望,人生终将辉煌。

后来宿舍楼不够用,俞敏洪那双闪光的小眼睛,瞄上了一座废弃古庙,据说是李莲英避暑的地方。这座古庙老宅是国家文物保护对象,俞敏洪特意征询了国家文物局的意见,文物局的人说,只要你们不动主结构,把里面隔成宿舍没问题。俞敏洪听罢,兴冲冲地对李莲英的大宅动手,隔出了几十间宿舍,可容纳 200 人左右。

新东方妙峰山的住宿班一办就是十几年，从1993年办到了2010年，那里有个叫安河村的村庄，村民们致富有招，为那些住不惯李莲英别墅的学生们建立了民租房。随着学生越来越多，村民的生意也越来越好，当俞敏洪将住宿班搬走时，村里的老百姓倍感失落，堵在路上，不让他们走。

因生意太好，新东方外语培训班全年运转，连过年都不歇业，大年三十、初一都要上课，俞敏洪跟住宿班的学生一起过年，包了好几年饺子，乃至连续十年，没有跟自己的家人过年。

说到家人，新东方一度颇似家族企业，俞敏洪的出发点还是省钱和高效，既然都是一家人，肉煮在一个锅里，就不用在薪酬和工时上计较了。俞敏洪的家族成员，进入新东方后，不需要以干够8小时来计算，每个人都不辞辛苦，从早上6点干到晚上12点，吃住都在一起，节省了大量成本。

这种家族模式，随着生意的发展壮大暴露出了巨大问题，导致新东方在很长一段时期内陷入混乱。很多时候，俞敏洪说的话，他母亲不听，他老婆也不听，同样，俞敏洪也不听他母亲和他老婆的话，彼此各自为政，搞得员工很迷茫。普通员工为了往上走或者单纯只是保住饭碗，必须得讨好每一个俞敏洪的家族成员。

由于俞敏洪带头这么搞，其他一些新东方高管也都有样学样，搞来一堆七大姑八大姨，整个新东方内部，鸡飞狗跳，仿佛一部宫斗大剧。

当任人唯亲的混乱发展到不得不解决时，新东方高层开了个会，决定"杯酒释兵权"。为照顾俞敏洪面子，几个合伙人说，必须让各个负责人的家族成员离开，但是老俞，你不一样，你毕竟是新东方的创始人，而且在一开始，你母亲、姐夫都已经在新东方干了，他们也不惹事，所以你的家族成员留几个在这儿，我们没有意见，但是其他人的家族成员都要走，一个不能留。

俞敏洪明白，若自己搞特殊化，必难以服众，于是快刀斩乱麻，用了大半年的时间，把自己的家族成员全部赶走了，包括他强势的母亲，为此，俞敏洪的母亲半年不给他做饭，觉得俞敏洪不是她的儿子。

5

1994年，新东方一年的总收入超过千万，就在这时，俞敏洪之前联系的一个美国大学,给他寄来了一份录取通知书。

西装笔挺的俞敏洪,将录取通知书拿在手中,看了又看,最后给它找了个优雅的归宿——垃圾桶。

一年后,俞敏洪出国了,不过不是去留学,而是找合伙人。

俞敏洪第一站是加拿大的温哥华。

俞敏洪出了海关,等了两小时,远远看到同学徐小平带着儿子来接他。俩人相见甚欢,聊了几嘴,俞敏洪惊奇地发现,徐小平在温哥华处于失业状态,那一年还没有信用卡,也没有美元支票,俞敏洪为了显摆,就换了1万美元现金带过去。

到了晚上,徐小平带俞敏洪去吃饭,地点选在一个商场里,车经过商场门口附近的停车位却没有停,转而驶向一个很远的停车位。俞敏洪一问,才知道在商场门口停车,需要两加元的停车费。俞敏洪暗想,看来徐小平的日子不好过。

两人聊天时,徐小平激情澎湃,给俞敏洪唱了几首自己作曲的歌,唱得他自己忍不住热泪盈眶。

俞敏洪问他,你的理想是什么?

徐小平说,我的理想是回国搞音乐,创立一家唱片公司。

俞敏洪接着问,你觉得开音乐公司要多少钱?

徐小平回答,大概需要30万元。

俞敏洪说,那今天就定了,我给你30万元。但我判断你这家音乐公司是赚不到钱的,如果你回去跟我一起做新东方的话,说不定能赚到更多的钱。

喜欢热泪盈眶的理想主义者徐小平一听,立即说道,能赚更多的钱当然好啦。

于是徐小平当晚就跟俞敏洪敲定了入伙新东方的事,随后,他还带着俞敏洪去了渥太华的舞厅,开了开眼界。

见识过渥太华的舞厅后,第二天,俞敏洪直飞波士顿,在那里他没有品尝龙虾,而是向朋友借了辆车,横穿波士顿,一直往南方开,经过哈佛大学、耶鲁大学、曼哈顿,最后到了另一个老同学王强所在的新泽西。

王强当时混得不错,在著名的贝尔实验室工作,俞敏洪向他介绍了新东方的发展情况,年收入千万元,利润也有百万元。

到了第二天,王强请俞敏洪去一家中餐馆吃饭,刚到饭馆,顾客来就有人站起来说,俞老师,您怎么过来了?王强吓了一跳,搞什么?这儿还有人认识你?俞敏洪微微一笑,作出一个云淡风轻的表情,说道,他们当初在我的托福班上课,现在来美国上学了嘛。吃完饭,两人又跑到普林斯顿大学校园散步,又有中国学生向俞敏洪打招呼。

王强心动了。

6

有了合伙人和更多人才的加盟,新东方的业务板块越来越多,规模也越做越大,金钱如潮,滚滚而来。午夜时分,几个合伙人喝啤酒撸串,突然灵光一闪,想了句口号,新东方要做出国留学的桥梁,归国创业的彩虹。

这个口号一出,新东方的励志故事又加上了一层家国情怀的光圈:新东方是帮助中国的孩子们出国深造,当他们学成归国,可以创造更加高精尖的科技成果为祖国做贡献。但现实的另一端,是有很大一批人在中国接受了最好的教育,出国留学只是为拿绿卡移民,造成了大量人才流失。

为探索新东方未来之路,俞敏洪等人请了王明夫的咨询团队,王明夫做的第一件事是了解新东方的财务状况。发现新东方年收入两三亿元,利润在 1 亿元左右,便建议他们上市。中国上市公司的平均市值是公司利润的 50～100 倍,只要新东方能上市,市值有望破 100 亿元。

咨询会过后,新东方所有高层欢呼雀跃,赶紧上市吧,若新东方真能值 100 亿元,哪怕分 1% 的股份,那也是 1 亿元。俞敏洪说,既然大家都想上市,那我们就沿着这个方向走吧。

当时的新东方是一所培训学校,不是公司,必须得成立一家公司,才能上市。俞敏洪等人起了一个"东方人"的名字,注册了公司,后来觉得别扭,但新东方因品牌不清晰,工商注册通不过,于是俞敏洪使出看家本领——死磕。去跟工商局反复磋商,说新东方已是一个很有名的教育品牌了,总公司的名称最好能跟下面学校名称一致,最后,工商局终于同意了,将"东方人"三个字改成了"新东方"。

注册好公司,接下来就是股权分配,对新东方有重大贡献的,一共有 11 个人,经磋商决定,俞敏洪拿 55% 的股份,同时从俞敏洪这 55% 的股份里取出 10%

留给后来人,剩下的 10 个人分其余 45% 的股份。

在新东方变革的这几年,大概是 2001 年到 2006 年,新东方高层一直吵个不停,矛盾不断,但奇怪的是,新东方的业务依然每年保持着百分之三四十的高速增长。

面对这种局面,俞敏洪开了个会,提出让位,辞去董事长一职,只当个纯粹的股东,董事长由王强担任,副董事长由徐小平担任,胡敏当总裁。

这么搞了几年,争吵依然不休,反而越演越烈,到了 2004 年初,新东方计划在美国上市,到了关键阶段,所有人都觉得还是得俞敏洪掌舵才踏实,又把他推上了董事长的位置。

得知新东方要在美国上市,美国著名的老虎基金找上门来,该基金在中国的总代理叫陈晓红,曾是俞敏洪的学生。老虎基金向新东方投了 3 000 万美元,等于在美国市场为新东方背书,当时新东方估值 3 亿美元,老虎基金占据新东方 10% 的股份,后来得到了几倍十几倍的回报。

2006 年 9 月 7 日,新东方在美国纽交所上市,俞敏洪等人登上敲钟台,只听一声鸣响,新东方成为在美国上市的第一家中国教育公司。

上市当晚,纽交所举办招待晚宴,所有人都喝醉了,俞敏洪红着脸,喷着酒气,在晚宴上畅谈新东方如何走向未来更大的辉煌。

晚宴过后,俞敏洪走到哈德逊河边,就着纽约夜色,望着满城灯火,在河边的椅子上默默坐了一个多钟头。

7

2012 年 7 月,美国的浑水公司抛出了一份调查报告,总共 90 多页,指责新东方财务数据造假、教学区造假、学生人数造假。

短短两天内,新东方股价大跌,从每股 20 多美元跌到了 9 美元,市值减少 60%。

浑水公司一向喜欢做空中国公司,其公司名称就是来自中国的一个成语——浑水摸鱼。该公司的盈利模式就是做空,他们深深明白,一旦公布调查报告,他们的"猎物"的股价就会惨烈下跌,趁着这个机会,浑水公司就能大捞特捞。

在这个节骨眼上,俞敏洪攒了个午饭局,邀请了一批企业家朋友,包括马云、柳传志、郭广昌等。吃饭的时候,俞敏洪讲了新东方面临的危机,席间有人说:老俞,你给我们说实话,浑水公司对你的指责到底是不是真的,我们充分相信你,如果是真的,你就告诉我们实情,我们一起帮你想办法;如果不是真的,我们就来买新东方股票,帮你把股价拉回来。

俞敏洪说,新东方从来不做假账,这是我的底线。

听完俞敏洪这句话,企业家们说,不用再讲了,喝酒吧。

当天晚上,大约有3亿美元的资金流入新东方的股票,只用了两日,就将新东方的股价拉回到12美元。

此后,新东方股价在最初上市的十年里,长期停留在20美元左右,直到2015年出现拐点,短时间内,攀升至80美元,2018年6月1日,新东方股价达到108.23美元,相比2014年,涨幅高达359%。

2016年4月23日,新东方股票逐渐上扬时,俞敏洪在中国企业家俱乐部十周年专场上,春风满面地说:

面向未来十年,阿里巴巴、腾讯、小米、乐视一定都在经济发展视野中,但百年以后,随着中国经济的发展和中国的昌盛,这些公司可能就不在了,百年以后巴巴阿里之类的会出现,什么东西能够保证中国的可持续发展呢?我认为只有两个字,就是教育,所以百年后新东方一定还会在。

俞敏洪在台上高谈阔论之时,坐在台下的马云一直摇头,俞敏洪发现后,问了一句,马云,你为什么一直摇头?你是觉得我说的不对吗?

马云回道,你犯了两个逻辑错误:第一个逻辑错误,十年以内阿里巴巴等公司未必在,可能三年内就不在了,现在没有一个互联网公司真正能红三年。第二个逻辑错误,教育在,新东方未必在,这是两码事,教育不等于新东方。

听了马云的回答,俞敏洪笑了笑,表情颇为尴尬。

2021年,中国"双减政策"落地,教培行业迎来时代巨变,新东方股价被打回原形,暴跌近90%,市值蒸发近2 000亿元人民币。

用一位风投人士的话说,这个赛道基本是废了。

8

2021年11月4日，俞敏洪在朋友圈转发了一篇文章，并写了段话：

教培时代结束，新东方把崭新的课桌椅捐给了乡村学校，已经捐献近八万套。

还有一件事，俞敏洪说，新东方账上现有200多亿元人民币，除非我不当董事长，不然这笔钱不能动。如果新东方倒闭了，这笔钱一是用于学生退款，二是用来遣散员工，绝不留下任何手尾。

一时之间，敬俞敏洪是条汉子的人突然暴增，遍布互联网。

在时代的涨潮和退潮中，俞敏洪躬身入局，体面退场，说句实在话，确实不容易。

我对新东方的励志文化一直不感冒，觉得那些演讲中说出来的情怀，都只是行之有效的商业手段而已，说穿了，俞敏洪是个善于抓住机会又能死磕的人，这样的人从改革开放至今层出不穷，他们一般都能在各自的领域中做到顶端，成为立于浪潮之巅上的弄潮儿。可一旦潮水退去，无论多么不舍，也只能仓促退场，就像一句古话所说，运来天地皆同力，运去英雄不自由。

但俞敏洪身上有个令人亲近的特质，说的矫情一点，就是那种像金子般的东西，一种温情脉脉的质朴和善良。

早期创办英语培训机构时，有个竞争对手机构的员工曾在贴宣传海报时，为争夺好位置，用刀子捅了俞敏洪的工作人员。后来，这家教培机构的女老板，因老师嫌工资低罢工，无法给学生上课，资金链断裂，又没钱退费，眼看急得要跳楼了，关键时刻，俞敏洪不计前嫌，自己掏钱帮这个女老板给老师加钱，解了燃眉之急，这种急人之难、以德报怨的行为，不是一句"格局大"就能概括的。

这种源自内心的善良，是一代代中国人传下来的最可贵的基因，也是人类共有的最应该被善待和珍惜的情愫。

我似乎在俞敏洪那本亲述的传记《我曾走在崩溃的边缘》中，找到了这种善良与温情的来源。

俞敏洪说:我是一个中国农民的儿子。

参考书目:

俞敏洪著:《我曾走在崩溃的边缘》,中信出版社 2019 年版。

宗庆后不落人后

1998年，王力宏担任反色情大使，呼吁年轻人拒看色情刊物和黄色录影带。

在当日活动上，王力宏说，父亲告诫他，性行为最危险。

彼时，王力宏22岁，少年裘马，风流倜傥，一身灰西装，刚从美国威廉姆斯学院毕业，显得英俊又稚嫩。

为配合主办方，他拿水枪瞄准"色"字，射出了一串悠长的水线，并扮可爱状，要大家"不可以色色"。

23年后，王力宏被前妻李靓蕾爆出出轨。

而早在王力宏犯的错被踢爆前，有一位厉害的女性，似乎早已看破。

这位女士的名字叫宗馥莉。

2018年，宗馥莉担任娃哈哈品牌公关部部长，刚一上任便终止了与王力宏的纯净水产品商业合作。并在节目中坦言，不喜欢王力宏，指其太老，难免有审美疲劳。

宗馥莉此番言论，在当时引发争议，被网友怒斥为"忘恩负义"。

2021年12月，王力宏私生活丑闻曝光，有网友忆起当年旧事，赞其眼光犀利，早有预见。

巾帼有虎父。

宗馥莉赫赫有名的父亲就是前中国首富、娃哈哈集团创始人宗庆后。

1

20世纪初,军阀混战时期的中国,张作霖手下有个姓宗的财务部长,能力突出,后来还当过河南省代理省长,生了个儿子叫宗启騄。

因生逢乱世,宗启騄命途多舛,颠沛流离,家道中落,到20世纪40年代,已泯然众人矣,成为江苏省宿迁市东大街的一个普通人。

1945年10月12日,宗启騄夫妇诞下一子,取名庆后,意喻为庆幸宗家有如此后代。1949年,宗启騄一家离开江苏宿迁,迁居浙江杭州,这里也是宗家的祖籍所在。

宗启騄毕业于中国大学化学系,身负巨大才华,却因曾在国民党政府工作过,在新中国成立后,他不断接受审查、隔离、教育,最终被送到农村进行改造。

父亲的离开,让原本就家道中落的宗家雪上加霜,生活的重担一下子落在宗庆后的母亲王树珍肩上。

王树珍在工商联办的一所学校教书,薪水微薄,却要养活一大家子,每天在学校工作12小时,下班后再匆匆回到家,照顾孩子。

有一次,宗庆后带着年幼的弟弟玩,看见邻居家的孩子吃糖,任凭宗庆后如何拉扯,弟弟一动不动,站在吃糖的孩子面前,仿佛发痴,眼神流露出对糖果的热望,嘴里还流出哈喇子。

这一幕,恰好被母亲王树珍看见,立即将兄弟俩带回家,定下规矩:以后再看到别人吃东西,不要停留,立刻离开。宗庆后更是受到母亲训斥,让他严格要求自己,给两个弟弟做榜样。

王树珍训完孩子,看着宗庆后委屈又懂事的表情,忍不住眼圈红了,拿出干瘪的荷包,点了点当月仅剩的那点零钱,给孩子们一人买了一块糖。

几年后,宗庆后又多了个妹妹,妹妹眸子漆黑,爱笑爱闹,成了一家人的宝贝。

但随着生活的愈加艰难,有一天,王树珍对宗庆后说,庆后,家里负担太重,养活你们兄弟三个已经很吃力了,你的妹妹留在家里只会饿死,我们得把她送给别人养。

宗庆后一听,眼泪就控制不住流出来,哀求道,妈,别把妹妹送人,我和弟弟以后可以少吃点。我现在就退学,出去打工挣钱!

王树珍摸了摸宗庆后的头,最后还是把小女儿送走了。

宗庆后流干眼泪,默默对自己说,以后一定要干一番事业,不再让父母烦恼,不再让弟妹受苦。

16岁时,宗庆后主动辍学,跟着汽车厂师父做学徒,做了一段时间,因营养不良,干不了重活,被车行的师父辞退。宗庆后没闲着,又打了许多零工,包括卖爆米花,发传单,看大门等。

1963年,宗庆后从朋友那里听来一个消息,舟山农场正招收知青,而且没有家庭背景的限制。

宗庆后抓住机会报了名,来到农场后才发现这里环境恶劣。

在舟山农场,宗庆后每天都要拉着千余斤泥土,往返于15千米的路途,来回一次难免腰酸背痛。闲暇时候,其他工人喜欢打牌娱乐,宗庆后则一个人往角落一待,静静地看书。

农场书记看在眼里,觉得宗是个可造之才,经常找他聊天,鼓励他多读书看报,还送了他很多旧书。

有一次,书记跟他聊天,问道,小宗,我看你这么爱读书,你有读大学的想法吗?

书记,您的意思是?

我的意思是,你好好努力,我准备找机会保送你上大学,怎么样?

宗庆后眼睛一亮,用力点了点头。

谁料,保送上大学的事儿八字还没一撇,宗庆后就得到消息,上面决定停办农场,将知青转移到绍兴茶场。

在绍兴茶场,宗庆后每天种茶、割稻、搬砖、烧窑,累了就伫立茶山下,乘着袅袅清风,听采茶女唱采茶歌,正所谓男女搭配,搬砖不累,不禁心旷神怡,自得其乐。

在茶场,宗庆后每月能领到20多元工资,许多知青染上了吃喝打牌等陋习,这点钱远不够用。宗庆后除了吃饭,就是买书,每月还能攒下一点钱,寄回杭州家里,帮母亲和弟弟添补家用。

宗庆后爱读书，阅读范围开阔，文史哲、经济学、社会学，无所不窥，从《二十五史》到《拿破仑传记》，应有尽有。

对他影响最大的是《毛泽东选集》，其中他最喜欢的一篇文章叫《反对本本主义》，宗庆后每看到引人深思的句子，就用笔画下来，反复琢磨，同时提醒自己：要反对"本本主义"。

1977年，宗庆后的二弟宗泽后从插队的农村回到杭州老家，家里只剩下宗庆后还孤身在外。经过宗庆后父母商议，孩子既然回不来，让他就地成家吧。

为了让儿子成家时体面一点，宗庆后父母拿出家里多年积蓄，买了上好的木材。宗庆后的两个弟弟，一个做木工，一个做油漆工，父母在一旁帮忙，齐心协力，为宗庆后制作了一套崭新的家具。

这一天，宗庆后正在搬砖，听到工友说，有他家里寄来的大个邮件。宗庆后纳闷，家里条件这么差，无非寄点吃的穿的，邮件能有多大呢？

当他来到宿舍院子，看到崭新的家具时，心中涌起一阵暖意，眼泪汪汪。

宗庆后在绍兴茶场一住就是15个春秋，冬寒夏暑，四季流转，有人蹉跎了岁月，有人积淀了力量，只待春雷一响，便如猛虎下山，汇入那个时代最壮阔的潮流——1978年。

在风景如画的绍兴茶场，在挥汗如雨的田间地头，宗庆后心中一直牢记着毛主席的那首《到韶山》：

别梦依稀咒逝川，故园三十二年前。
红旗卷起农奴戟，黑手高悬霸主鞭。
为有牺牲多壮志，敢教日月换新天。
喜看稻菽千重浪，遍地英雄下夕烟。

2

1978年，中央出台了一个新政策，如果家长能放弃城镇职工工作，退休回家，那么其知青子女可以回城顶替父母的职业。

王树珍听到消息，欣喜万分，为了让儿子宗庆后尽快回城，二话不说，放弃了自己热爱的教师岗位。在平时,王树珍即使生病,也要强撑着上课,从未请过假,这一次,她毅然递交了退休申请函。

就这样,宗庆后回到了阔别十几年的家。

因学历低,宗庆后无法接母亲的班去当老师,而是被安排到学校附近的纸箱厂做工人。

在这个岗位上,宗庆后积极进取,不断向纸箱厂领导提一些新奇的建议。

领导嫌他"假积极",给他挖了个"坑",说道,小宗啊,看你平时能说会道,点子挺多,厂里决定调你去当推销员,给厂里产品找一条销路,按销量给你提成,怎么样?

纸箱厂的推销员,就是踩个三轮车,四处骑行贩卖,到不同地方送纸箱,辛苦不说,还容易受人轻视,许多人嫌掉价不屑于干,宗庆后则一口答应。

厂里为方便宗庆后工作,给他分配了一间单独的宿舍,这让宗庆后兴奋不已,因他家人口多,与几个弟弟挤在一起住,没法用心读书。有了自己的宿舍,就可以在知识和思想的海洋里遨游了。

搬到新宿舍后,宗庆后白天外出推销,与三教九流打成一片,晚上闭门苦读,身体与心灵都装得满满的。

宗庆后的隔壁,住了个退休老干部,他原以为旁边搬来个五大三粗的小伙儿,觉得自己安静的日子到头了,没想到这个粗犷小伙儿却是个好读书的儒生,从不召集人马喝酒打牌抽烟。

一来二去,老干部对宗庆后越来越欣赏。有一次,找了个机会,跟他闲聊。

小宗啊,你今年多大了?

快36岁了。

老大不小了,别光看书,也得考虑下终身大事啊。

宗庆后笑笑,我这个条件,这个年纪,还敢有啥奢求呢,随缘吧。

老干部嗔道,瞎说,你是个非常优秀的小伙子,合适的女孩还不好找?放心,大伯一定帮你物色一个好姑娘。

热心的老干部说干就干,在自己从前同事那里,找到了一个大龄姑娘,名字叫施幼珍,模样端庄,性情温柔。

施幼珍毕业于杭州第八中学,按当时政策,她可以留在城里,不用下乡当知青。但小施把宝贵的名额留给了妹妹，自己主动报名去了黑龙江东北边陲一个叫雁窝岛的小兵团，并当上了副排长。

等1978年新政策实施时，施幼珍已30来岁。

宗、施二人经过几次接触，有了感情，于1980年5月1日劳动节结为夫妻。

有了家庭，又赶上改革开放大潮，宗庆后立业的雄心越来越炙热。

他从纸箱厂出来后，换了几次单位，先后推销过电表、电风扇等紧俏产品，积累了丰富的实战经验。

1986年，改革的步伐迈得越来越大，"承包责任制"在城市企业中得到大力推广。尤其是一些经济效益差的中小企业，在社会上广发"英雄帖"，以承包的形式交给出类拔萃的人来经营。

杭州上城区的一些企业，纷纷广开门路，寻觅能人，组建了一个校办企业经营部。

此时，宗庆后已经41岁，被列在"能人"名单里。

1987年4月6日，在教育局分管副局长的主持下，上城区校办企业经营部开始选拔承包经营的经理。宗庆后作为候选人，语出惊人，咱们企业的经营利润只有4万元，太少了，我可以保证创利10万元。

几个负责人，见宗庆后敢"吹牛"，便选中了他。

接手经营业务后，宗庆后做起了一些小生意，包括批发铅笔、橡皮、作业本等，利润只有几厘，但需求量很大。宗庆后踏实笃行，外表敦厚，内心狂野，这种聚沙成塔的创业游戏正合他的胃口。

无论黑夜白天，只要有人要货，宗庆后随叫随到，他的交通工具是一辆破旧三轮车，每天一个学校一个学校地送货，走遍了杭州每一个学校的每一条道路。

有一次，宗庆后听说湖州有家卖冷饮的百年老店想进入杭州市场却未能如愿，便主动联系上了对方，"吹牛"说自己能一手包办。

冰棍到货后，宗庆后以最快的速度卸货，迅速放进冷库。客户一个电话过来，他就立即将冰棍搬出来，快马加鞭，踩着三轮车给人送到指定地点。

一批冰棍利润不过几元钱，加之冷热交替的温度变化，宗庆后时常感冒，细心的妻子为他缝制了军大衣，在冷库搬运冰棍时穿上。

宗庆后手下有个女员工叫王琴，工作很拼命，经常主动加班，王的丈夫是个小学教员,为此颇有微词。

有一次,晚上11点,王琴还没回家,丈夫忍不住了,偷偷跑到王琴的单位,瞧瞧妻子是不是真的在加班。这么一闹,王琴很生气,认为丈夫不信任她,伤了自尊,索性收拾东西,住在了单位,和丈夫"分居"。

宗庆后看在眼里,心里颇为内疚,做起了和事佬。

宗庆后对王琴的丈夫说,我们现在是万事开头难,王琴是我们这挑大梁的,为了把业务做好,经常加班,让你们夫妻发生矛盾,这都是我的错。

听了这番掏心窝的话,王琴的丈夫有点感动,握住了宗庆后的手,宗经理,我以后再不跟王琴闹别扭了,一定全力支持她的工作。

宗庆后这样的猛人,手下又有了王琴这样的猛将,欠缺的只是一个机会。

没过多久,机会来敲门了。

3

80年代,营养品成为热门商品。

许多商家把目光锁定在了儿童市场上,有家刚成立的营养品公司,生产了一款"中国花粉口服液",属于第一代儿童营养品,没啥知名度,口服液老板慕名找到了宗庆后,希望他能成为公司的经销代理。

宗庆后的直觉告诉他,机会来了。

1987年,宗庆后以"增强儿童体质"为名,把儿童营养产品的出厂报告递交给了相关部门。7月4日,杭州主管部门下文,认可了宗庆后的报告,默认"杭州保灵儿童营养食品厂"成立。

在上城区教育局的支持下,宗庆后拿到了10万元的生产设备,并从教育系统内部带回30名职工。

在接下来的3个月,宗庆后依靠他的销售网络和销售天才,卖出了120万盒"中国花粉口服液",一度让该口服液品牌供不应求。

宗庆后琢磨,既然这种产品能赚钱,何必再为他人作嫁衣?

要做营养液生意,先得建立一条营养液灌输线,预计需资金20万元。宗庆后向上面汇报了自己的想法,获得一致支持,他迅速找到一个占地300多平方米的灌装车间，产量高达数万支，当年便生产出180万支"中国花粉口服液"，产值达270万元。

随着蛋糕做大，全厂职工收入大大增加，人人干劲十足。经过一年苦干，"中国花粉口服液"全年销量达436万元，上缴利润22万元，比承包经营部时的10万元指标翻了一倍。

1988年5月某日的《杭州日报》中一条新闻引起宗庆后的关注，根据一组调查数据，全中国3.5亿儿童中有31%的孩子都有营养不良的症状，导致这些症状的主要原因是孩子挑食、偏食和厌食。

就在这瞬间，一道创富的闪电在宗庆后脑海中闪过。

宗庆后拜访了浙江医科大学的儿童营养专家朱寿民教授，拿出5万元研究基金，希望他能研制出针对儿童身体健康、促进儿童消化的营养品。

朱寿民被宗庆后的热情和执着打动，接受了营养品的研发工作。

当时正好花粉口服液销量见顶，有严重下滑趋势，公司的人听说宗庆后又要研发新产品，全都人心惶惶，没有把握。

宗庆后力排众议，坚定地带着团队往前走。

那一边，63岁的朱寿民教授也在没日没夜动作着。他运用中国医学传统药膳的食疗原理，结合现代化的科学标准，用上百种食材反复实验研究，终于搞出了一个由桂圆、红枣、山楂、莲子、胡桃、米仁和鸡肝为主要原料的营养品配方。

有了基础配方，宗庆后又开始挖掘制作营养产品的顶级人才，杭州国字号的百年老店——胡庆余堂成了他的目标，几番观察后，宗将目光锁定在一个叫张宏辉的技师身上。

为招揽张宏辉，宗庆后几次登门拜访，发现张的房子简陋狭窄，一家人挤在一起，多一个人都无法下脚。宗庆后立即拍板，将上城区教育局刚分给他的大房子让给了张宏辉。

要知道，当时的宗庆后一家三口也是住在一个占地只有10平方米的小破屋，能将分到手的新房子拱手相让，其抱负胸襟不可想象。

张宏辉感动万分，当即生出"士为知己者死"的豪情，答应进入宗庆后的企业，不分昼夜研制新产品。

许多员工和朋友，见宗庆后如此舍得下血本，都啧啧称叹，有人还觉得他脑子秀逗了,太傻。

但是,当新的营养品创造出来后,每一个人都欣喜如孩童,脸上露出了一种奇妙的表情——娃哈哈。

4

1988年10月20日,宗庆后站在车间里,看着第一批"娃哈哈儿童营养液"从流水线上源源不断传输下来。

宗庆后嘴角一歪,笑了。

有了拳头产品,接下来的关键,就是如何把它卖出去。

彼时电视媒体流行,方兴未艾,城市的夜晚,吃完饭后一家老小齐聚电视旁,收看热点影视剧或小品晚会,各式广告也随之穿插。

宗庆后投世人所好,先跟杭州本地两家电视台进行了接触,经过谈判商议,以21万元的价格谈妥了电视广告投放。

当时,宗庆后企业刚上道儿,前期开发产品投入了大量资金,一番折腾下来,企业拿得出的全部资金也不过10万元,却要投入比流动资金一倍还多的广告费用,无异于豪赌。公司的许多员工和高层,不禁心里都打起了鼓。

这个关键时刻,宗庆后坚定的个人信念又发挥了作用,他信奉一句话,一个人能否成功,在于他能否在身处困境、面临选择时,坚持自己最初的想法。

宗庆后拿起笔,在广告合同上,既笔走龙蛇又沉稳冷静地签了字。

娃哈哈儿童营养液广告一经播出,就给观众留下深刻印象,尤其是那句"喝了娃哈哈,吃饭就是香"的广告词,几乎成了一句魔咒,瞬间俘获了那些担心孩子厌食问题的家长的心,也成为一众孩童"控制"家长为其购买娃哈哈的"金科玉律"。

广告播了三天,订单如雪片。

厂里的几个销售,忙得连喝水的时间都没有,在电视上打广告的第一个月,娃哈哈销售量突破15万盒,第二个月销售超过20万盒。

为了让销量更上一层楼,宗庆后邀请朱寿民等研发者和行业权威人士,在报纸上刊登娃哈哈的制作配方和研发过程。

此举大获好评,让娃哈哈一炮而红,产品上市当年,销售额就达到了 488 万元。许多孩子和家长发来热情洋溢的来信。

我 4 岁的儿子一直厌食,身体瘦弱,时常生病,全家人都为他吃饭的事操心,自从喝了娃哈哈,他的饭量明显增加,家里的欢声笑语又多了起来。

我们的孩子简直爱上了娃哈哈,每天早晨醒来,不给喝就不起床。

插句题外话,我这个 80 后,小时候正赶上娃哈哈狂潮,有一回,父亲同事的小孩来家里做客,不要别的,点名要喝娃哈哈果奶,结果家里只剩下一瓶,我们为了那瓶珍贵的娃哈哈果奶,几乎大打出手。

言归正传。

"娃哈哈飓风"先是狂扫浙江,紧接着在电视、报纸、电台轮番轰炸下,从浙江到上海,从广州到北京,这股饮料飓风以不可抵挡的破竹之势席卷了全中国。从地图上看,仿佛一条用娃哈哈串成的珍珠项链。

1991 年,娃哈哈出资 8 411 万元,兼并了不断亏损的杭州罐头食品厂,上演了一出小鱼吃大鱼的戏码,罐头厂原有的 2 200 多名员工,也悉数编入娃哈哈企业。宗庆后还立了个"军令状",在半年内让企业扭亏为盈,不给政府和银行拖后腿。

兼并杭州罐头厂后,原有的生产基地已无法满足娃哈哈的发展需要,宗庆后决定利用世界最先进的技术,打造一个娃哈哈新基地。

在 1994 年的娃哈哈全国经销商大会上,宗庆后强势宣布规则要改,经销商若想从娃哈哈拿货,必须先交预付款,或者说叫押金。押金不白押,娃哈哈会给予其一定利息,并在一年的销售结束后,将押金全额奉还。

经销商起初不愿意,但娃哈哈品牌摆在那里,实在是太好卖了,再加上可以拿到返利,遂答应下来。

在 10 多年时间里,娃哈哈各类产品的广告推广费用累计约 40 亿元,位居央视所有广告商的前 3 名。

很少有人知道,娃哈哈的广告费都是以最低价成交的,且签订的是全年广告,总的推广费用控制在销售额的 10%。随着广告效应发酵,销售额不断攀升,其广告占比其实是在逐年降低。

1997年,娃哈哈盯上了全球行业巨头可口可乐和百事可乐,产生了一个疯狂的想法——做非常可乐,分一分世界饮料寡头的蛋糕。

做可乐的决定遭到了90%内部人员的反对,但宗庆后内心狂野的基因再次占了上风,硬是将非常可乐做了出来。

1998年6月10日,北京时间22:40,当中国人在电视机前等着观看法国世界杯时,电视荧幕上突然出现一条鲜红标语:中国人自己的可乐——非常可乐。

1999年,非常可乐销量达到40万吨,直追年销售50万吨的可口可乐;2003年,非常可乐销量超60万吨,而当年百事可乐的销量不到100万吨。

这种疯狂的行为,可以被说是跟风或复制,但真相却是宗庆后经过冷静思考的产物。在他看来,如果一个企业只做单一的产品,势必要走向灭亡,为了生产,只有在残酷的市场竞争中,不断创新,吸取其他企业的长处,才能立于不败之地。

娃哈哈更新产品的速度,堪称神速,陆续推出100多款:

娃哈哈八宝粥、娃哈哈果奶、娃哈哈营养快线、非常可乐、非常柠檬、非常甜橙、娃哈哈茶饮料、爽歪歪、思慕C、呦呦、啤儿茶爽……

当然,还有外形纯净的王力宏代言了近20年的娃哈哈纯净水。

5

宗泽,字汝霖,南宋抗金名将,出生于浙江义乌的一个贫农之家。

1091年,宗泽三十而立,高中进士,因性格耿介,受朝堂宵小排挤,只混了个县尉。

35年后,金兵入侵大宋,年逾古稀的宗泽接到朝廷任命为河北义兵总管的任命书,硬挺起年迈的身躯,带领宋军攻陷金兵30多个营寨。

在这个当口,有位少年投入宗泽麾下,宗泽看他武艺超群,胆色过人,遂交给他500骑兵。少年指挥若定,以铁血手段,打败入侵金兵,从此扬名天下。

少年是谁?岳飞是也。

宗泽是谁?宗庆后的祖先是也。

漫卷史书真如铁,古往今来的风流人物,立下的种种丰功伟业,说穿了也不过是找对人,做对事而已。

谋大事,关键在于人。

宗庆后为娃哈哈纯净水寻觅了一位看似纯净的"优质偶像",合作近二十年。

直到宗庆后的独女宗馥莉以"不喜欢"和"年纪老"为由,与其终止合作,收获了当日的"忘恩负义"骂名以及今天的"先见之明"美誉。

2021年12月9日,就在王力宏丑闻爆出的前后脚,宗馥莉被任命为娃哈哈副董事长兼总经理。

虎父无犬女。宗庆后当真会识人用人矣。

参考书目:

1. 王国章著:《宗庆后传奇——平民首富的中国奋斗史》,电子工业出版社2013年版。
2. 邬爱其著:《宗庆后:笃行者》,机械工业出版社2018年版。
3. 真柏著:《宗庆后为什么能》,浙江人民出版社2012年版。

联想大佬柳传志

柳传志和于谦说过一段相声。

柳传志说,羡慕于谦这样的相声演员,心里不爽谁就可以把谁编排到段子里,快意恩仇一番。

但现实就是现实。柳传志是改革开放后的弄潮儿之一,是所谓的IT教父,也是一个性格复杂的中国企业家,但偏偏不是相声演员。

有许多话,许多事,柳传志只能烂在肚子里。

在当下"世人皆欲杀"的氛围下谈柳传志,其实并不讨好。我做这个选题计划时,左页兄曾劝我放弃,但联想和柳传志的故事实在是太精彩了,不单单是对企业家,对每一个各行各业的普通人,都有着极大的借鉴和启示意义。

为写柳传志,第一步,我尽可能地阅览海量资料、史料,正面反面都有。其中,凌志军的《联想风云》是目前我看到的最全面的图书资料,给了我很多启发,在此特别鸣谢(尽管大家对柳的看法不尽相同)。

在阅读吸收海量资料后,紧接着就是挥毫落纸了,下笔的原则简单直接:无非是秉董狐之笔,是其是,非其非,不吹不黑,有啥说啥,光明磊落,将自己所思索到的东西,呈现给大家。

我在几年前,编译过一本名为《罗素的极简智慧》的书,对哲学家罗素的一个观点颇为认同:

当你在做任何具体研究或哲学思考时,一定要问问自己,事实到底是什么?事实所支持的真相又是什么?专注于事实,并且只专注于事实,永远不要被自己的主观臆想所左右，或者仅仅为了达到某个对自己有利的目的，妥协自己的观点。

写柳传志时，我就是以罗素这番话作为准绳。

如大家所知，"蓝钻"的内容是以精彩的非虚构故事来呈现的，但也绝不单单只是故事，"蓝钻"从不吝于说出自己的见解。

就像《权力的游戏》中的"北境永不遗忘""兰尼斯特有债必偿"——"蓝钻"必有观点和思想。

希望"蓝钻"的读者和亲友们，在读完下面的故事后，能够对柳传志其人，以及那个风起云涌的改革年代，有一个更立体深入的了解，并通过独立思考，形成自己的独到见解（当然不必跟"蓝钻"的观点雷同）。

1

1945年，第二次世界大战结束那年。

美国宾夕法尼亚大学几个年轻的电气工程师，在美国战争计划的支持下，耗费40万美元，研制出一台又大又高又硬又笨的数字计算机——爱尼亚克。

爱尼亚克重30吨，占地167平方米，拥有19 000只电子管，在175千瓦巨大电力的支持下，每秒钟运算5 000次，相当于今天笔记本电脑的万分之一。

这一年，柳传志刚满一岁。四年后，中华人民共和国成立，柳家从上海搬到北京。

1956年8月25日，中国计算技术研究所在北京成立，首任所长阎沛霖是个从战火年代过来的老革命，对计算机一窍不通，却雷厉风行，用部署战争的方式，建立起了中国人自己的计算机事业，北京西苑旅社三号楼成为第一个指挥部。

在阎沛霖主持下，45名清华、北大等高校的学生，被以调动军队作战的方式迅速集结，进行集中特训。他们先是跑到苏联，去看人家的计算机长啥样，回到北京后，拿着苏联人的图纸，制造出了中国第一台计算机——103。

103是一台小型机，每秒运算30次，比蜗牛还慢。

1959年，中国第一台大型计算机——104诞生，"机长"是25岁的曾茂朝，他改进了磁芯储存系统,把速度提高了 100 倍。

104 机运行时,8 000 个真空管散发出巨大热量,每到夏日,工作人员不得不搬来好多冰块,在四周摆满风扇,拼命吹啊吹,以冷却机架。

104 机运行了 20 年,成了当时中国的一个秘密武器,完成了各种复杂计算,包括天气预报、水坝工程、人民大会堂的拱形屋顶以及原子弹和氢弹,可谓劳苦功高。

1961 年夏,柳传志高中毕业,梦想当一名飞行员,他经过一轮轮考核,杀入决赛,却因舅舅是"右派分子",被宣布为不及格,只好另做打算,最后考进了西安军事电子工程学院。

大学毕业后,柳传志被分配到成都一个研究所做了研究员。彼时,世界风起云涌,格局动荡,关于第三次世界大战的讨论十分热烈。

柳传志的第一份工作是改进中国军队的雷达系统。

刚工作几个月,柳传志接到上山下乡通知,跑到一个靠近澳门的农场去种水稻,之后辗转从华南到中南,最后又回到北京,被分配到中国科学院计算所。

这一年,是 1970 年。

因 104 机在国防建设中起了重要作用,中南海高层将计算所从中科院单独抽出来,归属到国防科学工业委员会。

在军事国防目标的推动下,资金源源不断涌入计算所,1964 年诞生的 109 机,每秒钟运算 6 万次,比 104 机快了 5 倍。

当柳传志进入计算所时,中国的计算机技术已经开始了第三代。

1978 年,科学的春天到来,中科院有了 123 个研究所,其中计算所有 1 500 人。曾茂朝接替阎沛霖,成为第二任所长。

计算所研制的最后一台大型计算机,被称作"757 工程",拥有 1 300 多块插件,20 000 多个逻辑元件,每秒运算速度可达千万次,分布在一座楼房的上下两层,其漫长的研制过程,被称为"八年抗战"。

但是,这个 757 机一点都不好用。

中科院有 9 万科研人员,每年研发费用要 3 亿多元人民币,而随着发生重大国际战争的可能性越来越小,军事工业的生产线亟需转为民用。

1984 年,大型机 109 丙退役。

在过去的 18 年里,这台机器仿佛一个饱经沧桑、功勋卓著的老兵,在被拆除之前,国防科工委为它授勋,将其命名为"功勋计算机"。

时代巨变,来自防务部门的研究计划没了,科研资金拨不下来,这意味着计算所 1 500 多名科研人员闲着没事做。雪上加霜的是,中央政府颁布了《关于科学技术体制改革的决定》,决定在 5 年之内,将财政拨款全部取消。

这样一来,计算所上上下下人员的饭碗都成了问题。

曾茂朝的上级对他说,钱都在用户的口袋里,你有本事就去"拿"吧。

2

每当时代变幻时,必有风雷激荡、波涛暗涌之势,亦必有挺身而出、觅缝钻头之士。

计算所里这个当仁不让或者说"投机取巧"的猛士,就是柳传志。

1984 年秋,年近不惑的柳传志,拍着胸脯向中科院副院长周光召说,将来我们一定要成为一家年产值 200 万元人民币的大公司。在场的人听到纷纷吐舌头,有的还窃窃私语——这家伙真能忽悠。

柳传志在中关村科学院南路 2 号的小平房里下海开公司,房子里除了两个长条凳,别无长物。

公司的第一次全体会议,共计 11 人参加,除了柳传志,主创者还有王树和与张祖祥。王树和 45 岁,比柳传志大 5 岁,口才极佳,顶着科技处处长头衔,内心深处有不安分基因。张祖祥是第八研究室副主任,在计算机所小有名气,门下有弟子三千。

第一批任命名单确定,王树和任总经理,柳传志和张祖祥任副总经理。

小平房里这 11 个人就成了联想的创业元老。搞笑的是,有个叫庞大伟的,不善言辞,却是个热心人。有一天,他上班路上经过小平房,见里面忙成一团,欢声笑语,便跑来帮忙。柳传志以为是张祖祥请来的,张祖祥以为是柳传志请来的,最后,庞大伟稀里糊涂又幸运十足地成了公司的第 11 人。

这 11 个人,为了给公司想名字,吵嚷了半天。

大家都认为,公司名字里必须有中国科学院,必须有计算技术研究所,必须有新技术,因此,当会议结束,公司的名称被定为:中国科学院计算技术研究所新技术发展公司。

新公司刚成立,未赚银子先戒烟。

因公司买不起好烟,又不能给商业合作伙伴递低档香烟,只好勒紧裤腰带。当时柳传志月薪105元人民币。那年头,人们交际时流行递香烟,有时接过来人家也不抽,随手夹在耳朵上成为一种时髦。

大河向东流,天上的星星参北斗。

柳传志等靠热情和大胆,聚集起最早的人,占了一点人和,同时他们还拥有得天独厚的地利。

公司所在的北京中关村,是大学和科研院的集中所在,20世纪80年代这里有30万大学生和10万科技人员,当时全国每100位院士就有36位生活在这里,号称"科研智力密集程度世界之最"。

柳传志等人成立公司时,中关村的科技企业已有40家,像什么被称作"两通两海"的京海、科海、信通、四通等。

这些因嗅到"春江水暖"而下海的"鸭子"们,大多是中科院的科研人员,同时有着赚大钱的欲望。京海创始人王洪德,原是中科院的工程师,比柳传志下海早12个月,从体制离开时,留下了一份"四走报告":调走,聘请走,辞职走,开除走。无论什么方式,只要能出去,能下海,就行。

相比决绝的王洪德,柳传志等人还是留了一条后路的。

公司从计算所得到一间小平房和20万元人民币启动资金。

此外,所长曾茂朝还决定,公司可不受限制招纳计算所人员,也可以把任何一个不适合的人退回计算所。更绝的是,所有公司的人都可以保留计算所编制,由国家财政支付工资,并享有在计算所内继续晋级的权利。

搞科研要突破,搞公司要赚钱。

一开始,柳传志等人为赚钱,可谓绞尽脑汁,没头苍蝇般乱撞,当了一段时间"倒爷",倒卖电子表、旱冰鞋,还有大裤衩和电冰箱。

有一次,彩电成了紧俏货,柳传志打听到江西有个妇女,手里有大批彩电,便决心搞它一把。

柳传志叮嘱员工,一定要亲眼看到彩电再汇款,那个富有激情的员工兴冲冲告诉他,我看见了,我看见了,我看见了彩电!不料他们刚把钱汇过去,对方就脚底抹油了。

计算所给的20万元,被骗去了14万元。

柳传志如五雷轰顶,欲哭无泪,当晚,他跟王树和两个人,仿佛一对怨侣,走在晚风萧瑟的街上,执手相看泪眼,竟无语凝噎。不知不觉走到王家,王树和说,我再送你回去吧,柳公子默默不语,二人转头又走一遍。

柳、王二人,肩并肩,于凄冷之夜在中关村路上走了9遍,脑海中想起被骗的点点滴滴,谁会在意中年理科男的心碎。

柳传志怀着雄心壮志下海,一个猛子扎下去,先呛了一大口水,悲伤逆流成河。但他的好运就快到了,因为他即将遇到那个生命中非常重要、又让他爱恨交织的男人——倪光南。

3

倪光南是第六研究室的副研究员,计算所公认的技术狂人。

当时流传着这么一个亦真亦假的故事,话说柳传志被骗了14万元后,只能最后选择一个翻盘的方向,孤注一掷,赌上一把。

这一天,柳传志、王树和、张祖祥三人,将自己最中意的人写到纸条上,喊一声"一二三",同时亮开,只见三人写的是同一个名字:倪光南。

1985年初,倪光南手上有一个改变中国、颠覆行业的王牌——LX-80联想式汉字系统。

当时的中国,已有至少11万台个人计算机,几乎全部来自IBM,只能在英文环境中运行。倪光南研发的汉字系统又叫汉卡,包括三块由若干集成电路芯片组成的电路板和一套软件系统,字库中永久地储存着所有标准汉字。

倪光南的汉卡,其特色在于联想。

它利用了中国文字中词组和同音字的特点,建立起自己的汉字系统。有个叫马役军的记者,曾这样描述第一次看到"联想功能":我打出一个"记"字,屏幕上迅速闪现出"记者""记录""记分牌"等一连串联想出的词组,真是太奇妙了。

这就像周星驰电影《食神》里的撒尿牛丸,不仅好吃还很好玩,能当乒乓球来打。

柳传志看到倪光南的汉卡，两眼直冒光，立即找到倪，要跟"伟大"的同志搞搞新玩意儿。倪光南却不置可否，原来，他已经将LX-80给了北京信通、深圳中航技等几家公司，准备待价而沽，谁出价高，就跟谁合作。

论柳传志的口才，可谓汪洋恣肆，他滔滔不绝，然后一锤定音，说自己的使命就是来实现倪光南的梦想，保证把倪的一切研究成果都变成产品。

由此，柳、倪二人一拍即合。

倪光南携着有如"武林至尊、宝刀屠龙"的LX-80联想汉卡，成为公司的总工程师。

当时柳与倪相见恨晚，难免生出"天下英雄唯使君与操耳"的感慨。为配合倪大师，柳传志得打造一个高效团队，他打量身边两位搭档——王树和与张祖祥，生出嫌弃之心，觉得他们都是俗人，遂于这年夏天，提拔了一个叫李勤的宽肩大脸壮汉来辅助。

1986年7月14日，柳传志取代王树和位置，成为总经理，李勤则担任副总经理。一番权谋操作，柳传志得揽大权。

与此同时，计算所所长曾茂朝受到了前所未有的压力，中科院决定削减计算所三分之一的人员和经费，他与其他19个所长一起给上级写信，述说心中不平。谁料，却碰了个壁，上级指着鼻子质问他，为什么要养这么多人？

曾茂朝火了，当即给中科院写报告，字里行间迸发出怒火：这叫什么改革？这不是在我头上插一根鸡毛，到中关村大街插标卖首吗？我一个人都不解雇，就是到街上摆摊修自行车，我也能养活这1 500人！

当然，这是气话，曾茂朝不会真的去摆摊修自行车，他手里还有一张牌，这张牌就是柳传志。

1986年底，柳传志所在的公司已经有了104个成员，包括1个总经理，3个副总经理，1个总工程师，10个副研究员，42个助理研究员和工程师。

倪光南的汉卡研发虽获成功，但利润太薄，为追求更高利润，柳传志决定直接进口微机，插上汉卡开卖。柳传志、李勤二人兵分两路，一个去深圳开辟微机来源，一个跑到中科院借钱。

谁料，旧事上演，钱打过去，对方突然没了音讯。柳传志红了眼圈，坐飞机直奔深圳,抵达时已是深夜,他也不找宾馆,直接堵到对方家门口,家里没人,他便守株待兔,在门口坐到天亮。

那些天,柳传志与李勤天天深夜通电话。李勤说,那可是300万元人民币啊,把咱俩一辈子的工资加起来也还不起啊。柳传志咬牙说,不把机器弄回来,我就不回去了。

几天后,那人终于出现,柳传志拼命的心都有,那人却恶作剧地说,我只不过挪用几天而已,急啥嘛!

终于,微机顺利运到北京。

柳传志长出一口气,瘫在椅子上,心脏都快要爆炸了,夜里总是做梦,梦见万丈悬崖,深不见底,走错一步就万劫不复,一连好几天被噩梦吓醒。

4

否极泰来。

1986年,汉卡收入扶摇直上,售出1 300套,公司营业额增加到1 745万元人民币,走出了最初的困境。山东浪潮、上海东海、杭州西子等同行,都向柳传志伸出橄榄枝,希望能将联想汉卡装在他们的机器里。

柳传志火力全开,动员所有资源,联系多家媒体,将倪光南美言一番。1987年,联想汉卡售出6 500套,获得了国家体育委员会、农牧渔业部、国家统计局等大客户,还附带售出1 000多台外国微机,公司销售收入达7 345万元人民币。

1988年4月18日,柳传志带领员工,在北京人民大会堂召开"进军海外誓师大会",为实现进军海外的一个必要部署,就是在中国香港成立联想分支。

柳传志在柴湾购买了一套两层公寓,上面是办公室,下面做仓库。

在香港的日子,柳传志请来中科院新任院长周光召,邀请他们一行人同游维多利亚港湾。

在游船上,柳传志滔滔不绝,向院长描述他进军海外的蓝图。据当时在场的中科院处长马雪征回忆,她此前见过不少名人,有诺贝尔奖获得者,有美国总统的科技顾问,但从没见过有谁像柳传志那么能吹。

1988年5月,公司刊登招聘广告,目标是暑期大学毕业生,有一句煽动性的话:加入我们,跟我们一起创业。

7月16日,新员工陆续到岗,大部分被充实到业务和管理岗位,在这一年的新员工名单上,有两个日后声价冲天的名字:杨元庆和郭为。

10月,公司掀起销售新高潮,联想与AST签订了100万美元的合同,购买3 000台机器,面向国内和海外市场,柳传志此举,相当于将AST机器全部控制在自己的手心。

这还远远不足以满足柳传志的愿望。

AST是一家美国公司,由三个创办人名字的头一个英文字母组合起来,就是AST。1982年,AST做出第一批电脑主板,适用于IBM微机,还适应各种兼容机。

柳传志的愿望是走AST的路子,开发计算机板卡,步步为营,然后取其而代之。

在柳传志心底,还埋藏着一个更疯狂的想法,这个想法太大,以至于大言炎炎如他,都不敢轻易透露,那就是做到世界第一。

5

柳传志开始发动广告媒体攻势。

在世界商业史上,名牌产品有两个通天阶梯:一个是商业广告,一个是媒体报道。

1986年,联想花了27万元人民币做广告,到1988年,这个数字增加到195万元人民币。柳传志还在私下指示公关部门,在我们公司里,只许宣传一个人,就是倪光南。

所有赞誉之词的火力,都集中在倪光南一个人身上狂轰滥炸,让联想其他技术人员颇有微词。其中,有一位叫竺廼刚的研究员,是竺可桢后代,与倪光南曾同属一个研究小组,并且竺是该小组的负责人。

早在1974年,计算机汉字系统就成为该小组的研究课题。竺廼刚是研究主持者,倪光南则是研究主干,倪后来虽被称为"汉卡之父",但业界更倾向于,没有唯一的发明者,是集体的智慧。

1979年,竺廼刚去美国斯坦福大学做访问学者,走的时候留给倪光南一个没有完成的"汉字存储器"。

这时,倪光南血液里的技术狂人基因开始发酵,热烈而持久地投入钻研,取代竺的位置成为这一项目的主持者。终于在1984年5月,完成了LX-80联想式汉字系统的主体设计,再经过柳传志的包装宣传,由此名声大噪,而早期的竺廼刚,成了被遗忘的开拓者。

竺廼刚虽不求赫赫声名,却也无法接受,大小媒体将"联想式汉字系统"的发明权归为倪光南一人,遂给柳传志写了封信,表达不满,委婉指出自己是这项发明的发起者和早期的组织者,倪不过是若干发明者中的一个。

而柳传志对此丝毫不感兴趣。

柳传志关心的是公司大局,以及利益至上,为了这两点,他需要将倪光南作为标杆和旗帜。柳传志将竺的信束之高阁,以默许态度任由媒体对倪光南大肆赞美。

柳此时对倪的无条件支持,还出于一个重大因素——倪光南正不分昼夜地在香港那间狭窄的实验室里设计联想的跨时代产品286样机。

1989年3月,柳传志把倪光南送上飞机,到德国参加汉诺威交易会。在这场世界级的电子技术交易会上,联想Q286微机大获成功,拿到了2 073台微机和2 483块主机板的订单,订单来自意大利、法国、英国、荷兰、比利时、丹麦、芬兰以及当时的西德。

《吕氏春秋》说,全则必缺,极则必反。

就在倪光南走上联想巅峰的同时,最终通往崩坏翻脸的剧情也偷偷埋下了伏笔。

倪光南是个天生的技术狂人,秉承了技术完美主义的特性,他顶着汉卡之父的光环,不断埋头开发新功能,刚搞出一个转头又去搞另一个,根本停不下来。

如此一来,先是联想的销售们叫苦连天,我们的倪大师就顾着自己爽,全不考虑销售的苦衷,这些销售人员玩命卖货,却发现努力的结果总是"打倒自己"。

搞到后来,柳传志也有点吃不消了,第一个产品还在畅销,倪大师就迫不及待要拿出第二个产品打倒它。柳传志后来说,倪光南要是在乎钱还好,关键他真的不在乎钱。说得好听点,他在乎的是自己身为科学家的价值;说难听点,就是不顾公司大局,只顾自己。

柳传志从外部世界赚钱的愿望,与倪光南对自己内心价值的愿望,就像南北两个极端,矛盾无法调和。

在柳、倪二人彻底闹翻、决一死战之前,还插入了一场"江湖大风暴",这场"江湖大风暴"最后不可挽回地演变成一曲"监狱断肠歌"。

这当中的主角,名字叫孙宏斌。

6

一切源于联想公司的新老势力之争。

联想的微机和汉卡销售主要靠两拨势力:一个是由创业元老贾绪福掌握的业务部,负责全国的销售;另一个是由少壮派代表孙宏斌控盘的企业部,下辖全国17个分公司。

孙宏斌年轻气盛,敢想敢为,颇有江湖气,甚至"敢为"的有点过了头,与按照规章办事,不敢越雷池一步的老贾形成鲜明对比。孙宏斌不断抱怨产品价格缺乏弹性,且供货渠道效率太低,分公司无利可图。

小孙与老贾的矛盾越积越深。

柳传志这种"野兽型领袖",内心更倾向孙宏斌,在他眼里,这个头角峥嵘的小伙儿仿佛韩信那样的大将之才。自1989年10月企业部成立,孙宏斌迅速建立起13个独资分公司,营业额达到2 400万元人民币。

孙宏斌这种嗅着血腥味就往上扑的狼性,与柳传志颇为契合。

柳传志的倾向,公司里的人都明白,他是向着年轻人的。他单独约见孙宏斌等人,一上来就问,年轻人在联想有没有前途,受不受重视?

除了安抚少壮派,柳还让李勤去找贾绪福谈话,不料贾绪福倚老卖老,反唇相讥:领导知道我的问题,下边也知道我的问题,但我不知道我自己有什么问题,你给我摆个十几条出来吧。

贾绪福的叫板,让柳传志更加支持孙宏斌,甚至一度把他列为联想"接班人计划"的种子选手。

风云突变发生在1990年3月的一个早上。

柳传志在香港一觉醒来，发现有份新的企业内参《联想企业报》放在自己案头，这份报纸由孙宏斌策划，头版头条刊登的"企业部纲领"赫然写着这么一句话：企业部的利益高于一切。

这让柳传志大跌眼镜，忍不住暗自骂娘，莫非孙宏斌这小兔崽子是想把企业部搞成一个独立王国？

柳传志闻到了一丝阴谋的味道，当即飞回北京，火速纠偏，指出"企业部利益高于一切"这个提法是荒唐的。

但同时，柳对孙宏斌还抱有希望，说企业部有一种嗷嗷叫的蓬勃之气，是元老们没法比的。李勤也站出来为孙宏斌说话，说孙能到全国去，能住在外地，老同志能在外地住几个月去推销吗？

孙宏斌没听出柳传志话中有话的警告，反而觉得扫除了老贾这个障碍，气焰更加嚣张，风头一时无两。13个分公司的总经理仿佛帮派兄弟一般，团结在孙宏斌周围，就像拥戴一个江湖大哥。

这天，孙宏斌等5个年轻人来到"达园"，一边大快朵颐，一边指天骂地。几瓶烈酒下肚，更加无遮无拦，说计算所那些元老占着茅坑不拉屎，让年轻人无从发挥，柳传志则英雄寂寞，身边草包如云，联想的未来必须得靠"我们这一代"。

柳传志的眼线将"达园事件"汇报给他，令柳忧心忡忡。孙宏斌仿佛一头野兽，带领手下在公司横冲直撞，如入无人之境。

更可怕的是，孙宏斌不断蚕食公司总裁室的人事权力，自行任命下属经理，培植心腹。孙的小弟将孙宏斌与柳传志、万润南并列，品评一番，说论能力和格局，孙绝对第一，万第二，柳第三。

孙宏斌大搞"小站练兵"。匪夷所思的是，他竟然完全不遮掩，坦荡行事，还请李勤参加他们的会议，视其为靠山。

柳传志眼见事情发展到这个地步，必须辣手开刀，与李勤一番商议，将孙宏斌调出企业部，转而接替老贾的位置，同时提出，不允许他带人进去。

4月4日，柳传志召集企业部骨干，在北大芍园开会，结果上演了一出联想历史上有名的芍园发难。

孙宏斌的手下表示不能理解公司决定，还质问柳传志，公司的《联想报》办成这副样子，企业部为什么不能办更好的报纸？

说到此处,孙宏斌补了一刀:《联想报》简直就是下流小报。

紧接着,孙宏斌的手下一个接一个向柳传志发难,问题一个比一个具有火药味。比如:

你说我们有帮会成分,证据何在?

我们直接归孙宏斌领导,孙宏斌骂我们,我们爱听,与总裁何干?

柳传志不动声色,静静听完企业部的发难,随即拂袖而去,出门前扔下一句话:你们要知道,联想的老板是谁?

4月7日下午,柳传志再次召集企业部人员宣布决定。

柳传志走进会场时,看见这群人全都把胳膊抱在胸前,以示威般的姿势对着他。孙宏斌进来,所有人整齐划一,立即将手垂下。

室内香烟缭绕,柳传志皱了皱眉,孙看在眼里,大喝一声,把烟掐了!所有人立即掐掉香烟。孙又大喝一声,起立!所有人唰的一声,马上起来,站得笔直。

尽管搞了场最后的示威,但孙宏斌知道大势已去,当晚把手下叫到畅春园商议对策,谁料酿成大错。

年轻人群情激愤,口无遮拦,有人让他坚决顶住,还有人叫他卷款走人,当晚会议,最后定了一个结论——明撤暗卷。也就是说,表面接受公司决定,暗中把公司的钱转移到他处。

没想到,在与会人员中,有柳传志安插的"内鬼",前脚孙宏斌开完会,后脚柳传志就接到报告。

柳传志立即向中科院保卫局报告,同时向公安局和检察院报案,派出20人星夜奔赴各地,查封分公司账目,还给自己请了一个高大威猛的保镖,时刻不离左右。

周一早上开会,孙宏斌被当场带走,来到京城北郊东北旺联想基地的一座公寓中,在两个人的日夜监视下失去人身自由。

调查结果对孙宏斌不利,他们确实将公司资金转移到另一家公司,虽然孙拍着胸脯解释,他绝无化公为私的企图。

柳传志将孙的铁杆下属全部集中到京城北郊的怀柔县城,请来检察院的一位副检察长,给他们讲解什么叫"经济犯罪"。

在检察人员的讲解之下,大部分人都吓得够呛,没了声音,只剩下一个姓陆的小伙儿不服,张口闭口黑道白道,扬言要把内鬼卸掉一只胳膊。

后来,此人甚至还率领几个马仔,跑到关押孙的公寓调查,要进行"劫狱",当场与看守人员打起来。直到孙宏斌本人出面,劝他罢手回家,这才没有闹出大事。

1990年5月28日,孙宏斌被警方羁押,之后被逮捕收监,从此开始漫长的牢狱生涯。1991年7月10日,海淀区法院公开审理此案,公诉人指控孙宏斌"受贿"和"挪用公款"。13个月后法院宣判,认定孙宏斌挪用公款罪名成立,刑期5年。

孙宏斌在监狱里进行了一番反思,加之坐牢的几年里,经常看到这个那个死刑犯被拉出去枪毙。在这种情境下,孙竟然看透生死,大彻大悟。

服刑期间,孙宏斌表现优秀,为北京市劳改局直属机构的《北京新生报》写了很多文章,赢得不少加分,累积在案,终于获得一年两个月的减刑。

1994年3月,孙宏斌与柳传志在北京的一家饭馆再度相逢。孙向柳表明心迹,说他想做房地产生意,希望能了结过去重新站起来,照顾好家人,把以后的路走好。

听完孙宏斌的自白,柳传志说了一句话,你可以对别人说,我是你的朋友。

10年后,孙宏斌开创顺驰公司,成了京城地产大佬。

柳传志与孙宏斌可以相逢一笑泯恩仇,但与另一个男人的情仇爱恨却没这么简单,乃至一路翻滚呼啸,闹到了今天。

没有任何悬念,这个人就是倪光南。

7

1994年,柳传志说服了一个年轻人,让他打消了出国游学的念头,从而将联想的未来,有如豪赌一般,押在了这个年轻人身上。

年轻人叫杨元庆。

杨元庆于1994年3月19日,成为联想新成立的微机事业部负责人,负责与微机有关的研发、生产、销售、物流、财务等业务,相当于原来四个副总裁掌管的权力。

联想在杨的定位下,推出"E系列"经济型家用电脑,采取"价格屠夫"的手段,将成本降至最低,在未来很长一段日子,联想高举"国产品牌"的大旗,在中国甚至世界的行业舞台,将电脑卖了个天翻地覆,由此进入世界500强,成为整个行业的翘楚。

吊诡的是,联想早期微机虽号称"国产骄傲",但其实只有商标是自己的,其他一切几乎全靠进口。更吊诡的是,联想靠着国人的爱国情感,一步步走上巅峰,进入世界舞台后却不遗余力地"去中国化"。

杨元庆甚至在2008年提出,联想国际化进程的最大障碍,就是我们来自中国。

乱花渐欲迷人眼。

要真正看透联想,我们先得把目光从它身上移开,聚焦到联想早期的技术狂人倪光南身上。

尽管联想在柳传志的掌舵下,已经从技工贸走向了贸工技,走向了一条"出来卖"的康庄大道或者说不归之路。但对技术天生狂热的倪光南,依然不改本色,将下一个攻坚目标定为"集成电路"和芯片,也就是后来大家所熟知的"中国芯"。

为完成技术迭代升级,倪光南指示香港联想,至少再招聘15个研究人员,还试图在美国寻找芯片设计专家。

但倪光南这一技术攻坚之举,突然被柳传志叫停,原因不难理解:搞高精尖科技是一件无比烧钱的事情,而柳传志已然决定走另一条"出来卖"的道路。

回望当年,1994年杨元庆的"E系列"和倪光南的"中国芯"代表了两种对外国行业大鳄的挑战应对。

若把振兴中国计算机产业作为一场没有硝烟的战争,柳传志和杨元庆就是避其锋芒,迂回前进,而倪光南则是在敌人最强大的地方硬碰硬,展开攻坚战。

这两种战略孰优孰劣,时间其实已经给出答案,看看现在的联想和华为就能明白。

回到当年,柳传志第一次向倪光南说"不"。

倪光南愤怒不已,在会议上向柳传志大吼:柳传志,我永远和你没完!据当时会议记录,现场火药味十足,乃至两个副总裁都吓得流了眼泪。

有人劝柳传志多给倪光南一点好处,柳传志叹道,没用的,老倪这个人是不爱财的,他一身傲骨。

倪光南向上级控告柳传志,说他作风霸道,甚至可能有严重的经济问题。事情闹到这地步,两人已无回旋余地。

柳传志见倪光南这架势,是要把自己送进牢里,便也施展辣手,以总裁身份向董事会提出,罢免倪光南的总工程师职务。

1995年6月30日上午,董事会把公司200个干部召集到六层会议室,宣布中科院的调查结论,并罢免倪光南的总工程师职务。

柳传志发言时,吓了众人一跳,这个一向以硬汉形象示人的总裁,竟然一把鼻涕一把泪,还不时掏出手绢擦拭。

柳传志说,自己没有做任何对不起倪光南的事,每当新的公关部长就职时,他都会提出明确要求:公司只宣传倪总……

柳传志的声泪俱下,打动了现场的很多人,唯有倪光南不为所动,冷冷地看着他。

事后,倪光南说,将我免职,柳传志应该高兴才是,柳传志只是在表演。

将倪光南踢出局,柳传志长舒了口气,但倪光南的那句"我永远和你没完",仿佛一条勾魂锁,让柳传志在无数个午夜梦回,无法安然入睡。

2004年12月,联想收购IBM前夜。

柳传志于凌晨将公司80多位高管集合在联想大厦三楼圆形会议室,痛快而颤抖地说,IBM是世界个人计算机产业最重要的缔造者,至今已售出1亿台,还有更重要的,它是美国精神的象征。我们这一次,真的是为国争光了。

最后,柳传志撂下一句话:做得好,一步登天;做不好,打入地狱。

佛经里说,无间地狱是地狱的十八层,没有时间,没有空间,受尽各种苦难,永无出头之日。

佛曰:*受身无间者永远不死,寿长乃无间地狱中之大劫。*

这段话被放在电影《无间道》的片尾。

联想收购IBM,并不像当年媒体说的那样意义重大。柳传志喜欢用战争比喻商业,把开拓市场称为"空军轰炸",推销产品就像"步兵突进"。

但是,联想所缺乏的真正武器,并不是这些,而是商业竞争中的"原子弹"。

这个"原子弹"就是芯片。

时间回到1987年,即柳传志成立联想的第四年,一个叫任正非的退伍军人创办了华为,起初它就像个小杂货铺,什么赚钱卖什么。

没人能想到,这个中国人,这家中国企业在未来30多年的岁月中,掀起世界商业史上极为波澜壮阔的一页。

当然,那是另一个故事了。

结 语

梁启超说:"天下惟庸人无咎无誉。"

柳传志不是庸人,曾经誉满天下,也谤满天下。

但无论是聚光灯下的高大形象,还是悠悠众口的千夫所指,都难免失真。

我对柳传志其人,谈不上喜欢或厌恶。但要论定一个人,必须将其还原到他所属的那个年代中才能看得真切。当下,指出柳传志和联想的弊病所在,乃至违法犯罪事实(如果有的话),这都没问题。若只是一味迎合某种情绪,用运动式的语言抹黑谩骂,那就过分了,也不利于和谐社会的建设。

2001年,任正非写了一篇文章,发在互联网上,名为《华为的冬天》,里面写道:

10年来我天天思考的都是失败,对成功视而不见,也没有什么荣誉感、自豪感,有的只是危机感。也许这样才能存活下来,我们大家要一起来想,怎样才能活下去,也许才能存活得久一些。

失败这一天一定会到来,大家准备迎接,这是我从不动摇的看法,这是历史规律。

如任正非所说,企业兴亡是历史规律,没有什么是永垂不朽的。

当某个企业和企业家做到巅峰时,难免会生出一览众山小的骄傲情绪,生出

"我很大,你们忍一下"的妄想,但"恒大"终究只是一个幻想。

对于中国企业来说,最重要的不是永恒地大下去,而是江山代有才人出,一代人退场,新的一代继续扛起大旗。

希望中国未来会出现更多华为这样的卓越企业。

俱往矣,数风流人物,还看今朝。

参考书目:

1. 凌志军著:《联想风云》,中信出版社 2005 年版。
2. 陶勇著:《联想做大 华为做强》,电子工业出版社 2018 年版。
3. [英]杰西·诺曼著:《亚当·斯密传》,李烨译,中信出版社 2021 年版。

有种的曹德旺

1

1990年,福建福清市西郊10千米处的石竹山上,白白胖胖的曹德旺缠住寺庙老和尚,一心要出家,老和尚不置可否,让他向寺庙里供奉的九仙公求签。

签文曰:

晨昏传籁佛扶持,须是逢危却不危。
若得贵人相引处,那时财帛亦相随。

老和尚看罢签文,微微一笑,曹总,你尘缘未了,今生有佛报,却无佛缘,出不得家。

曹德旺一听,涕泗交加,恳求道,大师,你不知道,制造业不是人做的,太苦了,我每天工作16小时,所得不过三餐果腹,想起来会哭,太痛苦了。

老和尚安慰道,曹总,你要注意身体,安心工作,注意劳逸结合,既然你能到这里问,说明你还相信仙公,他以前告诉过你,你的晚景会有很好的福报。静下心,好好地去把企业办好,别动这个念了。

曹德旺听罢,收起泪水,哽咽着下山了。

得知曹德旺打消了出家念头,曹的家里人、福耀玻璃员工,乃至地方政府、省级领导,全都松了一口气。

2

曹家位于福建福清高山镇。福清是林则徐祖籍地,亦是知名侨乡。

曹德旺父亲叫曹河仁,年轻时随舅公到日本,在一家布店当学徒,每天煮饭烧菜、挑水、倒马桶,吃的是布店老板一家的残羹剩菜,每天晚上,按照老板要求,对着镜子练习微笑,练习鞠躬,练习说话,一练就是几个钟头。

布店老板教了曹河仁三年,第一年练筋骨,第二年学吃苦,第三年方授真技。

三年一到,老板告诉曹河仁,我教给你的,你已经学会了,现在你可以离开我的店,去开自己的店了。

在日本,曹河仁赚了十万日元,按当时汇率,日元比美元更高。回到中国,曹河仁迁居上海,入股上海永安百货,家用颇丰,吃穿不愁。

1947年,国民党政权风雨飘摇,上海企业主纷纷举家搬迁,曹河仁与妻子商量,决定回福清老家,购置一艘机动铁壳船,装载全部财产。谁料,货船在海上遭遇风暴沉没,曹家遂中落。

曹河仁的妻子陈惠珍是富家千金,货船沉没后,摘下首饰,变卖钿钗,在高山买了块宅基地,盖起二层小楼,辛勤劳作,种些花生红薯,每天只吃两餐,养活6个子女。

6个子女中,曹德旺胃口最好。

这小伙儿天生顽皮,天天跑到学校附近的小沟里玩水,有次被教导主任发现,将其揪出来作为典型,你们看,这小不点儿,中午不午休,跑到水沟玩水,哪天淹死了,家长还要找我麻烦,你们可不能学他。

曹德旺憎其所言,放学后在书包里装了块石头,一路尾随。教导主任进了茅厕蹲坑,曹德旺爬到墙头,正要拿石头往下砸,转念一想,丢掉石头,解开裤裆,冲着教导主任的脑袋尿了一泡。

为此,曹德旺被辍学,回家放牛割草。

割了一年草,买了本《新华字典》,割了三年草,买了部《辞海》。曹总"天生丽质难自弃",凡是印有字的纸,都拿起来读,经过一番苦修,终于自学成才。

在那个一言难尽的计划经济年代,出类拔萃的曹氏父子为了果腹,成为水果小贩。

曹德旺每天凌晨两点起床,骑三轮车到福清县城,赶在天亮前批发好水果,随便吃一口,再载着300多斤水果回高山,下午与父亲一起出摊卖水果,卖完水果,夕阳已落,回家吃饭睡觉,如此疲于奔命,一天下来,大概有3元利润。

后来,曹德旺父子改做利润更高的烟丝生意,被工商局当"投机倒把"抓了个现行,烟丝被收缴,车子没收,执行者是曹德旺同班女同学的姐夫,这个女同学显得很得意,曹德旺指着她的鼻子骂道,姓×的,你得意什么,你妈不是也在做生意吗?只不过你有一个好姐夫当官,罩着你而已,老子从此不做了,你也得给我小心点。

1983年,曹德旺承包了一家不景气的高山异形玻璃厂,主做水表玻璃,实现利润22万元,扣除上交给政府的6万元。以及留作企业发展的资金,曹德旺等5个合伙人分剩下的9.6万元,曹德旺拿大头,分了近6万元。

高山镇政府听说出了个能点石成金的曹德旺,本着改革开放搞活的精神,派人跟他来谈合资。双方一拍即合,高山镇政府以账面资产17.5万元入股,曹德旺等人也拿出17.5万元,各占50%。

谁料,不论曹德旺如何费尽唇舌,另外几个合伙人都不愿合资,嚷嚷着把赚的钱分了就退出,免得夜长梦多。曹德旺无奈,只得将自家的房子抵押给福清市农业银行高山镇营业所,又找来几个感兴趣的朋友投资,凑齐了资金,曹德旺成为合资方个人股东中占比最大的。

3

1984年,曹德旺去南平出差,南平协作办派了辆汽车送他去武夷山游玩一番。

在武夷山脚下,曹德旺买了根拐杖,司机对他说,曹总,上车时小心点,车玻璃别给我碰破了,不然你可赔不起。

曹德旺哼了声,不就是一块玻璃吗,我是做玻璃的,我会赔不起?

司机说,真的,这玩意很贵,一片玻璃好几千元钱呢。

曹德旺还是不信,旅游回来后,跑到汽车维修店溜达了一圈,结果让他大吃一惊:马自达汽车,换一块前挡风玻璃,竟然要6 000元;如果加急,就是8 000元。

那年头,车用玻璃大多从日本进口,日本看准中国人没人搞这块,于是漫天要价,一平方米玻璃不过几元,加工一下,成本也就十几二十元,可谓暴利中的暴利。

曹德旺大呼,太离谱了,日本人就这么欺负我们吗,既然没人做,那就我来,我要为中国做一片自己的汽车玻璃。

1985年,高山异形玻璃厂投产汽车玻璃后,利润倍增,当地人感慨,这哪里是在生产玻璃,这分明是在印钞票。

随着曹德旺的发达,一个流言在高山镇不胫而走,说他有经济问题,账册都被查封了。

曹德旺找到福清县县委书记陈元春,向他自报家门,并介绍了玻璃厂的情况,然后撂下几句话,如果我贪污了一分钱,你就可以判我一年,拿法律处理我,但是,你不能给我制造冤假错案,我这个人不接受道歉。厂里现在贷款70多万元,如果我有什么三长两短,我相信那些造谣的人负责不起。

陈书记脸色严峻,说道:这是你说的,只要你能为今天的讲话负责,我一定给你一个解释对质的机会。今天你先回去,把工厂管起来,把生产抓好。

7月20日下午,县里的通知到了,让曹德旺三天后去县委圆形会议室开会。

曹德旺打印了可能用到的所有材料,一一分类装订,理了理思路,强压下委屈和怒火,准备赴会。

关于曹德旺的流言和"罪名"主要有四点:第一,贪污十几万元,主要证据是国家规定个人不能向银行贷款投资,曹德旺用银行贷款投资,是非法的,应视为贪污。第二,曹德旺这几年请客送礼,花了4万多元,却拿建筑发票替代充抵。第三,曹德旺把仪表厂拆掉建玻璃厂,是破坏生产。第四,曹德旺向南平市政府借了3万元,现在还无法确定,是贪污还是挪用。

曹德旺走进圆形会议厅,将手中材料分发给在场所有领导,然后坐回自己的位置开讲。

关于第一个问题,贪污十多万元。曹德旺将如何找到水表玻璃项目,如何与镇企业办主任谈话,如何到上海考察,如何筹建玻璃厂,如何开始承包,如何开始合资的详细经过讲了一遍。

曹德旺说,我是一个农民,不知道国家有规定不能用银行贷款投资,可这都是你们在座的各位一手策划协助才完成的,现在工厂做好了,赚了很多利润,又拿这个来说事,有这么做事的吗?如果我现在因为这个成为罪犯,你们这些人就是教唆犯!

关于第二个问题,说我请客送礼花了4万元,确切地说,这是玻璃厂三年来的行政开支。这三年,我们建起一个玻璃厂,搞了个产品鉴定会,举办了工厂剪彩庆典,买了纪念品毛毯,办了酒宴,就我没有拿,因为如果我拿了,我的员工也要拿,我没有钱买这么多毛毯。这些请客送礼的发票,我的部下拿去报销时被会计骂了出来,说账面上不能体现请客送礼,玻璃厂正在建设,可以向工程队要相应的建筑发票来报销,这就是为什么账上有了这4万多元的建筑发票!

……

曹德旺越说越激动,说到最后,猛地站起来,怒拍桌案:说我贪污挪用?这些人都是公报私仇,他们有的子女因工作不达标被我开除了,于是怀恨在心。我说完了,怎么处理,悉听尊便。

曹德旺发泄完心中的憋屈和愤怒,甩手走出会议室,他看看手腕上的表,已是晚上10:00。

听完曹德旺发言,会议室鸦雀无声。

半晌,陈书记端起茶杯,抿了一口,说道:真是一个难得的人才啊,我工作二十九年,见过无数干部,没一个有曹德旺这个水平,一个人坐在那里,讲两三个钟头竟然不打草稿,而且没办法辩驳,每一条都说得无懈可击,值得我们在座的每一位学习啊。当然,也有缺点,怎么能把中指竖出来呢?

那帮人见在福清没搞倒曹德旺,又上告到福州市,福州市来人调查一番,曹德旺依旧清白,一通联合调查后,结论依然。

此后,曹德旺给自己立下规矩,严格按政府政策规定办事,按章纳税,尊重所有官员,但保持距离,一起吃饭可以,但也仅限于吃饭,绝不涉及财务往来,如有盈利分红,除用于家庭和自身生活费用外,皆用于社会捐赠。

4

1987年5月29日,福建耀华玻璃工业有限公司注册,属于中外合资。

按照采购合同,芬兰泰姆格拉斯公司要为福耀玻璃提供培训。当年11月,曹德旺与几位公司骨干,收拾行李去芬兰取经。

80年代,许多出国考察的中国团队,出国时往往携带两毛钱一包的方便面,能省下一笔不小的差旅费。

出发前,曹德旺对员工训话:这次出国学习,有人建议,让我们自带方便面省着点花,省下来的钱可以带电器回来。我不赞同这个建议,我们不带方便面出国,我们也不要外国人请吃饭,我们不要为了什么劳什子电器在国外把自己搞得太狼狈!洋人不知道我们每一个人的名字,但知道我们是中国人,我们在国外代表的就是中国。一个人要有人格,一个国家同样需要有国格!没有人格,没有国格,带多少东西回国都没用!政府批给我们每人每天90美元,我问过,不买东西的话,这90美元,足够我们在芬兰的开销。因此,我们这次出国费用集中管理,吃完用完,若有剩余,全部上交。

在芬兰的实验室,曹德旺相中一款HTBS机器,不用模具就可以做边窗玻璃。

曹德旺心动了,多少钱?

芬兰公司总裁说,190万美元。

曹德旺摇摇头,太贵了。

摇完头,曹德旺心有不舍,又补了句,要是100万美元卖给我,我会考虑买一台。

太低了。总裁摊开手,耸耸肩。

回国后,曹德旺怎么都忘不了那台机器,脑海中总是浮现出这样一幅画面:HTBS每40秒流出一片边窗玻璃,瞬间变成几百元钱。

曹德旺关掉做仪表玻璃的工厂,集中精力搞福耀,也就是搞汽车玻璃,于1988年6月向芬兰发出HTPS报价邀请,外方很重视,派了三个人来谈,经过几轮艰难谈判,最终以108万美元买下该设备,成为全球这种设备的第一个买家。

HTPS投产后,仅用6个月,便收回全部成本。

5

1991年,福耀募集了2千多万元,曹德旺听朋友建议搞多元化经营,开发福耀工业村。

曹德旺找了省一建来施工,原定18个月完成的工程,施工方做了两年,才刚完成至地面二层裙楼工程,地下室柱梁歪歪斜斜,漏水严重。1993年11月,曹德旺提出协商,要求对方退出项目,并达成协议。

省一建同意退出,要求结算尾款,福耀这边则指出地下室漏水严重,不符合验收条件,得先修好地下室再支付。

尾款不过三四百万元,修改地下室,却要花更多钱。有个工头说修地下室不划算,不如花200万元打官司,他有个同学在省法院当庭长,保证能赢。

没过多久,福耀收到了福建省高级法院经济庭的传票。曹德旺不信邪,决定应诉。

法庭上,曹德旺拿出收集来的资料说,证据都在这,工程存在质量问题,应该先质证合同,是否有质量违约,再谈欠款。

法官说,我不问这个,我质问你有没有欠几百万元工程款?

整个合同3 100万元,包括地面上的工程,可是现在只完成了地下室和地上两层,他已经拿了3 300万元了,上面的六层楼都还没盖,地下室还严重漏水,您说有无欠款?

我不问质量,我只问你是不是欠他工程款?

后来,北京一个大律师告诉曹德旺,既然法庭说不管工程质量问题,只管你工程款的问题,那你就去请中国最权威的质量认证机构来鉴定,告他们质量问题。

曹德旺恍然大悟,到福州中院起诉,历时近两年,打赢了官司。

省一建不服,又告到省高院,最后以最高法院出面调解结案。

这个官司从1994年打到2000年,曹德旺损失了3 000万元和7年的利息,直接与间接损失累计近亿元人民币。

1995年，曹德旺迷上当时一本极畅销的书——《曾国藩》，从头读到尾，记住了书里的一句话：

敬胜怠，义胜欲；知其雄，守其雌。

6

1993年福耀玻璃上市。

上市以后，福耀玻璃多线发展，汽车玻璃、房地产、装修公司、加油站、高分子公司、配件公司、贸易公司，甚至考虑投资IT产业，只要是赚钱热点，都想插一杠子，结果忙忙碌碌，并未赚到什么钱。

曹德旺拜会了香港交易所的梁总监，拿出随带的福耀报表让她分析。梁总监翻了几页，把报表扔回给曹德旺，你这个是垃圾股。如果投资者喜欢玻璃就会投资玻璃，喜欢房地产就会投资房地产，可是你小小的公司什么都做，谁敢买你们的股票？

一言点醒梦中人。

那些日子，曹德旺读了一本名为《聚焦法规》的书，作者是全球知名营销大师艾尔·赖兹。他在书中阐述了一个道理，即为什么公司需要一个较窄的定位，以使自己能够在消费者心目中抢占某个市场，该书被业界权威称作"管理大炮"。

书中有这么个例子。

太阳光以每小时数以兆亿度的热量射向地球，但由于距离遥远，太阳辐射面太大太散，无法伤害到人类。但是，如果有一个小孩子用一面镜子放在沙滩上收集阳光，将其变成一束光，那么，光束所到之处，不论什么都会融化，这就是聚焦的力量。

曹德旺沉思，人的时间、精力、经验、资金都是有限的，如何把有限的时间、资金、精力和经验发挥出最大的效率，就像小孩手中的镜子，将发散的阳光聚集成威力无比的光束，集中全部资源和能量，如拳头般专打一点，这就是专业化。

考察美国市场时，曹德旺来到福特博物馆。美国遍布汽车旅馆，汽车是现代美国文化中不可或缺的一部分。曹德旺想，若将美国当作标杆，丈量一下中国与美国的差距,若我们与美国差一百年,那么只要看看一百年前美国在做什么,一百年前的美国什么行业最发达最兴盛,且现在仍然发展得不错,那么,这就是中国企业可以做的。

曹德旺看着福特博物馆琳琅满目的展品,一边沉吟,一边漫步,终于露出了开悟的笑脸。

未来的日子,曹德旺将自己所有的时间、资源、资本、精力都聚焦到汽车玻璃这个事业上,就像因聚焦而变得威力无比的光束那样,要让全世界的人们只要一提起汽车玻璃,就会想到中国的福耀。

7

2001年2月28日晚上,曹德旺接到销售部报告,称刚从网上看到美国PPG玻璃公司向美国商务部起诉中国的玻璃倾销。

事发紧急,曹德旺立即通知各部门高管召开会议。会上有人说,干脆不应诉,福耀现在的产品在中国处于供不应求状态,内销利润比外销高。我们不去打官司,产品转向内销,可以省去极大的经济成本,还能顺便把国内的竞争对手灭掉。

曹德旺说,我们这次不去应诉,就等于放弃国际市场,我们的客户主要是全球八大汽车厂,这个市场丢不得。还有,一旦我们作出放弃的决定,丢掉的不仅是国际市场四个字,更是企业应承担的维护国家尊严的责任。

会议过后,曹德旺成立反倾销领导小组,自任小组长,聘请美国最好的反倾销律师打这场国际官司。

那段时间,福耀的反倾销小组,无日无夜,吃睡都在办公室,整理搜集的资料数据有半吨,堆满了一个房间。

2004年10月15日,美国商务部公布了终裁结果,福耀倾销率为0.13%,小于规定的0.5%,不构成倾销。福耀成为中国入世以来第一个反倾销胜诉的案例,后来更是成为中国企业反倾销的经典案例。

就在反倾销案打得如火如荼时,福耀遇到一个发展瓶颈,要想获得世界八大汽车厂汽车玻璃供应商的认证,就必须有自己的汽车玻璃级浮法玻璃生产线。

曹德旺决定赴美国，与PPG商谈引进浮法技术生产线事宜，许多高层认为，如今正在打反倾销官司，PPG不可能同意我们的请求。曹德旺笑了笑，去了再说。

美国，匹兹堡山上的一家豪华酒店。

PPG尽地主之谊，搞了满桌海鲜与红酒，按照每位上千美元的接待标准。

曹德旺说，今天我们不讨论官司的事，商人应以和为贵，以信为本，这次到匹兹堡，是想和PPG的老大们讨论有无可能与福耀合作做浮法玻璃。

几句话过后，PPG几个老总认定曹德旺是个敞亮人，遂有啥说啥，畅所欲言起来。

酒酣耳热之际，曹德旺滔滔不绝：

综观全球汽车玻璃行业排名，ASAHI第一，圣戈班第二，佳殿第三，皮尔金顿第四，你和我排在第五第六。如今，我们第五第六名在这里打官司，谁输谁赢都没有好处，把我打垮了，他们便可集中力量对付你，所以，我们之间有什么好打的？

PPG在中国没有工厂，我相信，我们两家联手，可以有效抑制他们的发展，我在中国发展了，他们在中国挣不到钱，只能在国际上与你竞争，这个时候，如果福耀能在国际市场拖住他们后腿，PPG的排名也就靠前了。

大洋彼岸，曹德旺反客为主，说得美国人连连点头。

过后，福耀与PPG签约，获得了技术转让证明书，补全了福耀作为全球汽车玻璃供应商中最重要的一环，福耀获得全球八大汽车厂汽车玻璃供应商认证。

2022年，全球汽车玻璃行业，福耀排名第一。

结 语

曹德旺说过一句话："我们有种的中国人，要团结起来，克服困难。"

有种的曹德旺，靠一片玻璃打天下，靠的是极致的聚焦。近些年，最容易"成功"的，往往不是做实业，而是搞一个炫酷拉风的概念，包装上市，在金融资本市场呼风唤雨。那些头角峥嵘的豪赌之辈，今天上市，明天首富，后天破产，人生大起大落来得太快。

还好，除了这些高来高去的资本玩家，中国还有踏踏实实做实业的人，曹德旺、任正非、宗庆后、董明珠、陶华碧……

做实业的，往往鄙视玩资本的。

有人曾将李嘉诚与曹德旺做对比。曹德旺反感地说，我跟李嘉诚不能比，我不做房地产，我不为钱，我赚的钱也要捐掉。为什么拿我跟他比呢？我是实业家，对那些为了钱的人不屑一顾。

曹德旺的智慧，自然有西方管理学的助力，比如"聚焦"，但说到底，还是根植于心的中国传统文化。曹德旺热衷慈善，捐了不少钱，他把这解释为，既然活在中国，不移民外国，也不去火星，那就得出一份力，力所能及地把中国建设好。做慈善说到底也是为了自己。

中国文化的精髓，有阳刚进取的一面，也有阴柔保身的一面，前者如"天行健，君子以自强不息"，也就是要有种，后者如"知其雄，守其雌"类似的表述，《道德经》里有许多。在一次采访中，曹德旺把这种"保身智慧"总结为8个字：不犯天条，不犯众怒。

福耀在俄罗斯卡卢加州有2.2亿美元投资，曹德旺曾在克里姆林宫签合作协议，是俄罗斯人的座上宾，如今俄乌冲突，一片烽烟战火。

新的考验，即将到来。

但正如阐述天地世间万象变化的《易经》所言，君子藏器于身，待时而动，何不利之有？

在瞬息万变的世界把握自己，坚守正道，正是中国人擅长的。

参考书目：

曹德旺著：《心若菩提》，人民出版社2015年版。

囤积物资纪事

1

抗战期间,美国在中国驻有兵力,且日益增多,1942年底有1 255人,到1945年8月剧增至60 369人。

一个人一张口,美国大兵壮,能吃能喝,还得吃饱吃好。据统计,当时一个美国士兵的伙食开销等费用,相当于500个中国士兵的费用。

孔祥熙(时任国民党政府财政部长)向美国人抱怨,在中国,你们的孩子们每天需要6只鸡蛋,现在减为4只。但是,你们每天吃1磅牛肉,为了供应肉食,我们把耕牛都拿来给你们吃,很快将没有任何牲畜留下来帮助农民耕种田地了。

美国兵的好胃口,导致了国民党政府庞大的开支,从1944年11月到1945年5月,美国人的月费从10亿元增加到200亿元。

美国增兵造成的巨额开支与它在中国抗日战场起的作用严重不成比例,如B29行动,它在战争期间仅发动了20次空袭,对日军伤害极其有限。而"包养"美国兵的月费,却导致当时中国原本就虚弱不堪的经济更加雪上加霜,甚至濒临崩溃,用一句四川话讲,就是:格老子的,全洗白喽。

与那些受了"委屈"、一天只能吃4只鸡蛋、1磅牛肉的美国兵相比,中国人的生活水平是另一番景象。

1940年国民党官员工资的购买力下降到战前水平的五分之一,1943年其实际工资跌落到1937年的十分之一。用当时流行的话说,他们陷入了"赤贫"之中。面对此情此景,大批官员"无奈之下"开启了他们的谋生技能——贪污。

当时贪污腐败是家常便饭,道法自然,高官们携着浓妆艳抹、穿着开衩旗袍的妖艳姝丽,坐在小汽车后座,胳膊有意无意挨蹭着身边佳人隆起的、绝无营养不良的双峰,看着窗外萧条的穷街陋巷,吐出一口忧国忧民的烟圈,转头又去一窝蜂抢购那些从外国走私来的香水和黄油,并随时做好准备,奔赴那一桌桌酒池肉林、国色天香的豪华宴会。

而那些缺乏"贪污"技能的穷学生和穷教员则要寒酸得多,他们挤在光照不足、没有暖气的宿舍里,没有半点油星,一天能吃两顿饭就算是很难得了。据当时《大公报》报道,教员和学生都生活在"饿死的边缘"。

在那个时期,物资短缺,自然饱受战争影响。日本蹂躏上海和中国其他沿海城市时,国民党政府丧失了大量税收,只能疯狂印钱,导致通货膨胀,食品价格暴涨。战争期间,面向消费者的小型工厂在内地纷纷建立,却仍然是杯水车薪,来自日本占领区的物资成了老百姓消费品的重要来源,而国民党和日本人明面上都禁止这种交易,只能暗中进行。

前面说了物资紧缺下,"赤贫"的官员以及学生和教员的生活状态,却未提及普通人,尤其是底层人的甘苦,实在是不忍言说。

当时,食品价格暴涨1 400%,饿殍遍野,卖儿卖女成了常态,通货膨胀扶摇直上,1948年8月中国通货即将崩溃前,上海的批发价格指数达到1937年水平的660万倍。读具体史料细节,看至惨处,不禁令人泪下,呜呼,怜我同胞,忧患实多,忧患实多,夫复何言。

抗战胜利后,内战烽烟又起,通货膨胀高到天际,国民党政府疯狂向四大银行借款,印钞机日夜无休超负荷运转,仿佛血液里的病毒极速扩散,使得国民党政府整个机体病入膏肓,再无回天之术。

就在无数老百姓挣扎在饥饿和死亡边缘、渴盼着一口救命粮时,国民党政府内部那些贪得无厌、满脑肥肠、有如大毒瘤般的官僚资本家却异常玲珑,搞起了一个敲骨吸髓的买卖:囤积居奇,垄断物资,牟取暴利。

1948年年轻气盛的打虎少年蒋经国踌躇满志来到浪奔浪流的上海滩,想要在国民党这座千疮百孔的"建筑"崩塌前,再抢救一下。准备先拿囤积居奇的青帮大佬杜月笙的儿子杜维屏开刀。

杜月笙呵呵一笑,眼中闪着一丝诡异的光,绵里藏针地说道,犬子围屏违法乱纪,是我管教不严,无论蒋先生怎样惩办他,是他咎由自取。不过,我有个请求,请蒋先生派人到扬子公司查一查,扬子公司囤积的东西,在上海滩首屈一指,远远超过其他各家,希望蒋先生一视同仁,先查封扬子,大家才能心服口服。

打虎小将蒋经国傻了眼,扬子公司是谁的?孔令侃的。孔令侃是谁?孔祥熙的儿子,宋美龄的外甥。小蒋怒火中烧,我这还巴巴打虎呢,原来老虎就是"娘亲",小丑是我自己。

蒋经国一番兜兜转转,终于投鼠忌器,雷声大雨点小,轻抚了两下老虎屁股,便草草收场,还给自己找了个台阶下:尽孝不能尽忠。

在蒋经国表演打虎的同一年,名士朱自清为抗议美国政府,拒领来自美国的平价粮食,毅然在声明书上签字,而此时,他已患有严重胃病,急需精粮调养。

签完字几个月后,朱自清因胃病去世,去世前一天,朱自清强撑病体,叮嘱夫人,有一件事得记住——我是在拒绝美援面粉的文件上签过名的!

2

经济基础决定上层建筑,从通货膨胀到囤积居奇,再到统治崩溃,这其中藏着国民党政府最触目惊心也是最致命的烈性恶疾。

若将国民党政权(蒋家王朝)在中国大陆的覆灭视作一个"绝症病人"的死亡,那从"死亡报告"来看,自然也能分出个内外症结。

简言之,来自外部的战争等因素,只是加速了病情恶化,而真正起到致命效果的,却是病人自己要作死。

前面说的国民党赖以疯狂借贷的,是当时居于统治地位的四大银行,而操纵四大银行的,正是国民党政府中的显赫人物。20世纪30年代,人们普遍相信,蒋介石家族控制中央银行,交通银行是孔祥熙的,中国银行是宋子文的,中国农民银行是CC系的。

楚王好细腰,宫中多饿死。既然政府头头脑脑们带头巧取豪夺,各色与政府有着千丝万缕关系的财阀巨鳄,大小奸商,投机掮客,三姑六姨,裙带小厮,自然是上行下效,大搞权钱交易,钻营得不亦乐乎。

那么,问题来了,钱从哪儿来呢?

《让子弹飞》里有句台词,回答了这个迷思:"刮穷鬼的钱!"

国民党政府的关税、盐税、货物税等,给普通老百姓套上了沉重枷锁,而拥有门路的富人,通过逃税骚操作,根本没纳多少税。

在抗日战争及解放战争时期,商业和金融业领域的投机交易,为包括政府"知情人"在内的头角峥嵘的家伙带来了巨额利润,而这些获利者,从未被真正征税,千斤重担一股脑都压在"穷鬼"身上。

国民党许多手眼通天,或本身就是"天"的高层官员,以及他们身旁或娇滴滴或河东狮吼的夫人姨太,都把国家的经济建设当作个人发财搂钱的机会,尤其是最上层的太太们,比如蒋太太和孔太太。

蒋介石为打内战,将军队扩充至500万人,耗费了政府支出的70%~80%,通过征税来筹款,主要是向贫穷农民征税,那些利用通货膨胀大发横财的投机资本家则不在征税之列。

理解了这些,我们才能明白,淮海战役中,为什么543万民众愿意用挑子、担架、小车、大车等原始运输工具,运粮食,运弹药,抬伤员,怀揣着"倾家荡产,支援前线"的信念,冒着烽烟炮火,为中国人民解放军运送了1 460万吨弹药、9.6亿斤粮食等军需物资。

淮海战役,平均每一个解放军战士背后有9个民工在保障作战,人心向背,天理昭昭,尽在不言中。

曾几何时,流行"民国热",未涉世事的青少年们手捧一本徐志摩诗集,沉醉于民国的鸳鸯蝴蝶梦里,为孟浪文人和心机名媛们的风流爱情一咏三叹。我少年时读鲁迅,总觉得他尖酸刻薄,人家徐志摩谈个恋爱,他都要写篇《我的失恋》,挖苦讽刺一番,何苦来哉。

其实,当时年少的我们,根本不懂民国。

1937年,抗日战争前,中国的经济还处在现代以前。20世纪30年代,中国的年人均国民收入在世界排名表上接近最底层,每人约15美元(1933年价格),比世界低收入国家的人均收入还要低三分之一。

个别浪荡文人的罗曼史和所谓的名士风度,只是民国生活状态的千万分之一,而连绵不绝的饥饿、战争、贪腐、苦难才是民国时的"主流"状态。

历史不容割裂,我们不应忘记,中国今日之崛起于世界之林,正是在这样的"烂摊子"上一步步发展起来的。

3

且让我们从苦难深重的民国的鸳鸯蝴蝶噩梦里回来,看看 2021 年的两则官方消息。

2021 年时任国家粮食和物资储备局粮食储备司司长秦玉云于 2021 年 11 月 3 日表示,我国粮油加工能力很强,每天可以加工稻谷 150 万吨、小麦 80 万吨,也就是说,如果按每人每天吃一斤粮测算,一天加工出来的米面够全国人民吃 2 天。①

我国秋粮收获接近尾声,全年丰收已成定局。随着优质粮食工程的深入实施,绿色储粮技术逐步推广,保质保鲜能力显著提高,目前我国粮食完好仓容超过 1.3 万亿斤,处于历史高位,国内粮食市场供应完全有保障。②

话说到这份上,大家可以放心了,与其魔怔地储存大白菜,不如"储存"个对象(指尚无对象的朋友)。"双十一"快到了,相信许多朋友迫不及待磨刀霍霍要"剁手"了,咱们今天就聊到这儿吧。

对了,关于囤积居奇,突然想起一件事:2020 年 2 月,新冠疫情肆虐之时,中国急需生产口罩,作为印度棉花的最大买家,中国想从印度大量进口棉花,这时,印度囤积居奇,摆架子,宣布停止对中国出口棉花,并大幅提高中国商品进口关税。

或许,下回我可以跟大家聊聊国与国之间的"囤积居奇"。

参考书目:

1.[美]费正清编:《剑桥中华民国史(1912—1949 年)》(上卷),杨品泉等译,中国社会科学出版社 1994 年版。

2.[美]费正清、费维恺编:《剑桥中华民国史》(下卷),刘敬坤等译,中国社会科学出版社 1994 年版。

---

①② 张钦:《国家粮食和物资储备局:当前我国粮食库存总量充足,处于历史高位》,http://new.qq.com/rain/a/20211103Aoc60koo。

韩货败退中国真相

1

这几天,两个韩国人曝光率颇高,一个是韩国艺人具俊晔,一个是新科总统尹锡悦。

具俊晔是偶像团体暴龙组合的一员,20年前引领过韩流,与他差不多时间出道的像HOT、安在旭、裴勇俊之流早已淡出中国年轻人的视野,具俊晔这回顶着个过气的秃头曝光,并非演艺事业咸鱼翻身,而是"嫁"了个中国台湾的话题女王——大S。

韩国SM等娱乐公司,向全世界尤其是向中国输出K-POP,引领所谓韩流,是经济行为在娱乐文化中的显现,包含在整个韩国外向型经济之中。

几年前我一个朋友做出版时,搞了本EXO的书,征订前在办公室沏杯茶,泡几粒枸杞,与发行同事吹风:韩国市场不过5 000万人口,SM这种公司费九牛二虎之力包装出一众杀马特明星,若只在本土消化,没甚赚头,必得冲出国门,抱大腿,赚外汇,趁韩流正炙,我们顺应市场潮流,干它一票,实乃赏心乐事也。

只是如今风向变,潮流改,中国人似乎对韩流不怎么感冒了,那些追求品位的名媛们,你若跟她们提起韩剧韩星,多半要撇嘴,什么年代了还欧巴哥哥的,土得掉渣,你不会是好丽友吃多了吧?

这回具俊晔沾大S的光,上了几天头条,权当好心帮韩国人去库存。

放眼今日中国,韩货是真的不行了。

2021年，现代汽车的中国市场累计销量为38.5万辆，起亚为16.34万辆，连续5年走低，两大韩国品牌中国市场份额合计不足2%。当下，中国汽车发烧友争论的多是坦克300和BJ40哪个更威猛，韩系车则鲜有人问津。

三星电子在中国智能手机市场占有率曾在2013年达到峰值，为19.7%，但第二年就逐年下滑，中国本土品牌华为、小米、vivo、oppo、realme等则一路狂飙，占据市场头部。2021年，在中国市场排名前七的手机厂商中，除了Apple，全部为中国本土品牌。

韩国电子信息通信产业振兴会（KEA）发布报告，仅仅在10年前，中国的电视机企业还只是国外下订单在本土加工的代工工厂，如今TCL、海信、创维等品牌革新生产体系，做大做强，与欧洲、美国和日本企业展开激烈竞争，而韩国代表品牌三星电视机，眼看就要被打下擂台，只得寻找新的市场突破口。

刚当选韩总统的尹锡悦，其父是知名经济学家，据说受父亲影响，尹锡悦从小熟读亚当·斯密和米尔顿·弗里德曼，中国是韩国第一大贸易伙伴，尹锡悦称要降低韩国经济对中国的依赖程度，并提了个傲娇的主张——有限合作。

2

韩货在中国全面败退的真相，藏在历史洪流中的一碗冷面里。

1938年3月1日，李秉喆在朝鲜竖洞成立了一家名为三星的商社。竖洞位于大邱市西市场附近，水陆交通便利。

战火纷飞中，李秉喆冒险跑到中国长春、沈阳、山海关、北京、青岛等地考察，发现在中国市场上，只有日本的一些产品，没人把朝鲜的特产拿来销售，他便针对中国做起果品和干鱼的出口贸易。

通过实地考察，李秉喆进一步发现，随着中日战争进入持久战，日本人开始掠夺粮食物资，民众忍饥挨饿，急需方便食品。

李秉喆想到了朝鲜特色食品——冷面。

很快，三星商社的面条机开始日夜无休地运转，李秉喆守在机器旁，一刻不敢离开，累了就铺上麻袋片小憩。旁人来问，李秉喆红着眼嚎叫，面条机多转一会儿，我就多赚一些钱，面条机不能停啊。

在终年阴暗潮湿的面条厂房,李秉喆靠着一箱箱运往中国的冷面,赚了第一桶金。

李秉喆的父亲李赞宇与李承晚是旧相识,李秉喆借此搭上李承晚这条线,而李承晚搭的是美国这条线。日据时代,朝鲜大部分资金和技术都掌握在日本人手中,日本投降后,李承晚紧紧傍上美国,朝鲜境内绝大多数商品由美国进口。

1948年,三星商社成为三星物产公司,主做国际贸易,活动范围主要在中国香港、中国澳门以及新加坡、马来亚、印度尼西亚等地,三星公司大量进口铁板、棉丝、缝纫机、白糖、肥料等产品,卖得不亦乐乎,一年净利1.2亿韩元。

李秉喆实行共同出资制度,只要是三星职员都能出资入股,谁投资,谁就能分红,这一制度等于给所有出资员工注入鸡血,每天超长待机,加班加点,兴奋得嗷嗷叫。

1949年2月,李秉喆等11名朝鲜企业家飞到日本进行产业考察。

到达日本后,李秉喆惊呆了,只见满目疮痍,工厂被战火烧焦,沦为废墟,灰尘堆积如山。东京街头,衣不遮体的日本孩童,一边说着讨好的话,一边伸手要钱。

李秉喆与同来的下属悄声说,日本完犊子了。

1945年3月9日夜,美军334架B29轰炸机从关岛出发,携带1665吨凝固燃烧弹空袭东京,繁华的现代大都市瞬间被火焰吞噬。到战争结束时,日本共有98个城市遭到轰炸。

在占领初期,美国对日的方针是实施惩罚。根据1945年11月美国国务院的一项报告,日本工业重建后的规模,被设定为维持和平经济运行的最低标准,日本要拆除钢铁、火力发电、轴承、石油等工业设备用于战争赔偿。

李秉喆对日本的悄声置评,恰好被同行的日本企业人员听见,日本人对李秉喆板着脸又不失礼仪地说,阁下,日本不会完犊子。

尴尬中的李秉喆,打了个哈哈。

就在李秉喆考察日本后不久,朝鲜战争爆发,日本经济史上多了个名词——朝鲜特需。日本成为美国军事力量的补给基地,获得大量订单,在订单刺激下,日本经济迅速复苏。

与此同时,美国为应对美苏冷战,改变了对日经济管理政策,从惩罚转变为扶持，到 1952 年，日本获得了总额 21 亿美元的援助。

在美国扶持下，日本相继加入国际货币基金组织、关贸总协定等国际组织，获得了市场通行证，一步步完成了经济体系的全球化。

李秉喆对那句"日本不会完犊子"印象深刻。他早年留学日本，深知日本人性格，第二次世界大战中的见闻更让他开了眼界。

1945 年 2 月 19 日，美军发动硫磺岛战役，在日本人的亡命抵抗下，美军当日阵亡 2 400 人，到 3 月 26 日拿下该岛，美军阵亡 2.6 万人。而在这年 4 月的冲绳战役中，2 万名美军殒命，总伤亡人数达到 7 万。

此间，日本的"神风特攻队"自杀式攻击给美军士兵带来巨大心理阴影，美军根据冲绳战役对战争进行精密估算，得出结果，若进攻日本本土，美国将付出 100 万名士兵伤亡代价。

老美一合计，不上算呀，扔原子弹算了。

战后，美国出于战略目的，扶持日本经济，以低廉价格向日本转让技术，事后方知，日本人把"神风敢死队"玩命精神移植到了企业中，日本员工的本质是"企业战士"。

李秉喆通过对日本经济崛起的细致观察，为三星找到了一条通天之路，一字记之曰：傍。

傍本国政府，傍美日技术，傍全球资本，傍中国市场。

三星从卖冷面起家，涉足酿造、纺织、化肥、金融，逐渐大包大揽了本国人的衣食住行，待到青瓦台易主朴正熙，玲珑的李秉喆抓住时机，成为权力的座上宾，乘着政策的东风，三星华丽转身，从商社跃为财阀。

1980 年，李秉喆又去了趟日本，拜访经济学家稻叶博士，问眼下日本企业在捣鼓啥？稻叶说，半导体，这玩意是日本未来唯一的出路。

回国后，李秉喆宣布要捣鼓半导体，建立半导体工厂，三星大小头目齐懵圈，老大，啥是半导体？李秉喆回答，这是高级玩意儿，当下最尖端的科技，未来的大势所趋，目前该技术只有美国和日本掌握。

1983 年 12 月 1 日，三星电子召开记者会，三星集团自主研发的 64K DRAM 成功，成为继日本和美国后第三个研发出半导体的国家。

2002 年 3 月出版的《商业周刊》有篇写索尼的文章，文章中写道，在日本东京索尼总部大楼,只要提到三星电子的名字,就能看见办公室内工作人员的不安反应。

在这一年,三星在全球范围内投入9亿多美元打广告,赶时髦的中国年轻人听东方神起,看《野蛮女友》,用三星的产品,深陷"韩流"无法自拔。

与三星不同,那时的索尼,将美国和日本作为主要销售市场,把中国作为销售过期产品的地方。截至2001年,索尼在中国仅投入600亿日元,建立6家工厂,每年销售额不足10亿美元。

日本经济学领域有个词叫"加拉帕戈斯化",经济学家用它来描述产业技术在相对封闭的体系内独自进化的现象。很多在世界市场已然销声匿迹的品牌,在日本都能找到它们的升级产品,比如搜索引擎Yahoo,在世界市场被Google修理得不见踪影,它在日本却滋润依旧。索尼、东芝、松下等品牌,在世界市场稍逊风骚,在日本本土则是另一番景象。

韩国不是不想搞孤芳自赏的"加拉帕戈斯化",奈何人口差不多只有日本的一半,要吃饭,就必须走出国门。

如果我们将韩国经济作为观察对象,其引以为傲的汉江奇迹主要依靠对外贸易,靠的是死磕出具有竞争力的产品,然后卖给全世界。如果将韩国经济的助推因素一个个推敲,技术、资本、地缘、时势……你会发现,它所仰赖的最关键要素是人。

说得更精确一点,就是韩国人逆天改命的决心。

3

每个时代都有一套专属的"财富密码",唯有心有胆者能参悟和驾驭,在20世纪的韩国,深谙"傍"字诀财富密码的,除了三星李秉喆,还有现代郑周永。

郑周永原属贫农,初衷只为谋生。

郑说过这么一段话:在城市找个地方做工也比待在农村强,躲在暗处的老鼠只能去吃屎,在光天化日之下出来的老鼠就能得到粮食,我们有力气,就一定能赚到钱。

有了这样的认识,郑周永立即付诸行动,拿了家里卖牛的钱,跑到城里读会计。后机缘巧合,于汉城盘下日本人开的"阿道服务"汽车修理厂,昼夜不停地干活,天天伫立在店门口,鞠躬弯腰,大声吆喝:欢迎光临,您来这算来对啦,我们的技术一流。

1941年,日本发动太平洋战争,当局宣布"企业整备令",强制所有朝鲜公司纳入军需企业,由朝鲜总督府统管,郑的修车厂自然包含在内。

1945年5月,日本需汽车拉军用物资,郑周永出钱买了30辆卡车搞运输,狠赚一笔,立即抽身,将企业、车队连带合同转让给别人,自己携款归乡。

没过多久,日本战败投降,日资产业全部关闭,在那里工作的日本人被苏联红军抓去当俘虏。郑周永因抽身及时,保住了家底。

日本人从朝鲜败走后,郑周永傍上了美国人。

郑周永来到美军兵器库,承包了更换吉普车发动机和汽车维修的业务,美军拍卖资产时,郑周永看准时机,买下汉城中区草洞106号的一块地皮。经过几个月休整,郑周永在买下的那片空地建起厂房,挂牌"现代汽车工业社"。

1952年12月,艾森豪威尔当选美国总统,向选民承诺,以和平方式结束朝鲜战争,为兑现诺言,艾森豪威尔决定赴朝鲜半岛考察一番。

总统来考察,接待是大问题,忙坏了美军第八军的将领,他们经过一番筛选,将艾森豪威尔下榻地点选在云岘宫。

云岘宫是李朝末期的宫院,内部破旧不堪,必须对其进行全面装修,从卧室、厕所到供暖设施,都得符合美国人的生活习惯。

艾森豪威尔半月后便到,工程急上加急。

美军第八军负责人找到郑周永,提出条件,若工程不能在15天交工,不但不付施工费用,还得交一笔与施工费用相等的补偿费,如果按时完工,费用加倍。

郑周永一口答应。

为满足美国人的修筑要求,郑周永跑到汉城龙山——富人聚集地,开出优惠条件,拆东墙补西墙,把卸下来的大件直接转移到云岘宫,一边昼夜不停拆卸,一边大发感慨,富人真会玩,厕所修到房间里。

经日夜不停抢修,整个工期提前了3天。

郑周永的现代建筑主要靠美军工程吃饭,仅1965年,郑周永从美军工程上获得的利润就占总利润的76.6%。

朴正熙主政后,郑周永与李秉喆走上了同一条路,将自己的企业与国家经济捆绑,垄断市场,催熟成巨无霸财阀,由此还诞生了一个词:韩国式资本主义。

凭借着"傍"字诀,无论风云如何变幻,郑周永越玩越大,终成财阀。

1970年7月17日,京釜高速公路建成通车,大邱市举行盛大仪式,朴正熙主持庆典,给郑周永颁发了一枚"大韩民国铜塔产业勋章"。

1976年1月,韩国第一批国产轿车"福尼"正式驶出现代汽车制造厂的大门,至此,韩国成为世界上第16个能够完全自行生产小轿车的国家。

做归做,说归说。

在大庭广众之下,郑周永选择"洁身自好"的措辞:企业不依靠自身的力量去发展,而是靠与某种权力勾结,这是件令人不愉快的事情。"现代"进军海外,向国民证明,我们"现代"不是靠与政府的关系,而是依靠自己的力量发展起来的。

1992年,"靠自己的力量发展起来"的郑周永宣布退出现代集团,成立新党,在当年总统大选中大放异彩,夺得31席国会议员席位。

此届选举,财阀虽未攀上青瓦台宝座,却已初尝问鼎滋味。

60年代,郑周永在泰国做建筑项目时,每天去工地指导,发现一个怪现象,明明在现场看到进度很快,实际进度却提不上来。郑周永询问厂里年轻的技术人员,几乎无人敢上前讲明施工中的问题,最后有个负责曼谷物资供应的小伙儿将真相道破,原来郑周永前来监工时,工人们做的都是无效劳动。

此后,郑周永对这个敢于说真话的小伙儿青眼有加,一路提拔,这个小伙儿的名字叫李明博。

4

1986年5月,李秉喆高烧不断,确诊肺癌。

一天下午,秋雨连绵不绝,李秉喆来到汉城安阳高尔夫球场,望着蒸腾的雨雾,感受彻骨的孤独,深谙财富密码的他,半倚靠椅暗点头,生命之火将熄。

李秉喆死后,三子李健熙接班,在他手中,把"傍"字诀玩到了更高境界,三星一路成长为跨国巨头,打造出被称为"韩国人从生到死都离不开"的三星帝国。

2018年2月,首尔高等法院对三星第三代掌门人李在镕行贿案作出判决,推翻了一审的 5 年刑期,变为有期徒刑 2 年 6 个月,缓刑 4 年,李在镕当庭释放。

5 个月后,文在寅出席三星电子印度工厂的竣工仪式,与李在镕握手,李在镕低头弯腰 90 度,一躬到底,似有深意。文在寅嘱咐道,希望三星电子在韩国进行更多的投资,创造出更多就业岗位。

李秉喆去世前为后代留下一句教诲:与政治不可近也不可远。

江流天地外,山色有无中。

做企业有时是玄学。

5

韩国从一穷二白到汉江奇迹跻身亚洲四小龙,再到如今韩货全面败退中国市场,都有一条隐隐可循的逻辑链条,其根本肇因,可归纳为二:一是政治上具有大国附属(美国"盟友")性质。二是经济上本土市场狭小。

韩国财阀发家的"傍"字诀外向型经济促成了韩国金融起飞,也注定了其局限性。

事实上,第二次世界大战后的数十年,美国一直是世界经济增长的发动机,只有进入以美国为主导的贸易体系中,才能有机会大展拳脚。

80 年代,日本国民生产总值达到美国的一半,而美国人口总数大约是日本的两倍,换言之,日本经济水平已足以匹敌美国,日本企业里的"神风敢死队"再次让美国人恐惧。

当时,恐惧中的美国人干了一件中国人熟悉的事——砸毁日系车。当时一项民意调查显示,美国国民认为日本的经济威胁超过了苏联的军事威胁。

1985 年,美国贸易赤字达到 1 100 亿美元,里根首次动用《1974 年贸易法》中的 301 条款,授权美国政府部门对日本进行报复,理由是美国贸易赤字主要由日本造成。

时任日本首相中曾根康弘颇为玲珑,呼吁每一个日本人购买价值一百美元的进口商品,以降低日本的贸易顺差。

1985 年 9 月 22 日,美、英、德、法与日本在纽约广场饭店召开会议,日元对美元大幅度升值,史称"广场协议",日本由此进入"失去的三十年"。

三星李秉喆曾通过对日本经济活动的洞悉，关键时刻作出决策，站稳了半导体山头，日韩两个美国所谓"盟友"，傍字诀耍得一流，列在一处观察，能看出很多东西。

前面说细数韩国经济助推要素，最关键一项是人，日本更是如此。

日本花王集团前总裁常盤文克在《创新之道：日本制造业的创新文化》中如此阐述设计人员的"职人精神"：

在进行产品设计时，设计人员如果只考虑与同行竞争，那么注意力就会逐渐放到竞争对手身上，不知不觉就会忽视消费者。一旦出现这种情况，设计人员的目标就会降低，眼光就会狭隘，形成了"别的企业开发出 100 分的产品，我们就要开发出 105 分、110 分的产品"。这种认知格局导致新开发的商品不具备创新性和异质性，因此，在进行产品设计时，不要考虑竞争对手，要把目标定为生产出 200 分的产品。

稻盛和夫在"干法"中，有类似论述：

"最佳"这个词，是同别人比较，意思是比较起来是最好的。这是一种相对的价值观，因此，在水平很低的群落里也存在着最佳。而我们京瓷的目标不是最佳，而是完美。完美同最佳不一样，它是绝对性的。这要求我们的员工竭尽全力，拼命工作，再加上天天反省，才能为自己的完美主义画上最美的句号。

稻盛和夫这种加油打气的干法，让人想起当下中国的一个流行词——卷。

按照全世界制造业分级排名，美国是第一梯队，日本、德国是第二梯队，中国、英国、法国、韩国等是第三梯队。其中中国正由第三梯队向第二梯队迈进，各个领域的"国货"百舸争流，整体从劳动密集型向尖端技术型攻坚，这种转型期的痛苦惶惑，具体到每一个人身上，就是"卷"。

我每天下班经过家门口的好利来蛋糕店时，总要带一个 2022 年最新款的甜点——老虎卷，甘之如饴。

那些败退中国市场的韩货，其实就是在中韩商业的白刃战中被"卷"出去的。

1985 年 7 月，韩国全国经济人联合会邀请基辛格访韩。彼时，中国正在加快改革开放的步伐,此次访问讨论的重点议题是:精进中的中国将对朝鲜半岛产生多大影响。

郑周永作为韩企代表,与基辛格青梅煮酒,论了一番英雄。

郑周永说,日本人是世界上最勤奋的民族之一。

基辛格说,还有一个民族比大和民族更勤敏,那就是大韩民族。

郑周永笑笑,您过奖了,身处困境,也只有勤奋了。目前日本已成了世界级的债权国,他们不工作也有吃有喝,我们只有付出比日本人更多倍的热情和努力才有活路。而且日本设置的贸易壁垒比西欧国家都高,但韩国不能这么玩,韩国的海外债券、经济规模、内需市场都无法与日本比,韩国的GDP还不到日本的五分之一,韩国必须走外向型经济,必须更加开放。

老到的基辛格,立即将话题引到中国,郑会长您想过没有？在世界市场上,既是韩国的主要竞争对手,同时又提供契机的是哪一个国家？

郑周永脸色变了,沉默良久,说道:中国。

中国将在未来成为韩国强有力的竞争对手,若掌握核心技术,韩国甚至连当竞争对手的资格都够呛,只有美国能与中国竞争。与中国竞争,不是谁比谁勤奋的问题,而是一个体量问题,韩国的体量差太远了。

郑周永迫切地问道,我听说邓小平推进中国特色社会主义现代化建设令人拍手叫好,但对其持反对意见的人也不少,您觉得中国会不会再度回到封闭状态？

基辛格摇摇头,中国不会再回头了。

参考书目:

1. 李永晶著:《变异:日本二千年》,广西师范大学出版社2021年版。
2. 顾文州编著:《汽车王国里的愚公:郑周永》,中国社会出版社2015年版。
3. 于文心著:《三星帝国》,现代出版社2014年版。

恐惧生财——丰田方法

1

1941年,日本因发动侵略战争,遭到美英等国经济封锁,石油、矿石、橡胶、棉花等物资供应不足,政府为了打仗,牺牲民生,实行统制经济。

所谓统制经济,就是政府对生产者和市场进行控制,商品不得在市场自由流动,由政府统一采购、统一分配。

统制第一年(1941年),粮店关门,推出粮票和外食票,每人每天配给3勺大米。蔬菜、蛋奶、肉类等食品,除了自家养殖的那些,只有通过分配才能获得。15岁至45岁女性,每人50克卫生棉,不定期配给。

统制第二年(1942年),味噌、酱油、食盐列入配给,每人每月味噌675克,酱油670毫升,食盐200克。

纤维制品列入配给,买衣服得凭布票,制定每人可消费点数:城市居民100点,乡镇居民80点。按时价,女性套装需35点,男性西服需63点,买齐全身上下衣服,100点都不够用,走在大街上,到处是穿着打补丁衣服的人。

统制第三年(1943年),各大浴场规定入浴时间不得超过30分钟,不得在浴场洗头发、刮胡子,使用热水不得超过7桶。

东京银座举行路灯拆除仪式,钢铁等金属须作为军需物资上缴。不光是银座,所有街灯、邮筒、公园长椅、烟灰缸、火盆及寺院的佛具、铜像、梵钟统统要上缴。

统制第四年(1944年),喂牛的饲料"菊芋"入选为"决战食品",杂志上刊登名为《吃虫子》的文章,引导民众获取蛋白质。

日本学者发现鱼眼中含有大量维生素B,政府于是将鱼眼挖出来,制作成维生素药丸,专供航空兵和潜水艇官兵服用。

日本政府强制收购家养犬,大狗3日元,小狗1日元,毛皮制作飞行服,肉作为食物。

统制第五年(1945年),美国空军展开东京大轰炸,于广岛、长崎丢下原子弹,政府无暇发布具体统制政策。

8月15日,丰田喜一郎一家三口坐在静冈家里的榻榻米上,收听天皇的"玉音广播"。

他们第一次听到昭和天皇本人的声音,听起来没啥"神圣感",也不怎么高高在上,语气倒显得十分诚恳。广播时间很短,只有5分钟,发言用的是文言文:

念及帝国臣民之死于战阵、殉于职守、毙于非命者及其遗属,则五内如焚。对负战伤、蒙战祸、损失家业者之生计,朕至为轸念。帝国今后之苦难固非寻常,朕深知尔等臣民之衷情。然时运之所趋,朕欲忍其所难忍,以为万世之太平计耳。

丰田一家没太听懂,但大致明白是日本被打败了,宣布投降,空袭结束。丰田喜一郎长舒一口气,颤抖着流下泪水。

就在同一天,丰田汽车公司的员工们正在修补被空袭飞机炸坏的工厂屋顶,高管们在事务所坐得笔挺,收听"玉音广播"。

前来监督卡车生产的陆军中尉仿佛没听懂广播内容,一脸茫然,丰田组装工厂课长大野耐一凑到他耳边,对他"翻译"了一通,陆军中尉听罢,满脸怒气,腾一下站起来,大步迈回自己房间。

看着陆军中尉的背影,大野耐一冷笑。

2

二战期间,日本政府发布《国家总动员法》,对生产进行限制,强制民营企业按政府要求进行生产,禁止生产民用汽车。

日本轰炸珍珠港的新闻传来,丰田喜一郎正在车间生产现场监督工作,他暗中观察,发现得知日军偷袭珍珠港成功后,多数员工和高管显得欢欣鼓舞,唯有一位刚从美国回来、头发花白的老工程师面有忧色。

下班后,丰田喜一郎悄悄将老工程师叫到办公室,问他对战争现状怎么看?老工程师说,丰田先生,大事不好了,日本绝对赢不了。

丰田喜一郎沉默不语,暗暗点了点头。

从汽车行业看美日战情,丰田喜一郎心里有一本清账。

当时美国汽车年产量447万辆,日本汽车年产量只有4.6万辆,生产力相差100倍,如何打得赢?

看了手底下一众打了鸡血般的高管,丰田喜一郎感到非常孤独,与他见解相同的,似乎只有这位头发花白的老工程师。

那几天,他与下属谈业务时总会聊几句时事,当对方唾沫星子飞溅、描绘日本光辉前景时,丰田喜一郎随声附和,脸在笑,心里苦,并生出念头,竖子不足与谋。

除了从美国归来的老工程师,还有一个人向丰田喜一郎道出了日本必败的预测,这个人就是大野耐一。

大野耐一分析了美日两国的钢铁产量:开战当年,日本钢铁年产量为600万吨,与之相比,美国生产600万吨钢铁只需20天。国力如此悬殊,不管日本采取什么样的战略战术,最终都会被打得满地找牙。

丰田喜一郎看着大野耐一1.8米的挺拔身姿,忍不住露出欣赏的表情,随即小声对他说,这个观点你要烂在肚子里。

自此,丰田喜一郎将大野耐一引为心腹,认为其可担当大事。

与美国开战前,丰田卡车销量激增,达到2 000辆,开战后因原料短缺,产量一落千丈,只能生产军方订购的卡车。军部还让丰田与川崎航空联合成立东海飞机公司,结果直至战争结束,一架飞机都没造出来。

尽管如此,丰田借着造飞机的名义,成立了丰田工机公司,专门生产用于制作飞机零件的设备,顺便将汽车零件设备也一道生产了。此暗度陈仓之计为战后丰田汽车的发展打下了基础。

战后不久,大野耐一兴冲冲走进丰田喜一郎办公室,想与其共谋汽车发展大计,却发现老板一脸阴郁,抓茶杯的手在微微抖动。

大野耐一问道,丰田先生,你怎么了?

丰田喜一郎说道,我们的造车计划可能会完蛋。

战争刚结束时,丰田喜一郎认为机会来了,商业造车的理想就要实现,但往深里一想,不由得冷汗涔涔。随着日本市场的洞开,丰田如何与通用、福特等巨头竞争?

丰田喜一郎问大野耐一,关于美国的生产效率,你了解多少?

大野耐一说,日本与德国的生产效率是 1 比 3,也就是说,日本需要 3 个人做的工作,德国只要 1 个人就能完成。美国的效率比德国还高,德国需要 3 个人做的工作,美国只要 1 个人就能完成。按照这个比例,日本需要 9 个人做的工作,美国只要 1 个人就能完成,这还是战前的情况,战后差距更大。

丰田喜一郎伸出 3 个指头,3 年,我们如果不能在 3 年内追上美国汽车的生产效率,我们就完蛋了。

听到此话,大野耐一闭上双眼,仿佛原子弹在脑中爆炸,老板的话意味着丰田汽车公司必须在 3 年内将生产效率提高 10 倍以上。

如何做到?

3

1923 年,卓别林访问底特律,参观了福特汽车公司的厂房和装配线,对这座巨型工厂留下深刻印象,几年后,他拍了一部举世闻名的电影——《摩登时代》。

卓别林饰演一名工厂工人,在一个繁忙的装配线上工作,负责拧螺栓,为了提高生产效率,资本家发明了一种喂食机器,让工人在吃饭时仍能继续劳作,装配线上无休止地重复单调工作让工人苦不堪言,最终崩溃。

《摩登时代》的灵感来源,正是福特汽车工厂。

1915 年,亨利·福特在底特律郊外的海蓝德工厂铺设了能够连续滚动的传送带,工人站在传送带旁边,将零件安装到缓缓移动的汽车底盘上。

在此之前,工人都是将底盘放到推车上,搬运至工位,再将零件安上。福特发明此方法后,传送带成为制造业标配。

福特老板是在参观芝加哥肉食加工厂时,迸发出了流水线作业的想法。肉食加工厂采用流水线模式分割牛肉,屠宰好的牛被挂在天花板垂下来的铁钩上,缓缓向前移动,在移动的过程中被分割成小块。

看到这个场面,福特心里一动,把这个过程反过来不就行了,于是传送带模式诞生。

福特汽车工厂的生产方法论,是将工人需要做的事细分为多个要素,将作业尽可能简单化,然后确定每项作业的标准时间。在确定标准时间时,福特亲自拿着秒表,计算一名熟练工的效率。

确定完标准时间,接下来就是配置生产线和安排工作人员。工人要做的就是配合传送带重复简单作业,因操作内容极其简单,因此并不需要什么工作经验和技术,新入职的员工也能很快上手。

福特鼓捣出这套模式后,生产一辆汽车的时间被大大缩短了,原来组装一辆汽车需 14 个小时,更换为福特流水线式作业,时间缩短为 1 小时 33 分钟。

福特的秘诀就是通过大批量生产提高效率、降低成本。传送带速度越快,生产一辆汽车的成本就越低。

卓别林敏感地捕捉到了这点,那个在《摩登时代》中被传送带搞崩溃的拧螺栓工人,通过滑稽夸张的肢体语言,传达出了生产线工人的心声。

这些工人由于长期从事单调重复的作业,导致压力过大,情绪失调,乃至崩溃。

为了琢磨出超越福特汽车的生产方式,很长一段时间,大野耐一满脑子都是传送带车间轰隆隆运转的场景,流水线上的机器不停地工作,以及操作工人疲倦的脸。

细分化没问题,传送带也没问题,问题在于人,让工人玩命地进行单调劳动,并非最优选。

4

大野耐一虽有自己的办公室,但每天基本待在现场的生产线旁边观察员工的生产活动，如同魔怔一般，绞尽脑汁琢磨提高生产效率的方法。

战前，丰田有一套被称为"just in time"（恰到好处，分秒不差）的方法。

在这个方法想出来之前，丰田工厂的生产模式效率较低，铸造出的基础零件不会立刻被送到生产线上，而是先放在临时仓库，因为基础零件若没有达到一定数量，就无法进行下一阶段的组装作业。

为此，工人们必须先生产出基础零件，等这些基础零件积攒到一定数量，再将其组装成半成品，组装出的半成品又被送进仓库，等待所需的零件被生产出来，最后进行整体组装。

这样一来，零件和半成品就会在仓库里搁置很长时间，还得来回搬运，大大影响了效率。

丰田喜一郎看在眼里，急在心头，他明白，为了生存下去必须消除无用功，提高生产效率。为此，他想出了"just in time"的方法，将所需数量零件及时送到，通过消除无用功来节省成本。

为了实现"just in time"，丰田喜一郎选择了冲压、焊机、加工、组装的流水线式布局设计，亲自挑选工作设备，工厂运转之后，他穿着工作服，将所有工序都亲自做了一遍。

丰田喜一郎制作了一本10厘米厚的工作手册，将流水线作业事无巨细记下来，用来给员工做培训。

此举抓住了要害。

对于汽车工业来讲，原材料的质和量都非常重要，其中光是零件的种类就有两三千种，如果不能准确地把握好这些零件，库存大量积压，成本就会增加，把企业拖死。"just in time"就是既能实现生产目标，又不会造成浪费，不能太多也不能太少，让零件和材料循环起来。

这种方法从1938年秋季开始实施，持续了两年时间，后因统制经济而中断，变成了战时体制。战争结束后，大野耐一及团队硬着头皮反复尝试，又将其恢复。

然而，这还远远不够。

汽车机械工厂的工作主要是切削金属制作零件，因为有许多精细操作，生产线旁往往摆着椅子，员工可以坐下来工作。为进一步提高效率，大野耐一命令员工摒弃之前坐着工作的习惯,改为全部站着作业。

继站立工作之后,大野耐一又开始推动一项举措,让员工能够操纵多台设备,比如一个车床工人,不仅要会操作车床,还得会操作镗床和铣床。这样一来,当车床工作空闲时,他就可以去其他工位帮忙,从而提高生产效率。

这些改动遭到了员工集体抵制,大野耐一解释道,坐着工作对腰部损伤很大,站着工作利于健康。见工人不买账,大野耐一又使出激将法:

战争时期我在纺织工厂,那里的女工每天都站着工作,而且一个人要负责20多台设备,你们这些男子汉难道还不如女工吗?

大野耐一推行新方法的当口,正赶上丰田汽车裁员,那些不服从管理的"顽固分子",自然被划入裁员之列,工人在工会组织下闹起罢工,大野耐一成了他们的批判对象。

在众人围攻下,大野耐一死不松口,要将新方法进行到底,结果被锁在厂房门外,不让他进来,一个职员劝道,老大,众怒难犯,你这又是何苦呢?

大野耐一焦头烂额,隔着门,发出神经质般吼叫,如果不提高生产效率,美国车一进来,公司会破产,我们都得完蛋!

话音刚落,罢工的喧嚣声突然静止,几分钟后,门开了,大野耐一衣冠不整地走进门,捋了捋乱发,喘着粗气,与一众员工对视,眼神充斥着挣扎与执念。

大野耐一狗急跳墙地一声吼,竟然有效,于是有了经验,每当员工造反或是需要提振士气时,大野耐一都将"美国"搬出来,添油加醋地制造焦虑,这一招屡试不爽,虽然罢工潮尚未停息,但局面得到了控制,生产得以继续。

美国扔下原子弹,轰炸的不只是日本领土,还轰炸了日本人的精神世界,在当时甚至此后数十年,形成了一种"恐美症候群"。正因如此,大野耐一的吼叫,歪打正着,引发一众员工心理共鸣。

这天,大野耐一被叫到丰田喜一郎办公室喝咖啡。

当此危急存亡之秋,被老板请喝咖啡,大野耐一惴惴不安,以为老板会给自己再来一份炒鱿鱼当作咖啡伴侣。

喝罢咖啡,丰田喜一郎来了一句,我准备暂时隐退,辞去一把手的工作,否则,罢工潮难平。

大野耐一吓了一跳,又松了口气,原来老板是炒自己的鱿鱼。

丰田喜一郎继续说道，希望我的辞职，能让丰田方法在员工之间顺利施行，这是咱们的生命线，打败美国车就靠它了。

大野耐一使出浑身力气点了点头。

丰田喜一郎话题一转，说道，听说你最近把我对美国车进入日本市场的焦虑，扩散到全公司了。

大野耐一手心冒汗，以为会挨训。

谁料，丰田喜一郎来了句：

恐惧也是一种生产力。

5

福特的流水线细分工作法，是将员工训练成没有思考的工作机器，熟能生巧，让传送带加速转动，以最大限度提高工作效率，从而增量增产。

这个方法忽视了最重要的一点：人并非机器。

而丰田的"just in time"工作法，则能让人用自己的头脑进行思考，如何避免无用功，从而不断提高生产效率。

在丰田车的生产现场，大野耐一想出了"安灯"的怪招，安灯最早的作用，是生产线上的员工去卫生间时的信号，后来用途逐渐扩大，成为生产中极重要的一环。

当生产线出现异常，员工只要一拉旁边的灯绳，黄色的灯光就会亮起。看到灯光后，组长就会立刻赶到现场提供帮助，问题解决后，再拉一下灯绳，灯光就会熄灭，代表可以恢复生产。

如果问题一直没有解决，生产线就会停在固定位置，黄灯变成红灯，在这种情况下，大小负责人就会齐聚一堂，分析出问题的来源和本质，并加以解决。

在问题解决之前，整条生产线都不能运行，员工只能干等，或是打扫卫生。而对于福特生产方式来说，停止生产线是绝对禁止的行为。

导入安灯模式后，大野耐一对员工说，只要你们觉得有问题就拉下灯绳。

大野耐一要求现场管理者，不论在任何时候，都必须对拉灯绳的员工表示感谢。

有丰田员工说道,我经常拉灯绳,是因为工作上遇到问题,比如拧螺丝时,拧进去的方向有点倾斜,我就停止生产线,这时上司就会赶过来,并对我说谢谢。如果上司这时对我加以训斥,那我下次肯定不会拉灯绳了,正因知道上司鼓励拉灯绳的行为,我才会这么做。

全世界任何一家汽车工厂所用的设备和原料都差不多,无论是汽车钢板还是零件,全都大同小异,而生产方式的不同在很大程度上决定了产品的成色。许多老字号药厂或独具特色的饭店靠秘方打天下,而丰田的秘方就是他的生产方式。

丰田方法论诞生之初的十几年,大野耐一将这套苦心孤诣琢磨出的"必杀技"视为重大商业机密,三令五申不得泄露。为了掩人耳目,他想了一个隐晦的称呼——看板方式。

丰田喜一郎和大野耐一总是怀有巨大的危机感,他们通过一种类似恐吓的方式互相打气,不时给对方洗脑:如果丰田的生产方式被美国人模仿了,丰田就完蛋了。

而事实上,美国汽车领域的三巨头——通用、福特、克莱斯勒当时根本没把丰田这种日系汽车放在眼里,更不会模仿他们的生产方式。

1952年,丰田喜一郎复出,重新担任丰田汽车工业公司社长。他接连拜访通产省、银行以及客户,思考轿车设计方案,晚上喝酒应酬,白天黑夜连轴转,因嫌回家浪费时间一直住在酒店。

3月21日,丰田喜一郎脑出血晕倒在酒店房间,昏迷一周后于3月27日逝世,年仅57岁。

就在昏迷中,他还念叨着一定要保守丰田(生产方式)的秘密。

没了老板灌输关于恐惧的"养料",大野耐一唯有"投喂"自己,不断自我暗示,前方没有第二条路,唯有凭借丰田生产方式打败福特生产方式,否则就将坠入万劫不复之地。

1966年,丰田汽车年产量为15.5万辆,四年后攀升至160万辆。

1967年,日本赶超西德,成为仅次于美国的全球第二大汽车生产国。

就在第二年(1968年),日本GDP仅次于美国,位居世界第二。

6

1945年8月6日早上8:00，3架B-29美国轰炸机进入广岛上空，许多广岛市民抬头仰望，B-29连续数日飞临日本领空训练，他们早已见怪不怪。但广岛市民不知道，这一次的3架飞机中有一架装载了一颗5吨重的原子弹。

9:14:17，原子弹应声而落，几百根火柱飙起，卷起巨大的蘑菇云，广岛市瞬间成为一片火海。

就在原子弹从舱门落下的当口，飞机迅速做了一个155度的转弯，高度下降300多米，这样做的目的是尽量远离爆炸地点，免受其害，驾驶B-29的飞行员后来口述道，我没去想地面上发生了什么，我不能想这个，不是我下令要扔这枚炸弹的，我只是在执行任务。

原子弹爆炸的4个月前，号称人类历史上最大战舰的"大和号"执行一项自杀式突袭任务，在冲绳北部遭到几百架美机轰炸，大和号连同战舰上的3 000名船员沉入海底。

战舰沉没前，一个叫臼渊磐的大尉写了如下遗言：

日本太不注重进步了，我们太过注重细节，太执着于自私的道德准则，我们忘记了真正的进步。日本除了在失败后醒悟过来，还能怎样被拯救？如果日本现在不醒悟过来，那它何时才会被拯救？

我们将会成为带路人，我们将以死来昭示日本的新生活。这才是我们牺牲的真正意义，不是吗？

臼渊磐的这份遗言，一度在日本知名度很高，乃至被各种日媒奉为"经典"，称它催生了日本得以重振和复兴的集体信仰。

这首献给亡者的所谓挽歌，强调了直面死亡的士兵所具有的勇气和价值，却没有对发动战争的军国主义进行批判和反思，更逃避了日本咎由自取的真相。

原子弹的轰炸，给数代日本人造成持久的心理影响，逐渐成为日本人的一种"创伤叙事"，乃至把日本投降称作"幸运的失败"。

战争对人的行为造成了持久的影响。

原子弹轰炸，投降的挫败，死亡的创伤，这一切在战后日本社会创造出一种"幸存者使命"，而美国的存在犹如日本人心头永远挥之不去的蘑菇云。

丰田喜一郎、大野耐一等日本企业主，时刻怀有忧患意识，将美国企业视作高悬于头顶的达摩克利斯之剑。他们总是重复那句"若不创造出更有效率的生产方式，待美国车进入日本市场，那就彻底完蛋了"。这种畏惧美国企业的恐惧心理，正是原子弹摧毁广岛、长崎在商业竞争中的投影。

二战末尾，日本人以神风特攻队为代表的自杀式袭击泛滥，为保卫日本本土，提出"1亿玉碎"。日本投降后，这些"玉碎未遂"的日本人进入各大企业，怀着"幸存者使命"，投入另一场战争——商业战争。

某种程度上讲，日本人赢得了这场商业之战。20世纪60年代后日本快速复兴，创造了空前经济繁荣，成为资本主义世界经济总量第二大的国家。

一些学者访问日本企业时，震惊于日本员工的高效和狼性，乃至将日本员工称作——企业战士。

今天，丰田在全世界拥有52家工厂，其中规模最大的肯塔基工厂设在美国，占地530万平方米，是东京迪士尼乐园的10倍以上，年产汽车50万辆。

丰田生产的凯美瑞、亚洲龙、雷克萨斯、卡罗拉等车型行销全球市场，在中国亦不乏用户。丰田2021年全年销量超过956万辆，超过大众全年销量，位居全球第一。

而被大野耐一视作"秘方"的丰田生产方式也早已不是秘密，取代了福特的生产方式席卷世界。

直接导入丰田生产方式的日企有佳能、索尼、帝人、大金工业等100多家，中国也有几十家，其中最为大家所熟知的就是华为。

可能明眼人已经看出，这篇文章的主题并非丰田生产方式。在我看来，任何一种方法和工具，无论多么高效，都只是停留在"术"的层面，要想真正为己所用，必须窥伺到它的"道"。

丰田之道，非其生产方式，而是将恐惧或者说忧患意识，作为一种生产力。

千万不要小看忧患意识。

参考书目：

1. [日]野地秩嘉著：《丰田传》，朱悦玮译，北京时代华文书局2020年版。
2. [美]桥本明子著：《漫长的战败：日本的文化创伤、记忆与认同》，李鹏程译，上海三联书店2021年版。

贝佐斯的算盘打得响

2021年刚刚过去,这一年过得如何?每个人甘苦自知。

但有一个群体,似乎过得很不错,这就是全球前500名的超级富豪。

根据美国彭博亿万富翁指数公布,在2021年,全球前500名超级富豪的资产总值增加了1万亿美元,增加到8.4万亿美元,创下历史新纪录。

这是个什么概念呢?

英国广播公司BBC算了一笔账,这8.4万亿美元,远远超过日本、德国或英国等任何一国的全国经济规模,拉丁美洲所有国家的GDP全部加起来也比不上这500名富豪的财产总值。

随着新一轮的股市上涨,这些全球头部富豪的股票、房地产、加密货币等资产跟着水涨船高,而许多国家因受疫情影响,经济建设尚未恢复,民众生活步履维艰。

世界前十大富豪中,有九人是美国人。

以马斯克为例,掌控特斯拉和Space X的马老板,在2021年资产暴增75%,达2 735亿美元,增幅名列首位。仅在2022年年初的几天内,其资产就又增加了320亿美元。

有句市场经济社会颠扑不破的谚语——最富的人赚得最多。

但是,最有钱的人,也有他自己的焦虑,比如世界首富(多次夺冠)、亚马逊创始人——贝佐斯。

1

贝佐斯的父亲,有几分浪荡子的气质,恋爱谈着谈着他的身份竟然变成了老公,1964年1月12日贝佐斯出生时,他自己还是个半大小子,大概是没玩够,没过几年便提出离婚,追求"自由"。

亲爹出走后,贝佐斯的母亲为了养娃,给小贝找了个后爸——名叫米盖尔·贝佐斯的古巴移民,并让小贝随了继父的姓。

这老贝也有一颗驿动的心,卡斯特罗上台后,老贝逃离古巴,移民美国,在埃克森公司任职。

2013年出版的一本贝佐斯传记《一网打尽:贝佐斯与亚马逊时代》记载,3岁时,贝佐斯嫌自己的婴儿床太小,抄起一把螺丝刀,就要强拆婴儿床,其母看到这场面,暗暗心惊,觉得这娃不走寻常路。

从普林斯顿大学毕业后,贝佐斯辗转去了几家纽约的金融公司。

纽约大都市金钱永不眠的氛围,让贝佐斯那颗驿动的心如鱼得水,每每看到叼着雪茄、西装革履的上市公司大老板,都忍不住漾起"彼可取而代之"的情绪。

30岁时,贝佐斯偶然在报纸上看到一篇豆腐块文章,说互联网产业将迅猛发展。贝佐斯眼睛一亮,决定辞职创业。

1994年,贝佐斯成立了一家网上书店,倒腾点二手书啥的,当时互联网电商行业小荷才露尖尖角,由于春江水暖鸭先知的"春鸭效应"(我自己发明的词儿),贝佐斯可谓一骑绝尘。

亚马逊上线一个月,该公司就能向美国50个州以及45个国家配送商品。亚马逊成立5年后,其注册账户从18万美元激增至1 700万美元,销售额从51.1万美元增长到16亿美元。

贝佐斯为人严谨,其一路走来始终如一的战略就是:关注用户。

1997年,贝佐斯将亚马逊搞上市圈钱,筹集到5 400万美元,成为当年全球35岁以下最富有的人之一。1999年,《时代》将贝佐斯评为年度人物,并送给他一顶实至名归的大帽子——电商之王。

大大的电商之王偏爱算计"小钱"。

贝佐斯有个绝活,那就是上天遁地,寻找一切粗大或细小的机会避税,同时还贼拉抠门,在自己富丽堂皇的亚马逊办公大楼向员工收取几美元的停车费,同时玩转资源,花光心计,阻止亚马逊仓库的员工组织工会。

与此同时,贝佐斯牢记"关注用户"这个初心执念,为了用户体验,很舍得砸钱。收购了一连串机器人、无人驾驶汽车、无人机、云计算等公司。

有了资本垫底,科技添翼,亚马逊滚雪球般膨胀,可以说是撒豆成兵,推会员推到付费用户数量超过1个亿、搞Kindle搞成全球头牌电子阅读网红产品。

在亚马逊仓库,机器人满地跑;斯皮尔伯格导演的《头号玩家》里用无人机送快递的情形,亚马逊在2016年就玩过了。

当时,在一位英国顾客完成定购13分钟后,一架风骚的亚马逊无人机将邮包投递到位于剑桥的目的地成了国际新闻。

2013年,贝佐斯以2.5亿美元的价格收购《华盛顿邮报》。《华盛顿邮报》干的最出圈的一件事,就是独家报道"水门事件",导致尼克松下台。

收购《华盛顿邮报》后,贝佐斯成为美国少数几个最有影响的新闻内容提供者。

2018年,亚马逊成为继苹果公司后全球第二家市值达1万亿美元的上市公司。2020年,亚马逊销售额突破3 200亿美元。2021年,贝佐斯顺理成章地戴上了全球首富的大帽子。

与马斯克一样,贝佐斯钱多到足以让他"心怀宇宙",要把科幻电影变成现实,殖民外太空,其太空公司蓝色起源正是为这一远大目标而建。

然而,仰望太空的贝佐斯,却差点被地球上的"小石子"绊倒。

2

2004年,亚马逊在中国以7 500万美元的价格收购卓越网,将其改名为亚马逊中国。

一心要开拓中国市场的贝佐斯,却遇到了两个难以逾越的对手:一个是马云,一个是刘强东。

此一时彼一时,当年贝佐斯初建亚马逊时的电商蓝海,如今已经血红一片,尤其是中国电商市场，日新月异，一日千里。《经济日报》称，亚马逊在中国受挫，是因为对飞速发展的中国市场判断迟钝导致创新无法跟上。

2019年4月，亚马逊中国不敌淘宝、京东，宣布将关闭在中国的电商业务，只保留云业务、Kindle和跨境贸易业务在中国的运营。

近一两年，Kindle也遇到危机了。

2021年10月底，亚马逊Kindle天猫官方旗舰店闭店，而在京东自营的旗舰店上，除了一款低端型号外，Kindle产品均显示无货。

多名亚马逊中国内部独立信源透露，亚马逊公司Kindle硬件团队已于2021年11月被裁撤，该变动经过贝壳财经记者视频报道后，持续发酵，多次登上热搜第一，引发"Kindle撤出中国"①的猜想。

就在2022年1月4日，亚马逊中国做了一个耐人寻味的回应：我们致力于服务中国消费者，消费者可通过第三方线上和线下零售商购买Kindle设备。

明面上的云淡风轻，不过是一番刺刀见红的激烈商战后的无奈寡淡之言。

相比中国市场的折戟沉沙，贝佐斯更大的焦虑在于，他必须"大撒币"了，再不捐钱就晚了。

亚马逊的崛起招致垄断非议，还包括避税与劳工问题，甚至还有人说，亚马逊总部所在地西雅图的房价飙升也是贝佐斯暗中搞的小动作。

为应对批评，贝佐斯砸重金投入公关游说。据统计，亚马逊在游说方面的年投入达1 440万美元。

可惜，亚马逊砸钱没多大用。

原因有二。第一个原因是有个浑不愣的主儿盯上了它，这个人就是美国前总统特朗普。

特朗普在推特上指责亚马逊从美国邮政署获得过低运费，还将亚马逊的活动与《华盛顿邮报》的报道倾向联系起来，意思是指贝佐斯为了自身利益，大搞特搞Fake News（假新闻）。

话说这特朗普也是个富家翁，但坐上总统宝座后，其财富大大缩水，这反而增加了民众对他的信赖。特朗普卸任后，也乐得用他那张大嘴巴到处呱呱，看到

---

① 2023年6月30日，亚马逊在中国停止Kindle电子书店的运营。

了吧,我当总统,不是为了钱,是为了拯救美国人民。

在这种形势下,特朗普对贝佐斯的批评诟病,无异于风霜刀剑严相逼,搞得贝佐斯灰头土脸。

除了特朗普的因素,第二个原因是贝佐斯其人,确实有点悭吝。

根据慈善组织乐施会的最新调查报告,新冠疫情期间全世界最富有的10名亿万富豪总财富增加了5 400亿美元。这个数字足够支付全球所有人打疫苗,并足以让全球人口免于因新冠病毒而陷入贫穷。

贝佐斯的财富在疫情暴发以来大幅增加,足够他支付87.6万名员工每人10.5万美元的奖金,而且在支付了这些奖金后,贝佐斯仍然和疫情暴发之前一样富有。

相形之下,全世界最贫穷的人口可能要花上超过10年的时间,才能恢复疫情前的经济水平,将有5亿人生活在贫穷状态下。

乐施会还表示,这是考虑征收富豪税、建立更公平社会的好时机。

带着这个时代大背景,回望贝佐斯在慈善方面的建树,还真让人没法夸他。

有报道说,贝佐斯有个习惯——喜欢在西雅图亚马逊总部给路人发香蕉,每天大约送出4 500根香蕉,但这并不能说明他慷慨,此举更像是一个怪癖。

比起比尔·盖茨、扎克伯格这些富豪,贝佐斯的捐赠往往非常小额(相对于他的家底),甚至在慈善方面还没有他那位离婚的太太捐得多。

2021年,贝佐斯前妻麦肯齐在4个月里向粮食银行及紧急救助基金捐款40亿美元,而全球首富贝佐斯的捐款则只有1.25亿美元。

在舆论压力下,贝佐斯顶着世界首富的桂冠,感到时不我予,再不捐款就晚了,于是加大了捐款力度,宣布将捐出20亿美元资助一个学前教育网络。吊诡的是,这个承诺不但没得到多少掌声,反而招来更猛烈的批评。

3

现代经济学之父亚当·斯密认为:

商业社会中的垄断现象,会对经济造成负面影响,垄断资本家是这样一群人,他们的利益与公众的利益,从来就不完全相同,他们一般都怀有欺骗甚至压迫公众的动机。公司(垄断集团)一旦成立,其利益就是保证自己的生存,所以要抑制竞争,并阻碍新的参与者进入市场。

亚当·斯密还说:

市场的运作并非独立于人类社会之上,而是嵌入人类社会之中。人为扭曲的高利润会带来经济和道德危险,市场可能被贪婪支配,并与公共利益相背离,甚至发生直接对抗。

看来,贝佐斯的慈善之路还得走下去,也必须走下去,漫漫长路远,冷冷幽梦清,毕竟他处在那个世界首富的高处不胜寒的位置。

从某种层面来讲,这无关财富,甚至无关道德,这只是一种生存智慧。

参考书目:

[美]布拉德·斯通著:《贝佐斯传:贝佐斯及无边界的亚马逊》,张琪译,中信出版集团2021年版。

莫斯科的陌生人——马斯克

1

1993年,迈克·杰克逊"危险之旅"演唱会来到莫斯科站,因娈童风波致使演出被迫中断,一天之内,冷脸叠加笑面,迈克·杰克逊经历了冰火两重天的巨大落差。

在下榻酒店阳台,迈克·杰克逊感受着北纬55度的冷峻空气,望着楼下闻讯前来声援的火热歌迷,心有所动,转身回房间,写了一首名为《莫斯科的陌生人》的歌。

这首歌在迈克·杰克逊的作品里算是一个另类,舒缓的音乐,伴随沙沙雨声,营造出巨大的疏离感,歌词耐人寻味,其中有这样的句子:

克里姆林宫阴影投射,使我显得如此渺小
斯大林之墓不会听任我自由
胸中善恶对峙,决战在即
克格勃悄然尾随,无处不在

2001年,另一个"陌生人"踏上莫斯科苦寒之地。此人是个美国商人,当时的互联网弄潮儿,长着一张娃娃脸,他此行之目的,是为了购买3枚由SS-18洲际弹道导弹改进而来的第聂伯运载火箭。

他的名字叫埃隆·马斯克。

2

2001年6月,美国致力于火星定居的非营利组织"火星协会"举办了一场筹款晚宴,这帮脑洞大开的清谈之士,将每张门票设定为500美元,怀着有枣没枣打一竿子的心态,向一众名人发出邀请函。

邀请函如雪片,响应者寥寥。

这一天,火星协会里一个成员,颤抖着说,见鬼!有个叫马斯克的家伙报了名,还寄来一张5 000美元支票。

协会成员一番搜索,发现马斯克是个年轻富翁,在互联网领域颇有名气。于是,火星协会的小伙子们,用马斯克作饵,又忽悠来一票慷慨解囊的报名者,包括《泰坦尼克号》的导演詹姆斯·卡梅隆。

晚宴之上,名流云集,聊着关于外星人的科幻话题,詹姆斯·卡梅隆与马斯克打得火热,邀请他投资自己的下部电影,火星协会的发起人罗伯特·卓比林也赶紧耍弄三寸不烂之舌,诌了个在外太空让老鼠自由交配的实验,让马斯克投钱。

马斯克向火星协会捐了十万美元,算是打入饭圈,紧接着就成立了自己的火星生命基金会,并设立了一个"火星绿洲"的项目。根据该计划,马斯克打算从俄罗斯买一枚火箭,将一个机械温室发射到火星上。

为了从俄罗斯"刷火箭",马斯克相中一个名叫吉姆的人。

吉姆曾效力于美国政府,从事机密工作,在一桩卫星交易失败后,被俄罗斯政府指控犯有间谍罪,将他软禁,几个星期后,时任美国副总统戈尔来电斡旋,吉姆得以获释。

这位"美丽国"的007由此种下阴影,发誓永远不再跟俄罗斯人打交道。

2001年7月的一个酷热之夜,吉姆开着敞篷车行驶在犹他州公路,突然接到一个电话,电话那头说道,我叫马斯克,是个亿万富翁,想实施一项太空计划,需要得到你的帮助。

马斯克出于谨慎,没有告知对方手机号,让吉姆以为自己陷入了一场"谍战",搞得紧张兮兮,但还是同意约着见一面,地点选在盐湖城机场,见面前先安检,以确保马斯克没有带枪。

见面后,马斯克滔滔不绝,说要用尽自己余生每一滴心血,让人类成为一种跨行星物种。马斯克炙热如岩浆的激情打动了吉姆那颗冷酷间谍之心,表示愿意再去一趟俄罗斯。

2001年10月,马斯克一行人抵达莫斯科,与俄罗斯的商用火箭制造商Kosmotras公司进行洽谈。

此次谈判细节,坊间资料甚少,总之是马斯克被俄罗斯人羞辱了一番。马斯克为谈下这桩生意,伏特加没少喝,推杯换盏聊了个把钟头,谁料,俄罗斯人突然来了句,你想买什么来着?

这还不算,马斯克后来提到,他最受不了俄罗斯人打量他的那种眼神,一种赤裸裸的蔑视,还带着几分油腔滑调的调戏。

根据马斯克的描述,我想到2020年俄罗斯军方代表与土耳其军方代表谈判时的著名场景,谈判现场,听到土耳其人的发言后,俄罗斯总参谋长格拉西莫夫及国防部长绍伊古等人露出强忍不住的笑容,被做成表情包在互联网疯传。

2001年底,冰天雪地的莫斯科,"陌生人"马斯克极有可能遭到了类似的"表情包"羞辱。

最狂野的一次会面,是在莫斯科市中心一栋饱经岁月的大楼里,据说该大楼建于十月革命前。

马斯克为迎合俄罗斯人的Style(风格),不停狂灌伏特加,在酒精刺激下,两拨人看似消除隔阂,并肩而立,高举酒杯,声嘶力竭大喊祝酒词,马斯克嚎叫,为了太空事业!俄罗斯人回应,为了美国!

醉眼蒙眬中,马斯克嗅出一丝讥讽的味道。

狂喝滥饮伏特加一整夜,第二天中午,双方就最后价格进行敲定。马斯克打算购买3枚弹道导弹火箭,俄罗斯人的报价是每枚800万美元,马斯克嫌太贵,讨价还价,说3枚打包,一共支付2 000万美元。

俄罗斯人不同意,随即冷嘲热讽,小伙子,别闹了,没钱就别来刷火箭。马斯克是个骄傲的人,但当时也确实资金有限,俄罗斯人讥讽他没钱,正说到痛处,马斯克索性挥挥衣袖,扬长而去。

2002年2月，迎着莫斯科的冷雨，马斯克一行人出门叫了辆出租车直奔机场，铩羽而归。在9千米的高空，马斯克做了个决定：自己造火箭。

19年后，被俄罗斯人讥讽"没钱"的马斯克成为全球首富，身价超3 000亿美元，他经营的Space X、特斯拉、太阳城取得了史无前例的成功。

2022年，俄乌开火，马斯克卷入冲突，激活"星链"（Starlink），为乌克兰军方提供网络保障。

3

在被俄罗斯人的伏特加和表情包羞辱的那场未竟的火箭采购幻灭之后，马斯克飞离莫斯科，决心自己造火箭，这并非一个拍脑门的决定。

当时，坐在波音客机上的马斯克在一张电子表格上挥笔涂鸦。片晌过后，他向伙伴宣布要自己造火箭，同时展示了这张表格。

表格里事无巨细列出了建造、装配和发射一枚火箭所需的成本，还列出了火箭诸多性能特点，内容十分详尽。同行者惊诧不已，纷纷问道：埃隆，你从哪里得到这些数据的？

马斯克回答：看书。

为了研究火箭，马斯克花几个月时间埋头书海，了解航天工业及其背后的物理原理，研读了《火箭推进原理》《天体动力学基础》《燃气涡轮和火箭推进的空气动力学》等专业书籍，在沉浸式阅读中发现了制造高性价比火箭的可能性。

马斯克这个出生于南非的白人，被他老妈梅耶称为"书呆子"。

梅耶很早就发现了马斯克的早慧，说他理解事物的速度比其他孩子快，但有一个怪异习惯——发呆。

当人们跟马斯克说话时，他经常没有反应，眼睛呆滞望着远处，仿佛根本听不见，甚至其他孩子在他身旁大喊大叫，他都置若罔闻。

为此，梅耶怀疑他耳聋，请医生来看，医生为增强马斯克的听力，给他做了一系列测试，最后潇洒一刀，割掉了他的扁桃体，但毫无作用。医生得出结论，问题不在听力系统，而在思维系统，原本处理视觉听觉的那部分，被思维占据了。

因热衷于思考，马斯克从小嗜书如命，几乎书不离手，每天阅读10个小时是家常便饭,周末全家人购物,只要发现马斯克中途不见了,就到最近的书店去找,总能逮个正着。

小学三四年级的时候,马斯克将学校图书馆的书"扫"光,恳求图书馆管理员给他订更多的书,他过目不忘,能将整套《大英百科全书》烂熟于心。马斯克儿时的一个同学,后来接受采访说,每当我们遇到问题都会下意识地说,去问那个书呆子(马斯克)。

据说,马斯克成立Space X,开启火星计划,就是受一本名为《银河系宇宙漫游指南》的科幻小说的影响,这本书是马斯克儿时的最爱。

从俄罗斯碰壁折返后,马斯克列了个近乎疯狂的时间表,公司将在2003年5月造出第一台火箭推进器,7月完成火箭机身生产,8月完成火箭装配,9月调试好发射台,11月发射首支火箭。

Space X最早的一份报告显示,人类登陆火星的日期被设在2010年年底。

这个时限过于乐观,你可以说它彰显出马斯克时不我待的迫切心情,也可以说他吹牛不打草稿,但这个消息一经泄露,在当时引起轰动,许多科幻迷为之疯魔,随之而来的是巨大的广告效应。

Space X职员透露,马斯克作为老板,对效率的追求近乎偏执,他预计一个小时能完成的事,员工得做一整天。如果他说某件事得用一天完成,那么下属们就会准备出几个礼拜的时间。

4

第二次世界大战时期,德国纳粹在绞肉机般的焦灼对战中发明了一种新式武器——V2火箭,这是一种全新的远程武器,重13吨,速度能达到四倍音速,弹头匹配有1吨高能炸药。

1944年9月6日,纳粹用V2火箭袭击伦敦,轰在了座无虚席的伦敦最大电影院的穹顶,导弹穿破天花板,高能炸药引爆,现场观看电影的560名观众瞬间消失。

美国作家托马斯·品钦的名作《万有引力之虹》,其书名灵感就来自V2火箭爆炸后的震撼场景。万有引力之虹,即火箭发射与落地是一道抛物线,与大自然界的彩虹现象相似，这两种抛物线都是万有引力作用的结果。

V2 火箭制造出的万有引力之虹，是灾难和死亡的象征。

但恰恰是 V2 火箭这种毁灭无数生灵的杀人武器成了现代航天航空运载火箭的先驱。

马斯克决心投入火箭航空事业时，许多人以为他疯了，他听从朋友建议，在"油管"(YouTube)上搜索火箭爆炸的关键词，看到了几千个美国和苏联火箭事故的视频。从 1957 年到 1966 年，美国发射过 400 多枚火箭，差不多有 100 余枚坠毁。

在马斯克看来，这些失败案例未尝不是好事，它们可以为 Space X 提供前车之鉴，他还从波音等公司挖来了几个经验丰富的员工，铁了心要折腾。

制造和发射火箭是一桩极烧钱的事，马斯克卖掉 PayPal（电子支付系统），向 Space X 投了 1 亿美元，这笔钱大概足够支撑 4 到 5 次火箭发射。

第一枚火箭猎鹰 1 号的发射时间定在 2004 年年初，到时 Space X 将在范登堡空军基地发射，为美国国防部运载一枚名为 TacSat-1 的卫星。随着发射日期临近，各级员工满负荷运转，每天工作 20 小时，每周工作 6 天。

为了减压，马斯克和员工们在每周日晚 8 点可以休息一会儿，一起玩反恐精英，每到这时，子弹上膛的声音在办公室此起彼伏。马斯克在游戏中的名字是 Pandom9，他最喜欢通过讲脏话干扰对手，然后用等离子枪将员工打死。

2006 年 3 月 24 日，猎鹰 1 号终于矗立在发射台上，比原定的发射时间晚了两年。马斯克穿着短裤和休闲衬衫在控制室内来回踱步，紧盯着发射过程。只听一声巨响，火箭冲上云霄，大约 25 秒后引擎突然失火，原本垂直向上的火箭突然开始旋转，最终失控坠落地面。火箭搭载的卫星设备将 Space X 的车间屋顶撞得粉碎。几个工程师前去寻找火箭残骸，并将其装到两个冰箱那么大的板条箱中。

事后，为了安抚员工，马斯克在会议上说，那些成功发射火箭的公司都是一路捡着残骸挺过来的，飞马火箭发射 9 次，5 次成功；阿丽亚娜火箭发射了 5 次，3 次成功；阿特拉斯火箭发射了 20 次，只有 9 次成功……

第一次发射失败后，紧接着又是两次"万有引力之虹"。

尤其是第三次发射功亏一篑，对 Space X 员工的信心造成了重大打击。

2008年8月2日,发射时比较顺利,火箭很快升上天空,员工们欢欣鼓舞,眼看就要开香槟庆祝,谁料,当一级箭体和二级箭体进行分离时,突然发生故障,在分离的过程中引擎产生巨大推力,导致一级箭体和二级箭体相撞。

此次发射失败,使得Space X军心大乱,人们的情绪在30秒内发生180度大反转,目睹坠落于天际的"万有引力之虹"被一种失败的宿命感击中。Space X人力资源负责人多莉·辛格说,仿佛世界末日,这些成年人居然痛哭呜咽,一发不可收。

关键时刻,马斯克稳得很,赶来安抚员工,并在事后对媒体宣布,Space X将尝试第四次、第五次发射,第六艘火箭也在紧锣密鼓制造中。

事实上,Space X已经没有足够资金进行第五次发射了,第六次发射更是没影儿的事,接二连三的失败让1亿美元消耗殆尽,马斯克的另一个公司特斯拉亦陷入困境,在这种情况下,第四次发射等于是背水一战。

当时,为了给员工支付薪水,马斯克四处找钱,许多雇员甚至都为公司运转出了血,一万美元两万美元投进去,名义上是投资,在当时看无异于扔钱打水漂。

2008年9月28日,决定马斯克命运的时刻到来,猎鹰1号进行第四次发射。

这一次,火箭搭载的是360磅的虚拟货物,因之前三次发射失败,无论是公司还是军方,都不敢再当马斯克的小白鼠了。

此次发射,马斯克完善了网络直播流程,搞了个全球直播,这时,他的声望和信誉都跌到谷底,为了发射火箭,钱烧光了,没得输了,那架势似乎是下定决心在众目睽睽之下不成功便成仁。

为缓解巨大压力,马斯克带着自己的孩子去迪士尼放松,直到发射前两分钟才走进控制室。

这一次,"万有引力之虹"没有上演,猎鹰1号发射成功!Space X成为世界上第一个掌握火箭发射技术的私人公司。

不久后,Space X从美国宇航局接到超级订单,成为国际空间站供应商,获得了16亿美元款项作为为国际空间站提供12次运输的费用。

火箭发射成功当日,马斯克走出控制室,在一条长长的走廊里受到山呼海啸般欢迎,自他怀着自己造火箭的执念飞离莫斯科到成功发射猎鹰1号,中间隔着转瞬即逝又无比漫长的7年。

2022年3月14日，俄乌交火之际，马斯克在推特上混用英语、俄语和乌克兰语向普京发出"挑战"。

那个在莫斯科因求购弹道导弹被狂灌伏特加的娃娃脸商人，时隔20年，羽翼渐丰，终于以这种轻佻方式出了一口陈年闷气。而无论火箭坠落时划出的是"万有引力之虹"还是移民火星之梦，在今天这个动荡时代，其彰显出的是地球上每一个人都亟需回答的终极问题——生存还是毁灭？

参考书目：

1.[美]阿什利·万斯著：《硅谷钢铁侠：埃隆·马斯克的冒险人生》，周恒星译，中信出版社2016年版。

2.李开复、陈楸帆著：《AI未来进行式》，浙江人民出版社2022年版。

芯片战争:华为崛起

1

2023年8月底,华为无预警发售5G手机Mate 60 Pro,经过各路极客达人测试,判定华为手机的运行速度与最新款iPhone 5G手机在伯仲之间。

2022年,世界头号科技大佬马斯克放话,要在2023年开发出一款可以直接连结星链的手机。谁料,这个目标被华为捷足先登,配载7纳米芯片的华为Mate 60 Pro内建接收器,可直连卫星,让老马汗颜。

华为此次亮剑,恰好踩在美国商务部长雷蒙多访问北京的时间节点上,坊间普遍认为是中国顶尖企业针对美国将商业行为政治化和霸权制裁而予以的有力回应。中国网友甚至将雷蒙多的照片恶搞成华为手机代言人。

面对美国咄咄逼人的"卡脖子"战术,永不言败的中国人用行动做了回答:美国的遏制和打压阻止不了中国的发展,只会加快中国自立自强、科技创新的脚步。

曾扬言要"灭了三星、打死苹果"的"大嘴"余承东这次"低调"了许多,用一连串"遥遥领先"吹响了没有硝烟战场上大反攻的集结号。

余承东有点像《英雄本色》里的小马哥,小马哥说,"我等了三年,就是要等一个机会,我要争一口气,不是想证明我了不起,我只是要告诉人家,我失去的东西一定要拿回来"。

3年前,美国商务部针对华为出台了第二轮出口管制措施。美国商务部下令，任何厂商若使用美国设备为华为设计和制造芯片，都必须额外取得美国政府的出口许可证。

　　换言之，若没有美国政府许可，三家垄断芯片设计的美国企业不能为华为旗下的海思半导体提供芯片设计服务，台积电和其他芯片制造厂也不能为海思制造芯片。

　　世界唯一的超级大国处心积虑、不择手段地要搞死一家中国企业，它在害怕什么？

　　同是中国代表性企业的巨擘，华为不同于阿里巴巴和腾讯，阿里巴巴和腾讯发展得再好、规模搞得再大，也只能算是互联网平台的应用方，而非底层建设方，更不是核心底层科技的掌握者。全世界互联网的基础构架是由美国设计的，腾讯和阿里作为应用方，不会对美国形成"根本性威胁"，只要美国把"根"掐断，就能断绝这些企业的生机。华为则不然，它以领先世界的技术，在西方垄断体系上撕开了一个巨大的缺口，乃至动摇了美国深扎于互联网的根基。

　　40年前，当日本半导体技术突飞猛进，触动了美国的禁脔时，美国立即撕下自由市场的面纱，动用国家机器紧"卡日本脖子"，用"半导体协定"的一纸文书将其扼杀在襁褓之中。

　　今时不同往日，日本是美国羽翼下的小国，虽在顺风顺水时发出几声喑哑的"日本可以说不"的嘶叫声，但终究是明日黄花。与此相比，中国是大国，更重要的，中国是一个真正独立自主、有着威武不能屈的深厚文化底蕴和强烈民族自豪感的大国，美国对日本"卡脖子"，轻轻松松，手到擒来；待到对中国使出同样伎俩时，就不那么灵了。

　　美国围堵华为，意在遏制以维持其霸权地位。

　　当华为新手机引爆市场，各地实体门市大排长龙、销售一空时，当余承东那句"遥遥领先"以滔滔不绝之势占据各大媒体头条和成为坊间创意小视频的"万金油"素材时，当无数国人奔走相告为麒麟9000S 7纳米芯片冲破封锁而大声叫好、喧哗热腾时，华为深圳总部，一位饱经风霜的老人双眼如醒狮般怒睁，嘴角坚毅，眉头紧锁。

　　他知道华为新手机的推出只是万里长征第一步，知道美国必将会有进一步动作乃至对与美国有关的全球半导体产业链进行彻底盘查和施压，他知道未来的每一步都将充满磨砺和挑战,甚至可能是噩梦般的死去活来。

他准备迎接这一切。

他,就是任正非。

2

日本士兵称第二次世界大战为"钢铁台风"。

无数日本青年被罪恶的军国主义政府征召加入助纣为虐的侵略战争,一个来自清酒商人家庭的年轻工程师——盛田昭夫——因被分配到日本海军工程实验室,勉强躲过前线战火,而他的几个兄弟则接受了"神风敢死队"的自杀式训练。

同时期的上海,十几岁的张忠谋每天都能听到空袭警报,他跟随家人一路逃生,从上海到广州,从广州到香港,再从香港到重庆。

抗日战争结束不久,解放战争又开始了,张忠谋一家为躲避战火,再次前往香港。

同样是在这个炮火连天的忧患年代,与张忠谋一样祖籍浙江的任正非于1944年10月25日出生在中国贵州省镇宁县的山沟里。

当时很少有人能预知,在大气磅礴的"钢铁时代"之后,大国之间的白热化竞争将集中在微小以纳米计的"芯片"领域。

千百年来,人类通过算盘等原始工具进行加减乘除的运算。20世纪初,大量"人肉计算机"充斥在大型商业和政府机构,这些办公人员配备了笔和纸,偶尔还有简单的机械计算器,以制作工资单、进行人口普查或跟踪销售数据。

大萧条期间,美国工程进步管理局雇用失业人员成立了数学表格项目,在纽约曼哈顿的办公楼里,数以千计的"人肉计算机"坐在一排排办公桌前,将对数和指数函数制成表格。

第二次世界大战加速了人类对计算能力的追求。

1958年,诺贝尔奖得主、科学怪人威廉·肖克利成立了最初的半导体公司,他带领技术团队实现了突破。美国工程师基尔比将多个晶体管内置在同一块硅板中,称之为"集成电路",后来又被通俗地称作"芯片"。

肖克利虽是诺奖得主,却管不住手底下一班狂人,其半导体公司的8名工程师联合"谋反",递交了辞呈,拿着美国东海岸一个大富翁的天使投资创办了一家新公司——仙童半导体。

这8名工程师被认为是硅谷的创始人,个个都不是"省油的灯",其中一个名叫戈登·摩尔,后来提出了摩尔定律。其核心内容为:集成电路上可以容纳的晶体管数目大约每经过18个月到24个月就会增加一倍。换言之,处理器的性能大约每两年翻一倍,同时价格下降为之前的一半。这条定律在过去几十年中成为芯片领域的金科玉律,指导着前赴后继的芯片枭雄攻城略地。

就在美国的"八叛逆"开始大展拳脚时,读高中的任正非正与千千万中国人一起经历"饥饿岁月"。当时,任正非家里严格实行"分饭制",以保证人人都能活下来。后来任正非回忆,如果不这样,总会有一两个弟妹活不到今天;我真正能理解"活下去"这三个字的含义。

临近高考,任正非有时在家复习功课,实在饿得受不了,就用米糠和菜搅拌一下,烙着吃,被父亲任木生碰上过几次,每次都鼻酸落泪。那时,任正非家穷得连一个可上锁的柜子都没有,所有粮食都用瓦缸装着,除非饿得撑不住,否则任正非绝不敢随意去抓一把。

高考前三个月,任正非的母亲程远昭给他开小灶,经常早上塞给他一块小小的玉米饼,要他安心复习功课。

1963年,任正非在半饥半饱中凭借顽强的意志力,考上了重庆建筑工程学院。任正非在大学里刻苦学习,希望毕业能找个好工作,赚钱孝敬父母、照顾弟弟妹妹。谁料,不久之后,"文革"开始了。

因"文革"造成的大混乱,导致任正非大学毕业后,耽误了一年才分配工作。1968年,任正非进入一家建筑工程单位,加入了"三线建设"的大潮。

就在地球另一端的仙童半导体公司成立的第四天,苏联发射了世界上第一颗人造卫星"斯普特尼克1号",以每小时18 000英里(约2.9万千米)的速度从西向东环绕地球运行。

美国见状,立即启动了一项紧急火箭计划,肯尼迪总统宣布,美国将向月球派送一名宇航员。仙童半导体的高层立即意识到,他们的芯片有了一个巨大的市场。

1962年11月，也就是任正非在"饥饿岁月"紧张备考的时候，美国麻省理工学院的著名工程师斯塔克决定为阿波罗登月计划赌上仙童芯片，使用仙童的集成电路的计算机将比传统晶体管计算机小三分之一，尽管如此，最终将阿波罗11号带上月球的计算机仍然重达70磅（约32千克）。

正是仙童的芯片让阿波罗计算机正常运转。

借助阿波罗芯片的西风，仙童从一家小型创业公司转变为一家拥有1 000多名员工的公司，其销售额在两年之内从50万美元飙升至2 100万美元。

与美国军方关系密切的美国德州仪器（TI）副总裁哈格蒂也闻着味找到了商机。哈格蒂预见到，芯片最终可用于美国军方使用的每一件电子产品中。

20世纪60年代正是美苏核对峙的年代，古巴导弹危机更是令战争一触即发。哈格蒂向美国国防部工作人员介绍了芯片的妙用，令后者同意赞助德州仪器在芯片方面的研发。

1962年秋，美国空军开始寻找更轻便智能的计算机来引导其"民兵Ⅱ号"导弹。该导弹的设计初衷，是在太空中发射核弹打击苏联。"民兵"初代导弹的机载制导计算机是一个基于分立晶体管的庞然大物，由于其过于沉重，根本无法承担打击苏联战略目标的任务。

德州仪器拿下了"民兵Ⅱ号"的订单，一年之内，德州仪器向美国空军的发货量占当时美国空军累计购买芯片的60%。到1964年底，德州仪器为"民兵"导弹计划提供了10万块芯片。

此时，张忠谋已是德州仪器的老员工。

解放战争年代，张忠谋先是去了香港，然后去了波士顿，他被哈佛大学录取，成为当时哈佛大学一年级里唯一的中国学生。

张忠谋学了一年莎士比亚文学，觉得这个专业有点"虚头巴脑"，不利于就业，于是放弃英国文学，转到麻省理工学院学习机械工程。20世纪50年代初，华裔美国人唯一能从事的中产阶级职业都是技术性的。

毕业后，张忠谋被一家名为喜万年的电子公司录用，他的工作是提高公司产品的成品率。张忠谋白天学习喜万年的生产工艺，晚上开夜车钻研肖克利的著作——《半导体中的电子和空穴》。

在喜万年干了3年，张忠谋收到德州仪器"挖墙脚"的邀约，于是欣然前往得克萨斯州。在德州仪器,张忠谋负责经营一条用于 IBM 电脑的晶体管生产线。当时,这种晶体管已落后于时代,成品率几乎为零。

张忠谋为德州仪器系统地调节不同化学物质组合的温度和压力,以确定哪种组合最有效,他的直觉令同事们惊叹。

一位同事回忆道,和张忠谋工作时必须小心,他坐在那里,吸着烟斗,透过烟雾看着你,就像一个佛陀,但在烟雾的背后,是一个无与伦比的大脑。

张忠谋对待手下员工极为苛刻。当时流传一个说法,如果你没有被张忠谋折磨过,你就没有在德州仪器工作过。几个月内,张忠谋的方法产生了效果,将晶体管生产线的成品率提升至 25%。

20 世纪 60 年代,芯片市场洞开,芯片从军用转向民用。

芯片的创新,将以美国为中心的国家连接成一个网络,日本作为美国的"被保护国",积极融入美国半导体产业,这一过程得到了日本商界精英的全力支持,其中就包括第二次世界大战时因幸运而逃过一劫的年轻工程师盛田昭夫,他当时的身份是索尼创始人。

1962 年 11 月,日本首相池田勇人在爱丽舍宫拜会法国总统戴高乐,池田勇人送给戴高乐一个小礼物——一台索尼晶体管收音机。戴高乐在会后对助手说,池田勇人表现得像一个"晶体管推销员"。

凭借半导体等高端产业的迅猛发展,"推销员"池田勇人提前两年完成了日本国民收入倍增计划。

与日本借美国大树乘凉的策略不同,苏联采取了简单粗暴的"复制"模式,赫鲁晓夫一声令下,苏联克格勃特工体会上意,从宾夕法尼亚州搞到了一块德州仪器制造的芯片。

苏联半导体负责人肖金召集了一群顶尖工程师,将芯片放在显微镜下,通过镜头细细观察。肖金向他们下达命令,复制它,一模一样,不能有任何偏差,我给你们 3 个月时间。

苏联的复制模式存在天生缺陷,造芯片不是造原子弹,不是依靠举国之力就能立马制造出来的。芯片的研制是一个精工细作的过程,除了"烧钱"攻坚,还需要各方资源巧妙"勾兑"。

整个冷战时期,苏联制造了大量核弹,但在芯片的竞争中逐渐落了下风。

在日本首相推销芯片产品的前后脚,仙童在中国香港恒业街的一家凉鞋厂租了一个地方,不久之后,一个巨大的仙童招牌挂在了大楼上,美国人将这里作为半导体的装配地。香港工厂投产的第一年,组装了 1.2 亿件产品,质量绝佳,因中国香港劳动力成本低,仙童可雇用更好的工程师来运营装配线。

继仙童之后,德州仪器、摩托罗拉等半导体公司迅速跟进。当时中国香港每小时 25 美分的人力成本仅为美国工资的十分之一,但这在亚洲已是拔尖,中国台湾的人力成本是每小时 19 美分,马来西亚是 15 美分,新加坡是 11 美分,而韩国人力成本最低,只有 10 美分。

1968 年,张忠谋代表德州仪器来到中国台湾,为新的芯片组装工厂选择地点。当年 7 月,德州仪器董事会批准在中国台湾建造新工厂;到 1969 年 8 月,这家工厂开始组装第一批半导体器件。

20 世纪 70 年代,美国的半导体公司在亚洲雇用了数万名工人,主要集中在中国台湾、韩国和东南亚等国家和地区。

就在以美国和日本为主导的芯片产业在全球发展得如火如荼之时,中国还在万马齐喑中等待着改革开放的那一声春雷。

1974 年,因国家进行"四三方案",任正非应征入伍,前往辽宁,成为一名基建工程兵,参加辽阳石油化纤厂的建设。

所谓"四三方案",指的是 20 世纪 70 年代初,中国为解决民生问题,动用大笔外汇,向美国、联邦德国、法国、日本等发达国家大规模引进成套技术设备的计划,共需 43 亿美元,因此称作"四三方案"。

任正非能顺利入伍,得益于他在大学期间主攻技术,而当时军队中最缺的就是技术人才。

在军队的历练让任正非具有了超强的组织性和纪律性,一有闲工夫,他就捧着《毛泽东选集》细读,后来华为"征战"海外,任正非潜心琢磨如何将毛泽东兵法转化为华为战略,并取得了巨大成功。

1978 年 3 月,任正非出席全国科学大会,6 000 多个代表中,35 岁以下的仅有 150 多人,任正非 33 岁。同年的 12 月 18 日,十一届三中全会召开,中国吹响了改革开放的号角。

此时,大国在芯片领域的你追我赶早已拉开大幕,美国一骑绝尘;日本蝇随骥尾,便宜占尽,乃至渐呈后来居上之势;苏联则被困在僵化的机制里,在与美国的高科技领域竞争中渐渐体力不支。

在科学大会上,任正非受到领导鼓励,感到热血上涌,那时他想到了毛泽东的两句诗:雄关漫道真如铁,而今迈步从头越。

没有硝烟的芯片战场,中国来了。

3

任正非转业后,被分配到南海石油集团下属的一个子公司当副经理,地点在深圳。

改革的春风让任正非不安于现状,决定自己干出点成绩。当时,电视机在国内是紧俏货,任正非带着几个同事去谈电视机贸易,却遭遇了一个大骗局,被骗走了200万元人民币,按当时中国内地城市人均月工资100元的水平来计算,200万元的购买力相当于现在的一个亿。

任正非的父母得知后,担心儿子想不开寻短见,不远千里来到深圳,守在他身边。任正非一家人挤在十几平方米的房子里,吃饭、做饭都只能在阳台。

孟晚舟在一篇名为《风筝》的文章中,回忆当时的艰苦环境:深圳多雨,任正非一家住在漏雨的屋子里,每逢落雨时,外面下大雨,屋里下小雨,连隔壁邻居说话都听得见。

任正非咬牙追了一年欠款,追回了大部分,减少了单位损失,但还是被南海集团开除了。

被单位开除后,任正非的父母担心儿子失去工作后可能会活不下去,于是老两口拼了命地攒钱。

1995年,任正非的父亲去世,6年后,任正非的母亲因车祸去世。去世前两个月,母亲对任正非的妹妹说,我存了几万块钱,留着以后救你非非哥,干买卖不会永远都好,将来你哥哥遇到难处,这些钱可以拿给他,让他有口饭吃。

1987年10月,在深圳的两间简易房里,任正非和他的合伙人凑了2万元人民币,办了一家小公司。注册公司时,任正非不知公司叫什么好,一抬眼正好看到墙上的"中华有为"的标语,于是,将公司命名为"华为"!

任正非创建华为的20世纪80年代,美国半导体行业却经历了地狱般的十年。造成这个局面的原因是,美国面临着它一手扶植起来的日本半导体行业的残酷竞争。

起初,硅谷的芯片制造商压根瞧不上像索尼、东芝这样的日本公司,开玩笑说,日本是一个"咔嚓""咔嚓"的国家,"咔嚓"是日本工程师在会议上用相机拍照时的声音。当时,日本参与芯片研发的公司,都卷入了与美国芯片制造商的知识产权诉讼,硅谷大佬们引用这一事实,作出判断——在芯片领域,美国遥遥领先。

有个美国工程师对"美国遥遥领先"的言论产生怀疑,于是测试了索尼和东芝的芯片,发现日本芯片的质量竟然比美国的好得多,为此,他写了份报告,说日本芯片在前1 000小时的故障率都没有超过0.02%,而被测试的美国芯片的故障率为0.09%,也就是说,美国芯片的故障率是日本芯片的四倍多。

这个结果令美国各界感到震惊。

为对付日本,美国芯片产业大佬共聚一堂,负责亚洲芯片组装离岸外包的高管斯波克拍着桌子咆哮:打击它们!击倒它们!杀死它们!

斯波克说,如果索尼、日立、富士通、东芝等日本企业在芯片领域超越美国,那么它们就会把整个行业推向太平洋,美国的利益将大大受损,美国必须与日本开战。

当时的情况是,日本大量向美国出售芯片产品,但美国却难以在日本获得市场份额。垄断了日本电信业的NTT(日本电信电话公司),几乎全部从日本供应商那里购买芯片,让硅谷干瞪眼。

随着硅谷的失利,日本公司继续发力,1984年,日立在半导体业务上的研发费用从十年前的15亿日元增长为800亿日元,东芝的研发费用从30亿日元增长为750亿日元。

1985年,日本公司在半导体上的研发费用占全球的46%,而美国只有35%。

1986年,日本芯片产量超过美国。整个80年代,日本提供了全世界70%的光刻设备,美国所占的份额下降到21%。

日本在芯片领域的突飞猛进,甚至惊动了美国国防部。《纽约时报》刊登了当时美国国防部一位官员的言论:"日本的芯片对美国造成了威胁,如果美国在芯片领域败给日本,那么,美国就只能完全依赖外国制造商来制造我们最敏感的东西。"

20 世纪 80 年代的一天,硅谷明氏中餐馆里,罗伯特·诺伊斯(仙童和英特尔创始人)、杰瑞·桑德斯(AMD 创始人)等美国芯片大佬边吃午餐边讨论如何对付日本半导体行业。

最后,他们达成了共识——去白宫游说。

就在美国和日本在半导体领域短兵相接时,中国的任正非正在为如何推销产品发愁。

试了几次水,任正非发现了一个神奇的产品——程控交换机。

在固定电话时代,程控交换机相当于整个电话网的大脑,连接各个终端用户的电话机。20 世纪 80 年代,中国还不能自主生产程控交换机,只能从国外引进,外国商人得以哄抬市价,大发其财,一台程控交换机卖 5 万元人民币。

但任正非开始上道儿了,尽管起初他干的不过是销售通信设备,赚一点差价,但是因市场需求极大,华为开始忙碌起来,每天装货卸货,慢慢积攒了点资本,员工增加到 20 人。

代理商没做多久,任正非又不"安分"了,他觉得程控交换机的技术并不复杂,给外国厂商做代理,等于寄人篱下,看人眼色,为什么我们不自己研发呢?

对于自主研发的执念,任正非在创业之初就已经有了,因为事实摆在眼前,当代理商卖得再红火,也始终处在整个产业链的最底端,任人宰割,唯有自己翻身做主人,才能风云际会,成就一番真正的事业。

任正非当年萌生的这个小小的"自主研发"的念头,在后来逐渐长成参天大树,令全球芯片江湖闻之色变,乃至成为霸权主义者的心腹大患。

当然,这还需假以时日。

就在任正非的初创企业刚上正轨,准备搞自主研发的前后脚,曾经被嘲笑为"晶体管销售员"的日本,已替代美国,成为世界最大的半导体集成电路生产国,全球半导体企业销售额前五名中日本占了四席。

号称"硅谷市长"的仙童和英特尔创始人罗伯特·诺伊斯公开对媒体说,我们正处于死亡螺旋中,你能说出一个美国没有没落的领域吗?

4

经过一众美国芯片大佬的白宫游说,美国政府决意对日本采取行动。

美国决定用它在多年前埋伏下的"秘密武器"对日本进行绝杀。

这个"秘密武器"即301条款。

日本最早占据美国市场的商品是纺织品。20世纪60年代,日本向美国出口的纺织品数量剧增,引起美国同行不满,美国企业家向政府施压,后者通过贸易谈判的方式,在1968年强逼日本达成了美日纺织品贸易协定。

1974年,在纺织品贸易战中尝到甜头的美国,颁布了修订版的《1974年贸易法》,并在该法案的301条到310条中规定:当有任何利害关系人申诉外国的做法损害了美国在贸易协定下的利益时,美国贸易代表办公室(USTR)可进行调查,并采取制裁措施。

这些条款后来被统称为"301条款",并在1979年到1988年间进行了3次修订,添加了"特别301条款"和"超级301条款",这些条款被认为是美国对其竞争对手在贸易领域进行打压和报复的依据。

1985年,也就是日本成为世界最大的半导体集成电路生产国的那一年,美国亮出杀招,引用"301条款",在纽约的广场饭店举行会谈,与日本等国签订了《广场协议》,诱导美元对西方其他国家的主要货币有序贬值,以解决美国的贸易赤字等问题。

《广场协议》签订后,日本成为最大受害国,日元快速升值,促使日本从制造业为核心的实体经济驱动模式变成了以房地产和金融借贷为核心的经济发展模式,而日本苦心孤诣的半导体等产业结构转型升级规划也沦为泡影,踏入漫长的"失去的三十年"。

1996年,美国半导体产业总值超过日本,重居世界第一。

日本的芯片业被美国绝杀,苏联的半导体事业则在僵化模式中自生自灭。冷战早期,苏联掌握了关键技术,制造出强大的火箭和核武库,几乎与美国并驾齐驱。但在计算机、芯片等新时代的竞争领域,苏联不可挽回地落后了。20世纪80年代,有个流行的笑话,一位克里姆林宫的官员自豪地宣称,同志们,我们已经制造了世界上最大的微处理器。

1990年,苏联领导人戈尔巴乔夫为了重振苏联高新技术产业,来到硅谷进行正式访问。硅谷的科技大佬为他举办了一场盛宴,乔布斯的苹果公司合伙人史蒂夫·沃兹尼亚克坐在戈尔巴乔夫身旁,殷勤劝酒,其乐融融,但联系当时的国际风云,会让人觉得有一丝鸿门宴的味道。

戈尔巴乔夫为了获得美国技术,承诺会从东欧撤出苏联军队以结束冷战,在与美国科技巨头的推杯换盏中,戈尔巴乔夫邀请他们来苏联投资。随后,戈尔巴乔夫来到斯坦福大学,向观众挥手致意,对台下的学生说道,冷战已经过去了,我们不要为谁赢了而争吵。

一年后,苏联解体。

继承了苏联大部分遗产的俄罗斯在芯片领域依旧虚弱。20世纪90年代,俄罗斯一家曾经无比光荣的工厂被降级,开始为麦当劳欢乐餐的玩具生产小芯片。

美国彻底消除了来自日本和苏联在芯片领域的威胁,自以为高枕无忧时,在古老而崭新的东方,一家在当时甚不起眼的小公司生产出了自主研发的第一款产品。

5

华为的第一款产品叫BH01,虽美其名曰"自主研发",其实就是一款从国营单位买散件回来自行组装的产品。

任正非等人将散件买回,做包装,写说明书,然后打上华为的标签,再从全国各地招代理商进行销售。

随着业务增加,华为员工脑力体力并用,异常辛苦,每个员工都在办公室放了个床垫,白天干完活儿晚上接着干,累了就在床垫上眯一会儿。这成为华为有名的"床垫文化"。

有一次,任正非站在办公室窗口,对员工半认真半开玩笑地说,新产品研发要是不成功,你们可以换个工作,我呢,只能从这里跳下去。

研发得烧钱,为了筹集资金,任正非出台了一项内部政策,谁能给公司借来

1 000万元，谁就可以一年不上班，工资照发。

为了投钱研发，导致华为员工工资被拖欠，一些员工工资实在欠得太多，任正非就跟他们商量，把这些钱转成股份，华为的全员持股就是这么来的。

1993年，华为销售额过亿，很多高管嚷嚷着分钱。任正非说，我们要挣的绝不只是这点钱，我们要把这些钱扩大再生产，开发大体量专业机，开发电信局能用的交换机，进军公用电话领域。

1993年7月，江西省乐安县邮电局公溪支局与华为合作，开通了JK1000局用交换机，首先打开局面；随后，华为又与国内多家邮电机构建立了合作关系。

就是这个时候，华为站上了与世界通信巨头对决的擂台，对手个个来头不小，有美国的AT&T、日本的富士通、法国的阿尔卡特、瑞典的爱立信等。

这些国际通信巨头的弱点是信号不统一、不兼容，当时有个说法叫"七国八制乱中华"，这为华为的崛起埋下了契机。

商场如战场，在这场没有硝烟的战争里，任正非带领华为与国际巨头厮杀，他为之痴迷的毛泽东思想派上了用场。当时，中国农村线路很差，调试设备困难，国外的通信设备厂商都不愿意进，但任正非看准这一点，仿照毛泽东的战术，来了个"农村包围城市"。

华为技术员工走乡串户，奔走于广袤的农村和偏远山区，给农村用户装电话，免费负责维修，通过实打实的血汗付出，华为渐渐与国内同行拉远了距离，虽然那时还没达到余承东那一串"遥遥领先"的程度，但已成为少数能与国外巨头争雄的新起之秀。

进入通信行业后，任正非心无旁骛，不管外界诱惑多么大，都不为所动，仿佛老僧入定一般，房地产最火的那些年，有部下向任正非建议，随便要点儿地，盖盖房子，就能轻松赚100亿。任正非一听，拍桌子怒吼，华为不做房地产，此事早有定论，谁再提，谁下岗！

炒房大鳄们赌的是房地产泡沫不会破，永远有暴利可赚，这让某些自信能"永远大"的房企欲望膨胀；而任正非孤注一掷，"赌"的是自主研发，实际也是"赌"中国之崛起。

就在JK1000研制不久，任正非招兵买马，又将所有资金一把压上，开发数字程控交换机C&C08，这款产品使用了华为自主研发的芯片。

自研芯片是关键中的关键,自家有了"芯",底气就足,否则,根本无法与国际巨头抗衡。研发芯片需要持续烧钱,IBM在20世纪90年代一年的研发资金为60亿美元,贝尔实验室一年的研发投入为30亿美元。

1991年,华为成立了自己的芯片设计中心,招募大量科研人才,硬着头皮攻坚,每天晚上9点,任正非都会提着一大篮面包、牛奶犒劳大家。

当时为防止经济过热,人民银行严控各大银行的贷款发放,为了有足够的资金研发芯片,华为倾其所有,赌上全部身家,向大企业拆借,利息高达30%。

1996年,华为在研发上投入1亿多元人民币,年终一结算,还剩几千万,任正非知道后,说了一句话,不许留下,全部用完。于是,研发部只得将所有设备更新了一遍,换成最好的。

华为的崛起,拜改革开放所赐。

改革开放之后,中国大陆融入全球经济,数亿农民随着城市化进程从乡村走向城市,为芯片组装行业带来了大量廉价劳动力,令亚洲其他地区,包括中国台湾在内的相关企业感到恐慌,当时有个普遍看法,大陆进入电子组装行业可能会让台湾破产。

为应对变局,台湾当局找到了芯片领域的风云人物——张忠谋。

1985年,中国台湾地区经济部门负责人李国鼎将张忠谋迎进他在台北的办公室,此时,距离德州仪器在台湾建造第一座半导体工厂已过去了20年。

李国鼎聘请张忠谋为台湾工业技术研究院院长,创立台积电,领导台湾芯片产业。

张忠谋也像任正非那样,知道搞芯片要烧钱,他有一个激进的想法,如果成功,这个想法将颠覆半导体行业,让他和台积电可以控制世界上最先进的技术。

台湾当局为台积电提供了48%的启动资金,张忠谋凭借芯片圈的人脉,说服荷兰半导体公司飞利浦出资5 800万美元,转让生产技术,授予知识产权,以换取台积电27.5%的股份。

台湾当局要求岛上最富裕的几个家族提供资金,当一个商人表示拒绝投资台积电时,他收到了台湾相关部门负责人的电话提醒——过去20年里,台湾一直对你很好,你最好现在就为台湾做点什么。

不久,张忠谋收到了这个商人的巨额支票。

从一开始,台积电就不是真正的私人企业,而是台湾当局的项目。

在20世纪90年代的大部分时间里,台积电一多半的销售额来自美国公司,台积电的大多数高管来自美国顶尖大学。

张忠谋承诺,台积电永远不会设计芯片,只会制造芯片,台积电与客户之间没有竞争。

在张忠谋的带领下,台积电成为全球最大的芯片制造代工厂商;而任正非领导下的华为,成为台积电的第二大客户。

张忠谋祖籍浙江宁波,任正非祖籍浙江金华,两个浙江人在时代和命运的安排下,相逢于浪潮之巅。

6

曾经,在华为内部,有个天才少年,名叫李一男。

李一男以工程师身份进入华为,半个月后,升为主任工程师,后来又当了华为总工程师,27岁那年,李一男成为华为副总裁。

1993年到1998年,李一男主持华为技术,将华为从一家生产交换机的企业快速转型为一家包括交换、传输、无线、数据在内的综合通信供应商。

少年裘马的李一男,智商极高,情商却很低,不懂人情世故,脾气暴躁,口头禅是:信不信我开除你。

有一次,李一男带领部下集中培训,春节都没回家,大年三十这天,他们在南油集团聚餐,差不多都喝大了。回家路上,李一男跟出租车司机吵了起来,差点儿动手,打电话喊下属来救他。

下属到达"案发现场",发现李一男烂醉如泥,那个司机不忿地说,这哥们儿喝多了,说要开除我,我一个出租车司机,你凭什么开除我?

下属哭笑不得,赔礼道歉,他喝醉了,那是他的口头禅,你别跟他一般见识。

任正非有心栽培李一男,调他去负责市场部,本意是让他历练一番,却被李一男误解,以为自己是被发配出去了,一怒之下竟然递交辞呈。

接到辞呈后,任正非大吃一惊,他对李一男视若己出,甚至当接班人来培养,没想到他却要走。强扭的瓜不甜,何况任正非也是火暴脾气,见对方执意要走,也不强作挽留。

2000年4月,任正非和几十名核心高管,在深圳五洲宾馆最豪华的宴会厅为李一男践行,欢送他北上创业。

李一男跑到北京,创办了港湾网络,主要从事系统集成业务,代理华为的通信产品,同时集成一些与华为产品没有冲突的其他厂商的产品。

李一男创业时,与华为签了君子协定——只做华为代理商,不设计产品研发。但李一男深知华为的底牌,知道研发的重要性,很快将君子协定抛诸脑后。

顶着华为天才的光环,李一男的创业引起了资本的极大关注。很快,港湾网络就获得了美国华平、淡马锡等机构近亿美元的风投,有了风投加持,李一男不但撕毁君子协定,大搞研发,还处心积虑从华为挖人。

创业的第二年,上百个华为研发部门的核心骨干跳槽到了港湾网络,更绝的是,李一男私下收买华为的核心骨干,玩起商界无间道的游戏,让他们当"内鬼"继续留在华为,在关键时刻,回避港湾网络的研发领域和目标市场。

李一男甚至收买了华为北京研究所的一名员工,共同成立合资公司,窃取华为资源进行研发。

随着李一男这套组合拳下来,港湾网络的销售节节升高,到2003年达到了10亿元,被业界称作"小华为"。

2003年,港湾网络在北京宣布与深圳的钧天科技合并,钧天科技的老总叫黄耀旭,曾是华为的副总裁,也是李一男的老部下。钧天科技当时拥有40多项核心专利,还有一大批入网许可,港湾网络收购了钧天科技,就可以进入运营商的数据传输市场,与华为正面对峙。

那段时间,是任正非的至暗时刻。

最核心的技术天才李一男出走,华为的另一个技术天才郑宝用上班时突然晕倒,被查出脑癌,任正非亲自把郑宝用送上去美国治疗的飞机,临别时刻,两个大男人抱头痛哭。

打击接踵而来,美国思科全球副总裁钱伯斯指责华为侵犯了思科的知识产权,并正式向得克萨斯州东区联邦法庭提起诉讼。

对任正非最大的重击来自母亲的去世,程远昭老人出门买菜时遭遇车祸,肇事司机逃逸,因老人身上没有任何证件,被送到医院后,院方联系不到家属,结果耽误了救治。

此时，任正非正在伊朗做访问，接到母亲出事的电话后，立即往回赶，中间多次转机，转机时又碰上雷雨天气，错过了下一趟班机，耽搁了好几个小时。

任正非赶到医院病房时，母亲安详地躺在病床上，心跳和呼吸全靠机器维持，任正非泪如雨下，走上前去，哽咽地叫了声"妈妈"。

程远昭老人再也没有醒过来。

那段黑暗的日子里，任正非做了半年悲伤的噩梦。

任正非总是梦见刚从部队转业，被人骗走200万元，父母怕他想不开，举家迁往深圳陪他，一家人挤在十几平方米漏风漏雨的房子里，夜雨滴答，无尽凄凉。父亲舍不得买烟，只抽从老家带来的劣质烟叶；母亲为了省钱，专门挑临近收摊的时候，从菜市场买便宜的死鱼死虾。

有一个反复出现的梦境画面，母亲将厚厚一沓钱交到妹妹手中，叮嘱她说，我存了几万块钱，留着以后救你非非哥，干买卖不会永远都好。将来你哥哥遇到难处，你就将这些钱给他，让他有口饭吃。

任正非有时会梦见时光深处更久远的场景，那是他读高中时，每天早晨，母亲都会偷偷塞给他一个小玉米饼子……

夜半梦醒，泪痕满面。

7

2004年，华为与思科的诉讼告一段落，任正非得以腾出手对付背刺他的李一男。为此，华为成立了一个"打击港湾工作办公室"，简称"打港办"，受任正非直接领导，拨款4亿元人民币，对港湾网络穷追猛打。

只要是港湾投标的项目，华为都要抢过来，报价比港湾低很多。山东一个国际中学的局域网招标项目，港湾报价60万元，华为得知后，横插进来，报价20万元。鹬蚌相争，渔翁得利，客户乐疯了。

港湾没招，只好将报价降到40万元，这个客户是港湾的老客户，念及往日的交情，客户准备接受港湾40万元的报价，毕竟，按照这个价格，港湾已经没有什么赚头了。谁料，华为代表跑去找客户，说只要让我们接，这个单子可以白送。

最终,这家客户选择了华为。

对于那些用了港湾产品的客户,华为不计成本,将客户正在使用的港湾设备买回去,转用华为的,甚至对客户买一送一,任正非这么干,摆明了是不计成本、不计利益,目的就是全力一搏。

港湾羽翼未丰,账面上只有 4 亿元,正好等于华为的"打港经费",港湾如何耗得过华为,很快弹尽粮绝。

这时,华为又将焦点转到人力资源上,开始反挖墙脚,只要港湾员工回流到华为,薪酬上调,官升一级,几个回合下来,港湾的研发团队被华为整个挖走,元气大伤。

李一男想做拼死一搏,说服国外的风险投资人追加投资,启动上市程序。

华为见状,向港湾发起诉讼,指其侵犯了华为的知识产权,深圳市中级人民法院判定李一男过去安排的三个"内鬼"盗窃了华为的知识产权,判处有期徒刑 2～3 年,此举起到了杀鸡儆猴的作用,最终,李一男的上市计划泡汤了。

2006 年 6 月 6 日,华为以 17 亿元人民币的价格,与港湾达成了收购意向,并签署了谅解备忘录,谅解备忘录里有一个特别条款:李一男本人必须回到华为。

在接收港湾时,任正非发表了一次推心置腹的谈话,表示分分合合是历史规律,不要背负太多沉重的过去,要看未来,要看发展,要站上更广阔的世界舞台,去争取更大的成就。

任正非还说,你们开始创业时,只要不伤害华为,我们是支持和理解的;但你们在外国风险投资的推动下,对华为造成了伤害,我们只好做出反应,不过矛头并不是对准你们的,而是对准西方的资本,这些资本在 IT 泡沫后转向中国,妄图通过挖空华为来摆脱他们的困境。如果让这些西方资本得逞,那么对中国的高科技产业将是一场灾难。

李一男重新回到深圳的华为总部后,出任副总裁兼首席电信科学家,工号 69066,根据谅解备忘录,李一男至少要在华为待两年。

两年期限一到,李一男就迫不及待地离开了华为,去百度担任首席技术官,跟李彦宏温存没多久,因种种事由,黯然离去。不甘寂寞的李一男离开百度后,又辗转多个阵营,还参与创办了牛电科技,旗下产品小牛电动车一度销量可观。

2017 年,李一男因内幕交易,被深圳市中级人民法院二审判处有期徒刑两年六个月。

当然,这都是后话了。

任正非收购港湾后,发表的讲话中,说要站上更广阔的世界舞台,绝非唱高调,正如他从来没有将自己一手带出来的李一男当作真正的对手。

真正的对手在大洋彼岸。

2006年的苹果大会上,乔布斯身穿标志性的蓝色牛仔裤和高领黑色毛衣,独自站在黑暗的舞台上,台下的"果粉"饥渴地等待着硅谷先知的发言。

这时,舞台的另一边冒出一股蓝烟,一名身穿白色兔子装的男子穿过烟雾,径直走到乔布斯面前,将头套摘下,咧嘴微笑。他是英特尔首席执行官保罗·欧德宁。

保罗递给乔布斯一大块硅片,说道,乔布斯阁下,我向你汇报,英特尔的芯片已经准备好了。

新千年以后,英特尔战胜AMD,成为唯一一家为x86指令集架构生产芯片的大型公司。x86是一套基本规则,规定了芯片的计算方式,这成为个人电脑的行业标准。

长期以来,苹果是唯一一家不使用基于x86芯片的计算机制造商。随着乔布斯和保罗在苹果发布会上的这番"眉来眼去",苹果电脑以及未来的苹果智能手机也将内置英特尔芯片。

人类的野心和梦想在疯狂延展。

21世纪的头十年,最先进的微处理器的每个芯片上都有10亿个晶体管,能够布置这些晶体管的软件被楷登(Cadence)、新思(Synopsys)和明导(Mentor)三家美国公司垄断,这三家公司控制了全球四分之三的市场,如果不使用这三家公司里任何一家的软件,芯片公司几乎无法设计出芯片。

在芯片制造领域,中国台湾的台积电、韩国的三星等几家亚洲地区的工厂制造了世界上大部分芯片。1999年,台湾发生7.3级地震,大部分地区停电,台积电的晶圆厂失去电力,影响到全球许多芯片的供应。

台积电的崛起,最大受益者是苹果。

苹果设计了大量芯片,却不制造任何芯片,iPhone的处理器完全在中国台湾制造。如今,除了台积电,没有一家公司具备制造苹果所需芯片的技能。iPhone

最不可替代的芯片是在美国加利福尼亚州设计的,但这种芯片只能在中国台湾制造。

张忠谋生于中国大陆,在美国立业,在中国台湾成功。这个黄皮肤黑眼睛、生于中国的美国人,成为芯片争霸中的关键角色。

在中国台湾的办公室里,张忠谋抽着烟斗,他称抽烟斗对他的健康有好处,台积电牵一发而动全身,背后隐现出大国角力的纵横捭阖景观,这尊抽烟斗的"芯片佛陀"是否还能八风不动?

这里面有一些错综复杂的关系。台积电的最大客户是苹果,第二大客户是华为;华为的最大对手是苹果,苹果的最大对手是华为。如此一来,台积电处于一个颇为微妙的位置,其背后除了大国之间的竞争,还有复杂的台海关系。

美国固然可以通过贸易战,迫使台积电不能为华为制造芯片;但中国台湾的台积电,距离美国太远,距离中国大陆太近,更何况,中国军人出身的任正非,早已考虑到最坏的结果,为美国的封锁和打压准备了"备胎计划"。

8

2012 年,任正非在实验室专家座谈会上,提出了著名的"备胎"论断。

任正非说:

"我们现在做终端操作系统是出于战略考虑,如果他们突然断了我们的粮食,Android 系统不给我用了,Windows 系统也不给我用了,我们是不是就傻了?同样,我们在做高端芯片时,我并没有反对你们买美国的高端芯片。我认为你们要尽可能地用他们的高端芯片,好好地理解它……我们做操作系统和做高端芯片是一样的道理,主要是让别人允许我们用,而不是断了我们的粮食。断了我们粮食的时候,备份系统要能用得上。"

2019 年 5 月,美国宣布将华为加入管制"实体名单"。

美国对华为下达管制令的第三天,华为海思总裁何庭波深夜发了一封致全体员工的信,全文如下:

尊敬的海思全体同事们:

此刻,估计您已得知华为被列入美国商务部工业和安全局(BIS)的实体名单

(entity list)。

多年前,还是云淡风轻的季节,公司做出了极限生存的假设,预计有一天,所有美国的先进芯片和技术将不可获得,而华为仍将持续为客户服务。为了这个以为永远不会发生的假设,数千海思儿女,走上了科技史上最为悲壮的长征,为公司的生存打造"备胎"。数千个日夜中,我们星夜兼程,艰苦前行。华为的产品领域是如此广阔,所用技术与器件是如此多元,面对数以千计的科技难题,我们无数次失败过、困惑过,但是从来没有放弃过。

后来的年头里,当我们逐步走出迷茫,看到希望,又难免有一丝丝失落和不甘,担心许多芯片永远不会被启用,成为一直压在保密柜里面的备胎。

今天,命运的年轮转到这个极限而黑暗的时刻,超级大国毫不留情地中断全球合作的技术与产业体系,做出了最疯狂的决定,在毫无依据的条件下,把华为公司放入了实体名单。

今天,是历史的选择,所有我们曾经打造的备胎,一夜之间全部"转正"!多年心血,在一夜之间兑现为公司对于客户持续服务的承诺。是的,这些努力,已经连成一片,挽狂澜于既倒,确保了公司大部分产品的战略安全、大部分产品的连续供应!今天,这个至暗的日子,是每一位海思的平凡儿女成为时代英雄的日子!

华为立志,将数字世界带给每个人、每个家庭、每个组织,构建万物互联的智能世界,我们仍将如此。今后,为实现这一理想,我们不仅要保持开放创新,更要实现科技自立!今后的路,不会再有另一个十年来打造备胎然后再换胎了,缓冲区已经消失,每一个新产品一出生,将必须同步实施"科技自立"的方案。

前路更为艰辛,我们将以勇气、智慧和毅力,在极限施压下挺直脊梁,奋力前行!滔天巨浪方显英雄本色,艰难困苦铸造挪亚方舟。

何庭波
2019 年 5 月 17 日凌晨

任正非在接受《华尔街日报》采访时硬气地表示,华为不需要美国撤销实体清单,实体清单永远保留好了,没有美国,华为也可以生存得很好。

事实上,早在 2003 年摩托罗拉收购华为失败后,任正非就预料到在芯片领域里中美必有一战。

2004年,海思正式成立。

2014年初,海思发布麒麟910芯片,采用了顶级28纳米封装工艺,追平了高通。

自此,海思气势如虹,推出的产品一款比一款成功,搭载麒麟芯片的华为手机,从P6到P30,从Mate 7到Mate 60,全部成为爆款。

在这些成就背后,是任正非和华为不忘初心,始终聚焦于"自主研发"。

2015年,中国台湾投入最多研发经费的前5名科技企业,台积电研发费568亿台币,富士康研发费489亿台币,联发科研发费433亿台币,台联电研发费137亿台币,纬创研发费134亿台币。

而华为在这一年的研发经费多达596亿元人民币,若换算成台币,远远超过中国台湾这前5名科技企业研发投入的总和。

2022年,华为的研发费用更是达到了1 615亿元人民币。

9

华为扬帆出海,战绩卓著,几乎无往而不利,在它的面前,就只剩下美国这块霸权主义铁板。

当华为在全球市场攻城略地,所向披靡,终于不可避免地触动了美国最敏感的领域。

美国在芯片战争中接连"整垮"苏联和日本之后,遇上了最强劲的对手。比起苏联僵化的体制,中国充满创新的活力,比起日本对美国耳提面命般的无条件和有条件服从,中国是真正独立自主的。

像多年前"绝杀"日本半导体产业那样,美国不惜违反自己制定和主导的国际规则,对华为动用种种超常规手段,包括2018年通过加拿大实行"长臂管辖",制造了"孟晚舟事件"。

孟晚舟在加拿大温哥华被非法拘押后,许多人都觉得出了天大的事,但任正非和华为人表现得稳如泰山,他们知道,自己的背后有一个强大的祖国。

2021年9月25日,时隔近1 030天离家,孟晚舟乘飞机抵达深圳。这三年来，孟晚舟以不认罪也不认罚的态度，抗争到了回国的这一天。

美国对华为的打压，实际上是美国遏制中国复兴的缩影，按照2015年制定发布的《中国制造2025》，中国将从制造业大国向制造业强国转变，以新一代信息技术与制造业深度融合为主线，通过"三步走"实现战略目标。

在美国一些人看来，这将极大动摇以美国为首的西方发达国家的领先地位，必须遏止这个进程，而走在5G最前沿的华为，自然就成了最显眼的那个"出头鸟"。

在《芯片战争：世界最关键技术的争夺战》一书中，作者克里斯·米勒指出了美国最大的担忧：在现阶段，只有台积电和三星两家公司能够制造最尖端的处理器，台积电在中国台湾，三星在韩国，对美国来说，这两家公司具有同样的问题——距离美国新兴战略竞争对手中国大陆仅一步之遥。

尤其是中国台湾的台积电，被认为是亚洲最有价值的上市公司，也是世界上十大最有价值的上市公司之一。克里斯·米勒认为，台积电对于美国越不可或缺，风险就越大。

在《芯片战争》一书中，米勒记录了2021年中国人民解放军在台湾海峡南北入口处进行的军事演习，并援引了《环球时报》英文版报道的一名中国军人的话："我们必须像在实战中一样，在各种情况下努力训练，时刻做好战斗准备，坚决维护国家主权和领土完整。"

无独有偶，美国对华为的忌惮，某种程度上，也跟任正非的军人出身有关。在华为一个实验室的墙上写着这么一句话：牺牲是军人最大的付出，胜利是军人最大的奉献。

毛泽东写过一句诗：为有牺牲多壮志，敢教日月换新天。

2023年9月25日，刘德华现身华为发布会现场，成为华为Mate 60 RS超高端品牌大使。唱《中国人》的不老男神华仔为华为代言，这场"华与华"的合作，显得如此熨帖，可谓相看两不厌。

在荣耀背后，任正非斯人独寂寞，记忆涌上心头，他仿佛又回到1978年全国科学大会的现场，那一年，他33岁，风华正茂。

科学大会快结束时，罗瑞卿大将把任正非等军人代表召集到一处，给他们做了发言，核心意思是，邓小平同志判断，国际形势会有一段较长的和平时期，以后中国要以经济建设为中心,中国人必须把握时代的机遇。

  任正非把握住了那个时代的机遇;而在他紧锁的眉宇间,一个新的时代的地平线,正在浮现……

参考书目:

1. [美]克里斯·米勒著:《芯片战争:世界最关键技术的争夺战》,蔡树军译,浙江人民出版社2023年版。

2. 于立坤著:《任正非》,北京联合出版公司2020年版。

3. 余盛著:《芯片战争》,华中科技大学出版社2022年版。

4. 田涛编:《华为访谈录》,中信出版集团2021年版。

5. 田涛、吴春波著:《下一个倒下的会不会是华为》,中信出版集团2017年版。

6. 黄继伟编著:《华为工作法》,中国华侨出版社2016年版。

7. 达尼著:《海外征程》,江苏凤凰文艺出版社2021年版。

8. 张利华著:《华为研发》,机械工业出版社2017年版。